Cahiers
de l'Admin

Asterisk

La téléphonie d'entreprise libre

Philippe **Sultan**

Cahiers
de
l'Admin

Asterisk
La téléphonie d'entreprise libre

Collection dirigée par Nat **Makarévitch**

Préface de Mark **Spencer**

(Digium, Inc.)

EYROLLES

ÉDITIONS EYROLLES
61, bd Saint-Germain
75240 Paris Cedex 05
www.editions-eyrolles.com

Préface

Nombreux sont ceux qui attribuent mon invention d'Asterisk à une clairvoyance extraordinaire quant à l'importance qu'il prendrait dans l'univers des télécommunications. En réalité, j'ai commencé à développer Asterisk parce que j'avais besoin d'un système de téléphonie dont l'acquisition aurait été trop coûteuse.

Dès le début cependant, j'ai eu le sentiment que si je parvenais à recevoir un appel téléphonique sur mon PC, les possibilités seraient ensuite infinies... C'est cette idée simple et puissante qui a mené Asterisk au point où il en est aujourd'hui.

Qui aurait pu prévoir, en 1999, que ce petit morceau de logiciel que j'avais commencé à développer dans le fond d'un hangar, se diffuserait non seulement dans tout mon pays natal, les États-Unis, mais aussi tout autour du globe, avec la constitution d'une communauté mondiale d'utilisateurs et de développeurs – tout en donnant naissance à des centaines de petites entreprises ?

Quand j'ai mis au point Asterisk pour la première fois, je le considérais comme un PABX, c'est-à-dire un système de téléphonie. Je croyais alors ne développer qu'une application indépendante... Aujourd'hui, Asterisk est bien plus que cela ; il est devenu le moteur sur lequel s'adossent nombre d'autres développeurs pour construire d'imposants systèmes de télécommunications.

Ce livre sera très utile à de nombreux égards. Premièrement, il fournit les prérequis fondamentaux en matière de télécommunications pour comprendre ce que fait Asterisk. Deuxièmement, il détaille comment l'installer pour fournir une large palette de services via toute une variété d'interfaces, traditionnelles aussi bien que de voix sur IP – et il explique bien sûr comment sécuriser ces services contre les usages non autorisés. Troisièmement, il donne les clés pour diagnostiquer les problèmes lorsque tout ne fonctionne pas comme prévu (un indice en passant : lorsque l'utilisateur déclare « ne rien avoir changé », ne le croyez pas !). Enfin, vous verrez comment tirer parti des interfaces fournies par Asterisk pour mettre au point des produits encore meilleurs.

S'il est vrai que c'est moi qui ai initié ce projet, et que j'ai écrit beaucoup, beaucoup de lignes de code pour lui, Asterisk tel qu'il existe aujourd'hui est en vérité le fruit de l'effort de centaines de développeurs à travers le monde, dont l'impact est décuplé par les centaines d'autres entreprises et déve-loppeurs qui l'utilisent pour construire de nouvelles applications. J'espère donc qu'au-delà de vous guider dans l'utilisation d'Asterisk, ce livre vous encouragera à participer à la communauté qui l'a rendu si fort.

Mark Spencer,
Digium, Inc.,
le 24 août 2009

Table des matières

CHAPITRE 9
Réunions téléphoniques (audioconférences) 155

CHAPITRE 10
CTI : l'intégration dans le système d'information 179

Avant-propos

Le monde de la téléphonie a considérablement évolué depuis une dizaine d'années. La principale raison de cette évolution est technique et tient à l'émergence de la téléphonie sur IP (ToIP). En effet, de la même façon qu'il s'est imposé comme protocole de base des réseaux de télécommunications, IP (*Internet Protocol*) se situe désormais aussi au centre des services et architectures téléphoniques actuels.

Parallèlement, profitant notamment de l'interface IP vers la téléphonie comme canal de développement d'applications, le monde des logiciels libres de télécommunications connaît depuis la même période un essor important. Plusieurs logiciels libres ont constitué autour d'eux des communautés très actives.

Parmi eux, le plus célèbre et le plus riche est sans aucun doute Asterisk. Le succès d'Asterisk tient à mon sens en trois éléments fondamentaux :

* ses nombreuses implémentations de protocoles de télécommunications, tant standards que propriétaires (RNIS, SIP, H.323, SCCP, etc.) ;
* les services téléphoniques intégrés (IPBX, messagerie vocale, audioconférences) ;
* ses interfaces vers les applications informatiques, essentielles ou non (web, e-mail, messagerie instantanée, etc.).

Ces éléments font d'Asterisk l'outil idéal, non seulement pour gérer un ensemble de postes téléphoniques de taille quelconque (chez un particulier ou dans une entreprise de taille moyenne), mais aussi pour développer des services avancés comme l'appel automatique en cliquant sur un lien d'une page web (*click-to-call*), la réception de messages téléphoniques dans une boîte e-mail, etc.

Aujourd'hui, pour une entreprise, les applications et services téléphoniques que l'on peut développer grâce à Asterisk surpassent ceux qui sont proposés dans le cadre de solutions téléphoniques propriétaires. La comparaison ne se mesure pas ici en considérant les richesses fonctionnelles respectives, qui sont équivalentes, mais se fonde sur le coût et la faculté d'intégration dans un environnement informatique existant.

En effet, outre le fait d'être infiniment plus chères qu'un logiciel libre, les solutions propriétaires n'offrent bien souvent pas la souplesse du libre en termes d'intégration dans le système d'information. En d'autres mots, elles ne s'intègrent qu'à des applications d'une marque donnée, alors que les logiciels libres comptent sur le développement d'un protocole de communication commun, le plus souvent normalisé.

Pourquoi ce livre ?

Asterisk, et d'autres logiciels libres de téléphonie comme Kamailio (autrefois appelé OpenSER) permettent aux ingénieurs réseau et aux développeurs de s'approprier la téléphonie et de construire des services et applications innovantes et utiles. De par l'intérêt que je porte à la ToIP et aux logiciels libres, j'ai souhaité faire partager mon expérience dans ces domaines au sein de cet ouvrage.

Ce livre s'adresse donc à tous ceux qui s'intéressent à la ToIP et à Asterisk, qu'ils soient amateurs ou ingénieurs expérimentés.

Il vient compléter par des exemples concrets d'installation, de déploiement d'applications, de sections détaillées de configuration ou de code, les nombreuses sources de documentation existantes sur Asterisk. Archives de listes de diffusion, de forums, blogs et sites spécialisés constituent en effet une mine d'informations brutes dont le volume important peut paradoxalement les rendre peu accessibles, ou dont le contexte de présentation peut être inadapté – voire, tout simplement obsolète.

Que contient ce livre ?

Ce livre est construit autour de l'étude de cas d'une entreprise amenée à renouveler son système de téléphonie. Nous n'avons volontairement pas voulu faire un inventaire exhaustif des possibilités d'Asterisk ou un état de l'art de la ToIP, afin de nous concentrer sur une problématique concrète qui amène le lecteur à explorer progressivement le domaine de la ToIP et la façon dont Asterisk répond à des besoins exprimés, tout en lui présentant les perspectives qu'il ouvre.

L'ouvrage traite notamment :

* de la présentation des fonctionnalités de base et possibilités étendues d'Asterisk ;
* du développement d'applications à partir d'Asterisk ;
* de l'intégration d'Asterisk dans le système d'information (messagerie électronique, annuaire...) ;
* de l'intégration avec d'autres logiciels libres de télécommunications comme Kamailio (anciennement OpenSER) ;
* des protocoles de ToIP fondamentaux et émergents (RNIS, SIP, XMPP).

Le **chapitre 1** contient une présentation générale d'Asterisk et de ses possibilités d'utilisation, ainsi que de l'écosystème des logiciels libres de télécommunication.

Dans les **chapitres 2 et 3**, nous présentons l'étude de cas qui sert de trame au livre. Les raisons qui motivent le choix de la ToIP libre et d'Asterisk pour une entreprise seront traitées ici. Nous nous attardons en outre sur l'environnement informatique (réseau, applications, annuaire) et téléphonique de l'entreprise objet de l'étude de cas.

Le **chapitre 4** nous amène à décrire en détail l'installation d'un serveur Asterisk relié à un opérateur téléphonique traditionnel. Ce chapitre est le premier sentier de l'exploration technique menée tout au long du livre ; il traite en outre des outils compagnons fondamentaux que sont DAHDI et libpri, qui constituent l'interface d'Asterisk vers la téléphonie traditionnelle.

Trois points majeurs sont abordés dans le **chapitre 5** : l'architecture du réseau sur lequel s'appuiera le nouveau système de téléphonie, d'abord, véritable socle du service de téléphonie ; le protocole SIP, ensuite, et plus particulièrement ses interfaces dans Asterisk et dans les postes téléphoniques déployés ; enfin, le plan de numérotation d'Asterisk, aussi appelé *dialplan*, qui constitue le cœur d'Asterisk et de tout PABX.

Dans le **chapitre 6**, nous présentons une nouvelle installation d'Asterisk, destinée à répondre au besoin de notre entreprise de délivrer un service téléphonique à un site géographiquement éloigné.

Nous poursuivrons notre visite d'Asterisk par une exploration avancée des services fondamentaux qu'il peut rendre : la messagerie vocale (et son intégration avec la messagerie électronique), le service vocal interactif (SVI), la supervision d'appels. Par ailleurs, ce **chapitre 7** est le premier à détailler l'intégration d'Asterisk dans un environnement web, intégration illustrée par l'exemple d'un service d'envoi de fax via le Web.

L'accès à distance aux ressources téléphoniques, par exemple depuis l'ordinateur de son domicile, est l'une des conséquences heureuses de l'émergence de la ToIP. Asterisk est parfaitement adapté pour l'assurer, comme nous le montrons au **chapitre 8**. Ce chapitre est l'occasion d'évoquer des obstacles majeurs au déploiement de la ToIP, comme le NAT et le filtrage de ports, et de détailler les solutions apportées par Asterisk. En particulier, nous verrons pourquoi le protocole IAX peut être préféré au couple SIP/RTP en fonction de l'environnement réseau. Par ailleurs, nous y présentons un exemple simple d'installation d'Asterisk depuis le domicile d'un particulier connecté au réseau SIP de l'opérateur Free.

Les **chapitres 9 et 10** nous amènent au cœur de l'intégration d'Asterisk avec le Web... et le système d'information. Nous mesurerons toute la puissance d'Asterisk dans ce domaine et verrons en détail la façon dont le développeur et l'ingénieur peuvent se servir d'Asterisk comme une véritable boîte à outils pour construire de nouvelles applications. Les audioconférences, l'appel automatique depuis un lien web, l'appel par composition d'adresse e-mail sont autant de services qui mettent en évidence les facultés d'intégration d'Asterisk dans le système d'information, réalisant ainsi les promesses jamais tenues par les constructeurs téléphoniques traditionnels autour du CTI (couplage téléphonie informatique). Les interfaces AGI et AMI, qui servent de support aux fonctionnalité de CTI présentées dans ces chapitres sont abordées en détail.

Dans les **chapitres 11 et 12**, nous présentons les outils nécessaires à l'administration d'un serveur Asterisk dans le cadre d'une exploitation régulière, ainsi que les outils permettant de diagnostiquer d'éventuels dysfonctionnements.

Asterisk n'est pas le seul logiciel libre de ToIP, et le **chapitre 13** offre une illustration de la complémentarité d'Asterisk et du logiciel libre Kamailio (autrefois plus connu sous le nom d'OpenSER). Nous y décrivons également les moyens offerts par Kamailio pour interconnecter de multiples IPBX SIP.

Quelques axes de travail de la communauté Asterisk sont exposés dans le **chapitre 14** : IPv6, la vidéo et la messagerie instantanée par XMPP (Jabber).Ce dernier point fournit l'occasion d'aborder les possibilités d'Asterisk dans le domaine de la messagerie instantanée et de la gestion de présence, véritables socles d'applications nouvelles de travail collaboratif.

Enfin, le **chapitre 15** traite des moyens de communiquer avec les utilisateurs d'Asterisk et les contributeurs au projet, qui forment désormais une communauté internationale très importante. Nous présentons par ailleurs les différentes formes de contributions qui peuvent être utiles au développement d'Asterisk.

Nombre d'apartés viennent compléter le propos principal de ce cahier, qu'il s'agisse de définitions rappelant les concepts réseau de base, de renseignements sur le logiciel, la communauté d'Asterisk ou la culture de l'informatique libre, ou de tout type d'informations susceptible d'être utile aux lecteurs de cet ouvrage, quel que soit leur niveau.

CULTURE **Le Jargon Français**

Pour compléter utilement la lecture de cet ouvrage et renforcer vos connaissances, n'hésitez pas à consulter le dictionnaire d'informatique francophone en ligne, « Le Jargon Français ». Référence d'un bon nombre des définitions « B.A.-Ba » de cet ouvrage, vous y retrouverez également les définitions originales proposées par l'auteur de ce livre.

▸ http://jargonf.org/wiki/Jargonf:Accueil

Remerciements

Je remercie tous ceux qui m'ont permis d'arriver au bout de cette aventure passionnante et exigeante qu'est l'écriture d'un livre :

Karine Joly, Muriel Shan Sei Fan et Nat Makarevitch, ainsi que toute l'équipe des éditions Eyrolles, Sophie Hincelin, Eric Bernauer et Gaël Thomas, pour leur accompagnement et leurs conseils avisés.

Mark Spencer, bien sûr, pour avoir créé ce merveilleux logiciel qu'est Asterisk et pour avoir accepté de préfacer cet ouvrage. Russell Bryant, Kevin Fleming et John Todd pour leur activité dans la communauté Asterisk et leur soutien. Mon ami Olle Johansson, qui me guide toujours avec bienveillance dans mes contributions à Asterisk. Elena Ramona Modroiu et Daniel Constantin Mierla, du projet Kamailio, Bogdan Andrei Iancu, du projet OpenSIPS.

Philippe Hensel, de l'IUT de Colmar. Jacques Heitzmann, du Forum Atena. Jean-David Benichou, Frédéric Clément et Laurent Pierre, de la société Via-telecom. Pierre Lombard et Cyrille Judas de la société Hubiquity.

La communauté Asterisk-France, si indispensable ! Les sociétés PerenIP, QosmiQ Networks et Iviflo.

Mes collègues Denis Joiret, Laurent Le Pendeven, Nicolas Chevènement, Éric Gallula, Amine Hassim, pour leur savoir et leur dynamisme.

Mes amis qui ont contribué par des échanges ou par un éclairage particulier à l'élaboration de ce livre, Abdelkader Allam, Michaël Benharrosh, Eric Danan, Olivier Krief, Romain Laclaverie, Aaron Partouche, Luc Podrzycki, Philippe Quesson, Daniel Smadja, Nicolas Tiphaine.

Ma mère, mon père, mes frères, qui me sont tous si chers.

Je remercie naturellement ma femme, Anne, pour son soutien et sa patience, et surtout pour son amour et les merveilleux enfants qu'elle m'a donnés.

À ma grand-mère.

1

Asterisk et la ToIP libre

Asterisk est un logiciel de ToIP, certes, mais pas n'importe lequel ! Entrez dans l'univers d'Asterisk et de la ToIP, ses diverses fonctions et protocoles, sans oublier les autres logiciels de même type...

Qu'est-ce qu'Asterisk ?

Asterisk a pour principale fonction celle d'autocommutateur téléphonique. Cela consiste essentiellement à gérer les appels téléphoniques pour un ensemble de postes, tout comme pouvait le réaliser une opératrice voici de nombreuses années.

B.A.-BA **PABX, PBX, IPBX, IP-PBX...**

Un PABX (*Private Automatic Branch eXchange*), ou PBX, est un équipement de gestion des appels téléphoniques. Généralement installé dans une entreprise, il permet de délivrer (ou de commuter) les appels téléphoniques vers les postes qui lui sont raccordés. Il sert en outre de relais entre les postes téléphoniques gérés et le réseau téléphonique commuté (RTC), assurant ainsi la communication avec l'extérieur.

Depuis l'émergence de la technologie ToIP (*Telephony over IP*, ou téléphonie sur IP), qui transfère le service de téléphonie sur le protocole IP donc sur un réseau informatique, les termes IPBX, PABX-IP, IP-PBX sont apparus. Ils traduisent le fait que le PABX est désormais livré sous la forme d'un logiciel destiné à un ordinateur générique, plutôt qu'un matériel spécialisé.

Le cadre classique d'installation d'Asterisk est celui de tout PABX : assurer la commutation des appels pour un ensemble donné de postes téléphoniques et relayer les appels de et vers l'extérieur au travers du RTC. Rien de moins.

Cependant, et contrairement à certaines solutions de ToIP propriétaires qui se contentent de reproduire ce schéma classique de la téléphonie d'entreprise, Asterisk concrétise les promesses de la technologie ToIP, en proposant de nouveaux services sans casser sa tirelire.

> B.A.-BA **SIP, H.323, les protocoles pour la technologie ToIP**
>
> SIP (*Session Initiation Protocol*, protocole Internet de gestion d'une session de communication) et H.323 (son équivalent issu du monde des télécommunications) sont aujourd'hui les protocoles standards que l'on retrouve dans la plupart des équipements ToIP actuels.
> Vous trouverez en fin de chapitre un récapitulatif sur les protocoles utilisés en ToIP.

Les fonctions assurées par Asterisk

Asterisk satisfait de nombreux types de besoins. Il peut par exemple devenir un petit gestionnaire du téléphone de son domicile. Dans une telle configuration, on tire avantage de son double attachement au réseau téléphonique et à l'Internet, de façon simple et efficace. Profitant de la connexion Internet de son lieu de travail, qui permet de joindre le serveur Asterisk installé à son domicile, un particulier dispose d'un système de notification de tout appel arrivant durant les heures de travail sur le numéro de son domicile. Nous présentons plus en détail ce type de configuration au chapitre 8, traitant de l'accès distant aux ressources téléphoniques.

Asterisk est également utilisé dans un cadre professionnel, en tant que commutateur téléphonique d'entreprise, de passerelle vers le réseau téléphonique, de serveur de messagerie vocale ou de serveur d'audioconférence. Une des grandes forces d'Asterisk et des logiciels libres de télécommunication en général, tient dans ce caractère multifonctionnel. En effet, les fonctions mentionnées ci-dessus peuvent être assurées soit sur un système unique, par exemple pour réduire le coût d'installation, soit sur différents systèmes hébergeant chacun une instance d'Asterisk, afin d'améliorer la disponibilité d'ensemble des différents composants du service téléphonique.

COMMUNAUTÉ **Naissance du projet**

Asterisk est un logiciel libre et Open Source (license GPL ou alternative en accord avec la société Digium) apparu à la fin des années 1990. Sa première version, publiée par Mark Spencer, date exactement du 5 décembre 1999. Il s'inscrit dans la mouvance, apparue à la même époque, des logiciels libres de télécommunication développés autour de H.323 ou SIP, comme OpenH323 (aujourd'hui GnuGK) et SER (*SIP Express Router*).

À la différence de la plupart des logiciels libres relevant des télécommunications, Asterisk n'est pas le résultat des travaux d'un ou plusieurs développeurs réalisés à partir d'un document décrivant un protocole standard, comme une RFC (*Request For Comments*) ou une recommandation de l'UIT (Union internationale des télécommunications). Asterisk est né du besoin très pragmatique d'un jeune directeur de société de services d'assistance autour de Linux et des logiciels libres, nommé Mark Spencer, qui souhaitait améliorer l'efficacité du service d'assistance technique en offrant la possibilité aux clients de laisser des messages téléphoniques et en les dirigeant vers le technicien à même de les traiter.

Serveur d'audioconférences

La gestion des audioconférences est une fonction majeure d'Asterisk, qui ravira tout responsable de SI (système d'information) ayant eu la surprise de découvrir des sommes astronomiques sur ses factures, ou dont le service d'audioconférence est limité à cinq utilisateurs par session (limite tout à fait franchissable sous réserve d'acquérir la licence nécessaire).

Asterisk, par l'intermédiaire de l'application MeetMe, agit comme un véritable pont de conférence. Comme on peut l'attendre de tout logiciel libre, aucune licence ne restreint l'utilisation du service d'audioconférence ainsi déployé, les seules limites d'ordre quantitatif découlant des capacités du matériel.

Nous présentons en détail les possibilités d'Asterisk dans le domaine de l'audioconférence au chapitre 9 sur les réunions téléphoniques.

Messagerie vocale

La messagerie vocale est le complément indispensable à tout système de téléphonie digne de ce nom.

Là encore, Asterisk brille par sa souplesse ainsi que par la richesse de ses fonctionnalités. Il est ainsi tout à fait à même de réaliser ce que certains éditeurs ou constructeurs de système de téléphonie appellent parfois un peu pompeusement la messagerie unifiée. L'envoi de message électronique (protocole SMTP) dans une boîte e-mail sur réception d'un message téléphonique est naturellement possible, de même que l'envoi d'un message instantané par Jabber (protocole XMPP).

B.A.-BA **Protocoles de messagerie**

Le protocole SMTP (*Simple Mail Transfer Protocol*) est un protocole de type IP utilisé pour le transfert de courrier électronique.
Quant à XMPP (*eXtensible Messaging and Presence Protocol*), c'est un ensemble de protocoles de messagerie instantanée et de présence basés sur le format ouvert XML. XMPP est aussi connu sous le nom de Jabber.

Voici quelques exemples de configuration d'un service de messagerie vocale sous Asterisk :

- Asterisk en tant qu'IPBX incluant la messagerie vocale ;
- Asterisk en tant que serveur de messagerie vocale connecté à un autocommutateur existant, par exemple grâce à SIP ;
- notification sur une boîte e-mail ou par la messagerie instantanée lors de la réception d'un message téléphonique.

Il n'est pas rare de voir un serveur Asterisk assigné à la seule tâche de la messagerie vocale. En séparant les fonctions sur différents serveurs, on améliore parfois la disponibilité des éléments qui constituent le service téléphonique fourni aux utilisateurs.

Serveur vocal interactif (SVI)

Un SVI (en anglais IVR, pour *Interactive Voice Response*) est une application téléphonique d'aide à la navigation. L'utilisateur appelant le système est guidé par une voix parmi différents menus qu'il explore ou sélectionne en appuyant sur des touches de son terminal (par exemple un poste téléphonique), chacune émettant alors un code sonore (DTMF) qui sera interprété par le SVI comme un chiffre.

B.A.-BA **Codes DTMF (Dual Tone Multi Frequency)**

Les touches pressées par l'utilisateur appelant le SVI sont interprétées par ce dernier à partir des codes DTMF. Ces codes correspondent à des combinaisons de deux fréquences dans la bande passante téléphonique [300 Hz, 3 400 Hz] impossibles à émettre par une voix humaine.

Asterisk dispose des éléments constitutifs d'un SVI évolué :

- un mécanisme de routage interne des appels reposant sur des tests conditionnels ;
- la possibilité de jouer des fichiers préenregistrés dans différents langages ;
- une application permettant d'enregistrer ses propres fichiers depuis un téléphone.

Le routage des appels est configurable via le *dialplan*, l'équivalent du plan de numérotation d'un PABX classique. Il décrit les combinaisons que les utilisateurs peuvent composer et ce à quoi mène chaque série de touches frappées.

Les fichiers préenregistrés sont inclus dans les distributions d'Asterisk et disponibles en plusieurs langues. Ils contiennent les menus vocaux qui seront joués à l'utilisateur au cours d'un appel au SVI.

Asterisk permet également d'enregistrer des fichiers vocaux qui pourront servir à établir un menu vocal personnalisé, par le biais de l'application Record.

Dans les chapitres traitant du couplage d'Asterisk avec Apache/PHP (chapitres 9 et 10 sur les réunions téléphoniques et l'intégration dans le système d'information) ou de la messagerie vocale (chapitre 7), nous présentons les aptitudes d'Asterisk en tant que serveur vocal interactif.

Passerelle vers le RTC, interconnexion de sites

Le succès d'Asterisk tient en grande partie à la possibilité de le connecter au réseau téléphonique commuté (RTC). Rappelons que le créateur du projet, Mark Spencer, avait besoin d'un PABX pour orienter les appels vers le service d'assistance technique de la société qu'il dirigeait. La fonction de passerelle vers le RTC est essentielle au service téléphonique et Asterisk ne fait là que reprendre une fonction de base attendue de tout PABX, pour un coût bien moindre.

Connecter un serveur Asterisk au RTC peut être effectué de différentes manières. Le plus souvent, une carte d'extension dédiée insérée dans un PC en fera une passerelle entre le réseau informatique et le RTC. Il est également possible de connecter Asterisk via un protocole de technologie ToIP à une passerelle existante. Par exemple, activer la pile SIP d'un vieux routeur Cisco 3620 équipé d'une carte d'interfaçage vers le RTC suffit pour obtenir une passerelle SIP/RTC. Asterisk et le routeur communiqueront simplement par SIP. En cas de problème d'interopérabilité, vous savez sur quel équipement il faudra intervenir, pour ajuster la configuration, ou éventuellement le code source... celui qui est libre !

Mais ce n'est pas tout. Asterisk est aussi conçu pour bâtir des architectures téléphoniques robustes, flexibles et peu coûteuses. Par exemple, dans le cas d'une entreprise étendue sur différents sites, disposer des serveurs Asterisk en entrée RTC d'un site et les connecter entre eux par un protocole ToIP (SIP, H.323, IAX, etc.) offre un service téléphonique d'entreprise avancé.

Asterisk disposant d'une multitude d'interfaces protocolaires, il est tout à fait possible de connecter plusieurs serveurs Asterisk entre eux ou à d'autres IPBX ou PABX.

Ce type de configuration est exactement celui de l'entreprise que nous suivons dans cet ouvrage ; nous y revenons en détail dans les chapitres 6 et 13, « Asterisk en point de terminaison télécom » et « Interconnexion de sites ».

> BONNE PRATIQUE **Utilisation d'Asterisk en complément d'une architecture téléphonique existante**
>
> Certes, Asterisk brille par l'exploitation des postes téléphoniques quand on l'utilise comme IPBX. Mais il est tout aussi puissant quand il vient compléter une architecture téléphonique existante, en prenant en charge les fonctions complémentaires, mais souvent très coûteuses, que sont la messagerie vocale ou les réunions téléphoniques (audioconférences). Aujourd'hui, la plupart des IPBX du marché disposent d'une interface SIP qui permet une interaction forte avec Asterisk. Dans le cas d'équipements plus anciens, insérer dans le PC animant Asterisk une carte d'extension (par exemple de type T0, T2 ou analogique) permettra d'intégrer Asterisk (voir la section sur DAHDI et libpri dans le chapitre 4).

Une plate-forme applicative pour la téléphonie : Asterisk et le CTI

Contrairement à un PABX classique, et du fait de son caractère libre qui lui confère une grande souplesse, on peut utiliser Asterisk dans d'autres cadres.

Par exemple, en équipant un serveur d'une deuxième carte de connexion vers le RTC, on peut le placer entre le RTC et le PABX existant afin de permettre l'ajout de nouvelles fonctionnalités téléphoniques en douceur, sans changer les composants du service téléphonique déjà en place. Interposer ainsi Asterisk entre le RTC et le PABX existant présente alors un intérêt immédiat : il supervise le trafic téléphonique, et l'étendue de ses possibilités de configuration va permettre de caractériser certains événements avant de déclencher des actions.

Sur réception d'un appel entrant, Asterisk pourra ainsi consulter une base de données de clients et lancer un programme de remontée de fiche détaillant ses caractéristiques au destinataire de l'appel. C'est un bel exemple de couplage réussi entre téléphonie et informatique (on appelle ce couplage CTI), avec un logiciel libre et pérenne.

Asterisk s'arrête là, mais il laisse la place à l'intégrateur ou au développeur qui exploitera ses interfaces applicatives pour mettre en place des services intégrés au système d'information :

* AGI (*Asterisk Gateway Interface*) permet d'exécuter tout type de programme externe indépendamment d'un langage de programmation.
* AMI (*Asterisk Manager Interface*) est une interface de pilotage d'Asterisk accessible par le réseau, par exemple grâce à HTTP.

Nous approfondirons l'utilisation d'AGI et AMI dans le chapitre 10 traitant de l'intégration au système d'information, puisque notre entreprise s'est résolument décidée à exploiter les capacités d'Asterisk dans le domaine du CTI, par exemple pour fournir un service de *click-to-call* accessible depuis le Web.

Asterisk et les autres logiciels libres de ToIP

S'il est certainement le plus populaire des logiciels serveurs de technologie ToIP, Asterisk n'est pas le seul. Quant à être le meilleur, c'est une question qui ne peut réellement être posée si on le compare à des logiciels qui lui sont fonctionnellement différents, comme SER ou OpenSER qui sont des proxys SIP.

B.A.-BA **Proxy**

Un *proxy* (mandataire, en français) est un logiciel servant d'intermédiaire entre un réseau rapide et sûr (souvent un réseau local) et un réseau plus lent (l'Internet) ou hostile. Il s'interpose entre ces réseaux pour protéger le premier, par exemple, en bloquant ou filtrant les accès, gérer un cache pour améliorer les performances ou garder une trace des éléments du trafic (journalisation).

Les logiciels présentés ci-après possèdent un certain nombre d'avantages par rapport à Asterisk ; ils sont mentionnés. Quant à ceux qui se distinguent fonctionnellement, leurs différences sont soulignées.

Kamailio (ex OpenSER) : un proxy SIP, un vrai

Kamailio est un *fork* de SER (*SIP Express Router*). Ses auteurs sont une équipe d'ingénieurs roumains qui, à l'époque des premiers développements, préparaient leur thèse à l'institut Fraunhoffer de Berlin et travaillaient de façon intensive sur SER, la première implémentation libre d'un proxy SIP.

CULTURE **Fork : la fourchette logicielle**

Le monde du logiciel libre autorise et même encourage les modifications de code dans le but d'améliorer le logiciel qui en fait l'objet, et ce d'où qu'elles viennent. Cependant, tout logiciel libre est dirigé par une équipe de développeurs qui en modifient directement le code et gèrent les contributions externes à l'équipe. Parfois, des désaccords portant sur l'évolution du logiciel mènent un groupe de développeurs à « forker » le code d'un logiciel existant. Cela signifie qu'ils en prennent le contenu à un instant donné pour donner naissance à un nouveau logiciel qu'ils feront évoluer selon leur idée. Le modèle du logiciel libre les y autorise et, selon la licence applicable au logiciel d'origine, il sera éventuellement fait mention de l'héritage dans le code du nouveau logiciel obtenu. Kamailio (ex OpenSER) est un fork du logiciel SER (*SIP Express Router*), CallWeaver est un fork d'Asterisk.

CULTURE **Kamailio, OpenSIPS, SER**

Kamailio et OpenSIPS sont issus du logiciel OpenSER, qui fut lui-même créé à partir de SER. Kamailio et OpenSIPS se revendiquent tous deux comme descendants d'OpenSER, à juste titre, et leurs bases de code sont encore très similaires. Depuis novembre 2008, Les développeurs de Kamailio et de SER travaillent conjointement sur un nouveau projet nommé *SIP Router Project*. Cette multiplication des projets descendants de SER prête à confusion, même si les logiciels nés des efforts des contributeurs sont de grande qualité.

On a parfois tendance à opposer Asterisk à Kamailio alors qu'ils sont fondamentalement différents, et en fait complémentaires.

Les domaines dans lesquels Kamailio se révèle particulièrement remarquable sont le traitement des connexions SIP NAT, la montée en charge et la haute disponibilité. On ne peut que saluer l'excellence des contributeurs de ce logiciel, en particulier Daniel Constantin Mierla et Elena Ramona Modroiu. Ce logiciel constitue la clef de voûte de l'architecture ToIP de nombreux opérateurs.

B.A-Ba **NAT ou la traduction d'adresses**

La traduction d'adresses réseau (NAT ou *Network Address Translation*) consiste à traduire les adresses IP non routables (dans un réseau interne, le plus souvent) en adresses IP routables (c'est-à-dire ayant accès à un autre réseau, souvent l'Internet).

Approfondir **Asterisk versus Kamailio : proxy, registrar ou B2BUA SIP ?**

Kamailio est un *proxy* SIP au sens strict de la RFC 3261, qui décrit le protocole SIP. Cela signifie d'abord qu'il implémente un unique protocole de ToIP : SIP. Asterisk, quant à lui, abrite une véritable foire aux protocoles de ToIP standards (SIP, IAX, H.323, MGCP) et propriétaires (SCCP de Cisco, Unistim de Nortel) – voir le récapitulatif sur les protocoles de ToIP en fin de chapitre.

Kamailio, comme tout proxy SIP, relaie des transactions entre différentes entités SIP. Par conséquent, il ne répondra pas de lui-même à une requête INVITE d'établissement de connexion SIP, qu'il se contentera de relayer vers un terminal ou un autre proxy. À l'inverse, Asterisk peut être programmé pour répondre à une telle requête, par exemple pour jouer un fichier préenregistré.

Dans une architecture SIP, Asterisk est en fait un B2BUA (*Back to Back User Agent*). À la différence d'un proxy SIP, un B2BUA peut tout à fait émettre et recevoir des appels SIP et les relayer en maintenant des canaux distincts et indépendants d'un point de vue SIP.

De plus, Asterisk et Kamailio implémentent tous les deux la fonction de serveur d'enregistrement SIP (*registrar*). Un registrar accepte des requêtes d'enregistrement de la part de terminaux SIP. Une fois enregistré, un terminal est accessible via l'adresse `username@X.X.X.X`, où `username` représente le nom du terminal soumis dans la requête `REGISTER` et `X.X.X.X` l'adresse IP du registrar. En général, les fonctions de registrar et proxy SIP sont incluses dans un même serveur (par exemple, Kamailio).

Là encore, on constate des différences dans le traitement des enregistrements entre Asterisk et Kamailio. Enregistrer un même identifiant (URI – *Universal Resource Identifier*) depuis différents terminaux est possible avec Kamailio, mais pas avec Asterisk. Cette fonctionnalité permet de faire sonner simultanément les terminaux s'étant enregistrés avec le même identifiant (technique dite de *forking* SIP, qui n'a rien à voir avec le fork d'un logiciel libre !). Pour enregistrer un même identifiant depuis différents terminaux sur Asterisk, il faut utiliser des protocoles différents sur chaque terminal, par exemple SIP et IAX (*Inter-Asterisk eXchange*), comme nous le verrons dans le chapitre 8 traitant des *softphones*.

Les implémentations SIP d'Asterisk et de Kamailio diffèrent car les fonctions des deux logiciels sont différentes, comme indiqué ci-dessus. De plus, à la différence de Kamailio, Asterisk implémente bien d'autres protocoles de communication que SIP, comme H.323, MGCP (*Media Gateway Control Protocol*) et, surtout, des interfaces vers le RTC analogique et numérique.

Kamailio est un logiciel modulaire capable de traiter des milliers de messages SIP par seconde. Mieux, ses fonctions de répartition de charge autorisent une montée en charge simple par ajout de matériel. L'intérêt que peut susciter un tel logiciel (gratuit et libre !) chez les opérateurs est ainsi facilement compréhensible.

Finalement, on notera que Kamailio se trouve également dans l'architecture IMS de certains opérateurs de ToIP, en tant que SBC (*Session Border Controller*) ou pilote de SBC. Ses fonctions de traitement des en-têtes SIP et sa capacité à gérer les connexions NAT sont très appréciées des administrateurs de SBC pour filtrer les connexions SIP/RTP.

B.A.-Ba **Architecture IMS, SBC**

Une architecture IMS (*IP Multimedia Subsystem*) est une architecture NGN (*Next Generation Network*) standardisée pour la fourniture de services multimédia sur IP par les opérateurs téléphoniques.
Quant aux SBC (*Session Border Controller*), ou contrôleurs de session en périphérique, ce sont des équipements réseau utilisés dans le domaine voix sur IP pour contrôler les données transmises lors des appels.

Les concurrents d'Asterisk

D'autres logiciels libres de ToIP proposent des fonctionnalités similaires à celles d'Asterisk, en premier lieu plusieurs protocoles de communication (SIP, H.323, MGCP, RNIS, etc.). Certains des logiciels que nous présentons ici ont été forkés à partir d'Asterisk, souvent en raison de désaccords avec la société Digium, qui maintient et fait évoluer ce dernier.

L'un des reproches formulés sur Asterisk tient à sa diffusion sous double licence (GPL et propriétaire), qui interdit notamment l'inclusion de certaines bibliothèques dans le code d'Asterisk. Cela a parfois poussé certains contributeurs à quitter le projet.

Malgré tout, aussi efficaces, bien codés et fiables soient les logiciels présentés ci-après, aucun d'entre eux n'est appuyé par une communauté de développeurs, testeurs et utilisateurs de l'envergure de celle d'Asterisk.

CallWeaver : un fork d'Asterisk

CallWeaver, anciennement connu sous le nom d'OpenPBX.org, est un fork de la version 1.2 d'Asterisk. Il s'agissait d'abord de se démarquer du modèle de développement d'Asterisk, jugé trop lié à la société Digium et n'exploitant pas suffisamment les bibliothèques libres existantes.

CallWeaver utilise par exemple les implémentations libres Sofia SIP (de la société Nokia) et SpanDSP. Cette dernière bibliothèque est utilisable pour la transmission et la réception de fax. On notera que désormais, Asterisk utilise aussi la bibliothèque SpanDSP pour le traitement des fax.

FreeSWITCH : la promesse de la fiabilité

Contrairement à CallWeaver, et bien qu'il fût lancé par des ex-développeurs d'Asterisk, FreeSWITCH est un projet bâti sur une base de code complètement nouvelle.

FreeSWITCH utilise, tout comme CallWeaver, la bibliothèque Sofia SIP. Celle-ci offre notamment SIP sur les protocoles TCP et SCTP, ainsi que la sécurisation par TLS. Notons que depuis la version 1.6, Asterisk gère SIP sur TCP, ainsi que la sécurisation par TLS.

B.A.-BA **TCP, SCTP et TLS**

TCP (*Transmission Control Protocol*) et SCTP (*Stream Control Transmission Protocol*) sont des protocoles de transport de données de la famille IP.
TLS (*Transport Layer Security*) est un protocole de sécurisation des échanges, qui a pris la suite du protocole SSL (*Secure Sockets Layer*).

D'une manière générale, FreeSWITCH est présenté comme plus fiable qu'Asterisk. Le développeur principal du projet FreeSWITCH, à l'époque où il travaillait sur Asterisk, en était l'un des contributeurs les plus actifs ; le grief majeur qu'il énonçait contre Asterisk était sa gestion des tâches simultanées (par *multithreading*), qu'il jugeait (et juge encore si l'on en croit ses nombreux blogspots sur le sujet) bâclée.

Que dire sinon qu'Asterisk, comme tout logiciel, n'est pas parfait, et doit sans cesse être amélioré. Nul doute que si FreeSWITCH connaît à l'avenir le même succès qu'Asterisk, de nombreux bugs seront découverts.

Yate : encore un autre IPBX logiciel !

Yate, littéralement *Yet Another Telephony Engine*, est un logiciel identique à Asterisk d'un point de vue fonctionnel. Il est poussé par une équipe très talentueuse de développeurs roumains. Il est intéressant de constater la profonde implication des ingénieurs roumains dans des projets de ToIP libres majeurs comme Yate ou Kamailio.

Yate a une réputation de grande fiabilité et gère des protocoles complexes. Il s'appuie notamment sur le projet Linux-HA (*High Availability*) et son composant Heartbeat pour offrir un haut niveau de disponibilité.

Tout comme les logiciels que nous avons exposés, auxquels on pourrait ajouter SIPX et Bayonne, Yate s'appuie sur une communauté d'utilisateurs moins étoffée que celle d'Asterisk. Dans le monde des logiciels libres, la communauté des utilisateurs, avec le talent des développeurs, est d'une importance primordiale quant à la qualité du logiciel développé. Elle agit un peu comme un service d'assistance, incluant utilisateurs expérimentés et développeurs aguerris.

PROTOCOLES **Vue d'ensemble des standards de ToIP**

H.323, le précurseur, et SIP, le successeur

Depuis le milieu des années 1990 et la publication des premiers standards jusqu'au début des années 2000, une bataille s'est déroulée entre les organismes de standardisation des protocoles de ToIP, opposant principalement H.323 (de la recommandation éponyme de l'UIT) à SIP (*Session Initiation Protocol*), qui est issu du monde de l'Internet (dit monde IP). Les deux protocoles ont des fonctions identiques. Ils ont été pensés à l'origine pour transporter la téléphonie sur le réseau IP (et ont tous deux évolué pour ajouter le transport de la vidéo). Aujourd'hui, de nombreux équipementiers implémentent SIP ou H.323 dans leurs postes téléphoniques.

La fin des années 1990 fut sans conteste une époque faste pour l'implémentation de H.323, puisque de nombreux réseaux d'opérateurs renouvelèrent alors leurs architectures à partir de ce protocole. On notera en outre que le monde du logiciel libre proposa alors une première implémentation de H.323 : OpenH323.

Aujourd'hui, H.323 est certes très présent dans les systèmes de vidéoconférence, mais force est de constater que les terminaux logiciels H.323 (les softphones), sont en voie d'extinction. Ainsi, Microsoft n'inclut plus dans les versions actuelles de son système d'exploitation le logiciel NetMeeting, et préfère ajouter une interface SIP à son client Windows Live Messenger. La popularité du protocole, si on la mesure grossièrement par le nombre de ses implémentations logicielles et en considérant ses domaines d'application (système d'exploitation grand public, téléphonie d'entreprise) semble avoir atteint son apogée, et se trouve de fait sur la voie du déclin. Cependant, l'activité dans le monde du logiciel libre autour d'H.323 ne stagne pas, loin de là. Des projets comme OpenH323, OPAL, Yate, Bayonne, Asterisk, FreeSWITCH, font régulièrement évoluer leurs piles logicielles H.323. Tout n'est peut-être pas perdu pour ce protocole, véritable précurseur de la ToIP.

En fait, depuis le début des années 2000, les choses ont nettement évolué en faveur d'une adoption massive de SIP. De nos jours, tous les constructeurs de téléphonie d'entreprise munissent leurs IPBX d'une interface de raccordement SIP, et certains vont même jusqu'à proposer une architecture de téléphonie d'entreprise complètement basée sur SIP ! On notera d'ailleurs avec un certain amusement que la tendance à l'option tout SIP dans la téléphonie d'entreprise existe depuis longtemps parmi les intégrateurs de logiciels libres de ToIP, même si elle ne porte que sur des installations de petite ou moyenne capacité. Par ailleurs, on ne compte plus les logiciels libres de ToIP SIP disponibles tant côté serveur (Asterisk, OpenSER, FreeSWITCH, Yate, Bayonne, etc.) que client (Ekiga, X-Lite, Zoiper, SJPhone, etc.).

Le coup d'accélérateur du processus d'adoption de SIP tient certainement dans le choix du 3GPP d'en faire le protocole de signalisation dans l'architecture IMS (*IP Multimedia Subsystem*, grâce à laquelle les opérateurs offrent du multimédia). Le 3GPP (*Third Generation Partnership Project*) est un organisme de standardisation international (intégrant l'ETSI, l'Institut européen des standards de télécommunication, pour l'Europe), qui travaille notamment à la normalisation des nouvelles architectures des réseaux d'opérateurs, dans le but de pouvoir proposer des services dits convergents, c'est-à-dire accessibles aussi bien depuis un terminal fixe que mobile. L'adoption de SIP comme élément de base de l'architecture IMS (avec IP) fut entérinée en 2004.

MGCP et IAX, les outsiders, et Jingle, le nouveau venu

En marge de la compétition entre les protocoles SIP et H.323, un candidat a fait son chemin dans la jungle des protocoles de téléphonie sur IP : MGCP (*Media Gateway Control Protocol*). Adapté à une architecture de type maître-esclave (à l'inverse de SIP et H.323, pour lesquels cette distinction n'existe pas), MGCP se retrouve aujourd'hui dans les services de téléphonie de type Centrex, dont le principe est d'héberger le serveur de téléphonie des entreprises clientes, chez qui aucun équipement de commutation téléphonique (PABX ou IP-PBX) n'est installé.

IAX (*Inter-Asterisk eXchange*), développé par la communauté Asterisk et pour les serveurs Asterisk, a finalement été standardisé (dans la catégorie informationnelle) en février 2009 dans la RFC 5456, ce qui devrait encourager les nouvelles implémentations. Côté serveur, il est implémenté dans Asterisk, FreeSWITCH et Yate. Côté client, on le trouve notamment dans Zoiper et SFLphone (qui implémentent également SIP).

Pour achever le survol des protocoles de ToIP, disons quelques mots d'un nouveau venu. Depuis 2006, sous l'impulsion de la XSF (*XMPP Standards Foundation*) et de Google, un protocole de ToIP nommé Jingle est apparu. Depuis lors, ce protocole a constamment évolué pour aboutir à une version stable dans le courant de cette année (juin 2009). Il permet d'établir des communications voix et vidéo entre les clients d'un réseau XMPP (aussi connu sous le nom Jabber). Le client de messagerie instantanée et ToIP GoogleTalk en fut la première implémentation.

Jingle vient compléter les services avancés accessibles aux utilisateurs des architectures XMPP, tels que la gestion de présence et la messagerie instantanée. Outre GoogleTalk, les clients libres XMPP commencent à se lancer dans l'implémentation de Jingle. Ainsi le client Empathy (disponible sur Linux en environnement Gnome) s'est vu ajouter une version stable de Jingle dans le cadre du projet OLPC (*One Laptop Per Child*), et d'autres ont suivi depuis (Psi et Pidgin). Asterisk implémente quant à lui le protocole depuis la version 1.4, dont la compatibilité avec GoogleTalk et Empathy a été validée. La dernière version du standard Jingle est en cours de développement dans Asterisk et permettra ainsi de faire se rejoindre les mondes de la téléphonie d'entreprise et de la messagerie instantanée.

2

Présentation de l'étude de cas

Une étude de cas nous permet de découvrir tout au long de ce livre différents cadres d'utilisation du formidable outil qu'est Asterisk. En voici la présentation...

L'objet de l'étude est le remplacement du système téléphonique d'une entreprise regroupant une centaine de collaborateurs, répartis sur deux sites disposant chacun des leurs propres équipements de téléphonie.

Situation géographique

Le site principal de notre entreprise est localisé en région parisienne. Environ 90 personnes y sont hébergées, chacune disposant de son poste téléphonique. Sur le site secondaire, situé dans le Sud-Est de la France, se trouve une dizaine de personnes, disposant là encore chacune de son propre poste téléphonique. Tous les membres de l'entreprise se sont vu attribuer un numéro de téléphone professionnel SDA, accessible directement depuis le RTC.

> CULTURE **SDA : sélection directe à l'arrivée**
>
> Un numéro SDA (sélection directe à l'arrivée) est un numéro directement accessible depuis le réseau téléphonique commuté (RTC), sans avoir besoin de passer par un standard de commutation. On peut faire une analogie avec le monde IP en considérant les numéros non SDA (ou privés) comme équivalents aux adresses IP non routables (type RFC 1918, par exemple celles de la forme 192.168.X.X ou 10.X.X.X), et le standard de commutation comme le pendant la passerelle NAT.

Sur chacun des deux sites, un serveur Asterisk sera installé en remplacement des anciens PABX. Les serveurs Asterisk seront ensuite reliés entre eux par le protocole SIP.

Les raisons du changement de système téléphonique

Si la raison principale du remplacement du système téléphonique est le vieillissement du matériel et du logiciel existant, le choix d'une solution de technologie ToIP ne dépend pas que de ce point. Il découle également du coût global, des attentes en matière de nouveaux services téléphoniques et de l'intégration souhaitée avec le système d'information, domaines dans lesquels Asterisk se révèle efficace.

Un existant vieillissant et coûteux

Le système téléphonique actuel date d'une dizaine d'années, c'est-à-dire d'une époque où la téléphonie sur IP permettait d'échanger des syllabes entre deux PC identifiés par leur adresses IP. L'expérience était certes enthousiasmante, mais la technique se révélait inadaptée aux entreprises.

Par ailleurs, la maintenance est devenue très onéreuse et, pis, le constructeur du système existant est sur le point d'annoncer qu'il abandonne sa fabrication.

La nécessité de nouveaux services

La téléphonie sur IP conduit à envisager différemment le futur système téléphonique de notre entreprise. Les utilisateurs poussent au changement et à l'innovation, à partir de leur expérience personnelle (par exemple, à partir des services téléphoniques offerts par des fournisseurs d'accès comme Free), par des questions telles que :

- Puis-je passer et recevoir des appels depuis mon ordinateur portable ?
- Si oui, puis-je le faire depuis chez moi ? Quel en est le coût ?
- L'annuaire de l'entreprise est-il accessible depuis mon téléphone ?
- Puis-je passer des appels en cliquant sur un bouton de page web ?
- Puis-je recevoir des messages vocaux par courriel ?
- Puis-je accéder à des ressources comme le fax ou les audioconférences via mon navigateur web ?

Par ailleurs, du point de vue de l'administrateur, la technologie ToIP présente des avantages certains, comme la gestion d'un seul réseau commun à l'informatique et à la téléphonie, ou la possibilité de développer simplement des applications avancées.

Les raisons du choix de la ToIP libre

Réduire les coûts

L'étude préalable à la sélection du futur système de téléphonie a mis en évidence une politique commune à l'ensemble des constructeurs/éditeurs de solutions de téléphonie sur IP : la multiplication des licences. La liste des objets potentiellement sujets à l'acquisition d'une licence est longue :

- les postes téléphoniques IP physiques ;
- les postes téléphoniques IP logiciels (softphones) ;
- les comptes à créer dans le système de messagerie vocale ;
- les équipements externes reliés par *trunking* standard (SIP, H.323, etc.) ;
- les points de connexion CTI (couplage téléphonie informatique).

Dans le pire des cas, toute fonctionnalité souhaitée devra faire l'objet de l'achat d'une licence. Dans le cas d'un système de téléphonie libre, la seule licence qui nous intéresse ne se prête pas à une quelconque procédure d'achat ; c'est celle appliquée au logiciel considéré : GPL, LGPL, etc.

CULTURE **Licences libres**

Pour en savoir plus sur les licences du logiciel libre comme la GNU GPL (*GNU General Public License*) ou la LGPL (*Lesser GPL*), rendez-vous sur les pages web suivantes :

▸ http://jargonf.org/wiki/LGPL
▸ http://jargonf.org/wiki/GPL

À venir également pour ceux qui s'y intéressent :

📖 Richard Stallman, Sam Williams, Christophe Masutti, *Richard Stallman et la révolution du logiciel libre - Une biographie autorisée*, Eyrolles, janvier 2010

S'approprier réellement le système

Deux questions importantes ont été incluses dans l'étude menée par la direction informatique : l'interopérabilité entre systèmes de téléphonie et l'intégration avec le système d'information, désignée par le sigle CTI.

CULTURE **Interopérabilité et CTI**

La fin des années 1990 a vu naître une volonté affichée des constructeurs de systèmes de téléphonie d'entreprise d'aller vers l'interopérabilité et le CTI (couplage téléphonie informatique). La téléphonie d'entreprise suivait ainsi le mouvement vertueux de la téléphonie d'opérateur qui tendait vers l'ajout de services sur ses réseaux par la promotion des NGN (*Next Generation Networks*). On espérait alors une nouvelle génération de logiciels applicatifs bien interconnectés avec les services de téléphonie.

Dix ans plus tard, on peut constater que l'interopérabilité s'imposa non pas grâce à une volonté commune des constructeurs, mais par l'apparition de la technologie ToIP dans l'entreprise. Quant au CTI généralisé, on l'attend encore.

Si SIP est aujourd'hui le protocole qui permet d'interconnecter des équipements de différentes marques, concrétisant ainsi l'idée d'interopérabilité, les systèmes de téléphonie d'entreprise (IP ou non) restent encore peu intégrés au système d'information. Le CTI n'a donc pas tenu ses promesses, et ce malgré l'apparition d'API propriétaires permettant de développer des applications.

Les logiciels de ToIP libres sont intégrables au système d'information de façon naturelle, pour plusieurs raisons.

- Les difficultés rencontrées sont facilement rapportées aux développeurs experts, qui sont accessibles.
- Les moyens de communication entre développeurs et utilisateurs permettent la réactivité (listes de diffusion, canaux IRC).
- Tout utilisateur peut ajouter une fonctionnalité, en la développant de lui-même ou par l'intermédiaire d'un prestataire.

Certes, on peut considérer que le dernier point relève d'une vision idéalisée du monde de l'Open Source, puisque tout utilisateur ne peut ou ne veut se plonger dans le code source d'un logiciel libre. Cependant, les logiciels libres apparaissent comme un moyen efficace de lier la téléphonie au système d'information, au moins pour une raison : les utilisateurs ne sont plus seuls devant un système plus ou moins fermé.

Maintenance et évolution du logiciel libre en téléphonie

En matière de téléphonie d'entreprise et de logiciel libre, un changement majeur dans la gestion du système intervient : celui de sa maintenance et de son évolution.

Dans le cas d'un système de téléphonie d'entreprise classique, les opérations de maintenance sont en grande partie réalisées par un prestataire, généralement un intégrateur, et plus rarement le constructeur du PABX. La gestion des tickets d'incidents passe par plusieurs niveaux d'assistance, et en cas de problème difficile nécessitant une modification, un nombre limité d'ingénieurs seront à même de pouvoir apporter un correctif.

De plus, les évolutions du système telles que l'ajout de nouvelles fonctionnalités, si mineures soient-elles, font l'objet d'une prestation dont le coût peut parfois sidérer le responsable technique le plus endurci.

Le PABX et les éventuels serveurs associés (taxation, messagerie vocale, etc.) forment ainsi un ensemble hermétique, précieux parce que coûteux et à ne surtout pas toucher.

L'apparition de logiciels libres de technologie ToIP comme Asterisk renverse complètement cette vision. Ces logiciels permettent de réellement s'approprier le système, mais également de pouvoir compter sur une communauté d'utilisateurs, de testeurs et de développeurs en nombre très important (au moins pour Asterisk). Bien qu'aucun temps limite de réaction ne puisse être exigé de la communauté, celle-ci constitue de fait un service d'assistance technique extrêmement efficace et gratuit. De surcroît, des prestataires proposent des services ou garanties similaires à celles de leurs concurrents du monde non libre (propriétaire).

Pourquoi Asterisk ?

Afin d'assurer dans les meilleures conditions la migration du système téléphonique, la direction informatique a été sollicitée pour étudier les offres disponibles et a retenu un certain nombre de critères conduisant à sélectionner Asterisk :

- continuer d'assurer les services téléphoniques couramment utilisés par les collaborateurs de l'entreprise ;
- intégrer le nouveau système téléphonique au système d'information (messagerie vocale, annuaire d'entreprise) ;

- apporter de nouveaux services aux collaborateurs de l'entreprise comme à ses prospects et clients ;
- ne pas adopter de solution peu diffusée, potentiellement peu pérenne ;
- payer tout cela aussi peu que possible !

L'idée d'un système de technologie ToIP Open Source a rapidement convaincu, et le choix d'Asterisk comme base du nouveau système est apparu évident, compte tenu de la liste des protocoles implémentés, qui va des standards pilotant les terminaux utilisateurs (SIP, H.323, MGCP, PSTN) aux équivalents propriétaires (SCCP, Unistim), en passant par de nombreux protocoles de connexion avec des équipements de cœur de réseau (SS7, ISDN, ENUM, SIP, H323).

> RAPPEL **Les protocoles de ToIP**
>
> Un aperçu récapitulatif des protocoles utilisée en ToIP est fourni en fin du chapitre 1.

Mais le principal avantage d'Asterisk sur les autres logiciels de ToIP Open Source est sa forte popularité qui, combinée aux fonctionnalités d'intégration dans le système d'information (LDAP, SQL, scripts AGI, pilote AMI) offre une infinité d'architectures et de configurations, et la possibilité d'échanger avec des experts et passionnés de plus en plus nombreux.

L'installation du nouveau système téléphonique se déroulera sur plusieurs étapes, en partant d'une intégration pilote du service informatique, pour terminer par la mise à disposition de services téléphoniques avancés accessibles par le Web.

Les services offerts aux collaborateurs de l'entreprise

Reconduire l'existant : fax, transfert et notification d'appel

Dans un premier temps, le service informatique validera un certain nombre de services téléphoniques de base, notamment ceux actuellement offerts par le système actuel ; citons parmi eux :

- le transfert d'appels ;
- la mise en attente accompagnée d'une musique d'attente ;

- la notification d'appel (par exemple entre un chef de service et son assistant).

Cette étape permettra de se familiariser avec Asterisk.

Ajouter des services : la mobilité et l'intégration dans le système d'information

Des services plus évolués seront testés et validés peu après, tels que :
- l'envoi et la réception de fax par le Web ;
- l'accès aux audioconférences gérées par un serveur web ;
- une messagerie vocale couplée avec la messagerie électronique ;
- la configuration de l'accès distant aux ressources téléphoniques ;
- une fonction de click-to-call accessible depuis l'intranet de l'entreprise.

Les machines fax ne feront plus partie la nouvelle architecture téléphonique, car un service web couplé avec Asterisk permettra d'en envoyer et d'en recevoir.

Les audioconférences seront créées dynamiquement par les utilisateurs à partir d'un accès web.

Le système de messagerie vocale sera avantageusement remplacé par Asterisk, qui permettra notamment d'envoyer les messages vocaux sous forme de pièce jointe à un courrier électronique.

L'accès distant aux ressources téléphoniques depuis un site distant quelconque connecté à l'Internet, par exemple depuis le domicile d'un collaborateur de l'entreprise équipé d'une connexion ADSL, sera rendu possible. Le cas d'une connexion via un téléphone logiciel (softphone) sera présenté, ainsi que celui d'un serveur Asterisk localisé au domicile du collaborateur pour assurer des tâches telles que la notification des appels reçus ou le renvoi vers d'autres numéros.

La fonction click-to-call permet aux collaborateurs de l'entreprise de cliquer sur un lien d'une page web, représentant par exemple un autre collaborateur ou un numéro de téléphone quelconque, dans le but d'établir une communication téléphonique. Les capacités en terme de CTI (couplage téléphonie informatique) d'Asterisk permettent de mettre en œuvre très simplement cette fonction.

L'accompagnement de la croissance de l'entreprise

Notre entreprise a des perspectives d'évolutions très favorables, ce qui l'amène à considérer l'acquisition d'une société concurrente basée à l'étranger.

Interconnexion de sites distants par SIP

Là encore, la direction informatique a été sollicitée pour anticiper la montée en charge du système de télécommunications et doit préparer un plan d'interconnexion de ce nouveau site, qui gardera tels quels ses équipements de téléphonie. Ceux-ci sont en effet trop récents pour être changés, et ils offrent une interface de technologie ToIP désormais commune à tous les équipements de téléphonie d'entreprise : le protocole SIP.

Nous verrons comment Asterisk, seul ou combiné à d'autres logiciels libres de ToIP, comme Kamailio (un fork d'OpenSER), permet de se connecter à tout type d'équipement SIP.

Travail collaboratif et gestion de présence

Dans le but d'améliorer l'accessibilité de ses collaborateurs, la direction considère la possibilité d'installer un système de gestion de présence offrant des services annexes comme la messagerie instantanée à deux ou en groupe.

Cette perspective d'évolution a bien été intégrée par la direction informatique, et l'un des points de l'étude du nouveau système téléphonique traite de l'intégration avec les services de gestion de présence et de messagerie instantanée. Ce point fera l'objet d'une description détaillée des possibilités d'intégration d'Asterisk dans le monde de la messagerie instantanée via le standard Jabber (XMPP).

Vidéo

La vidéo fait partie des fonctionnalités avancées jugées intéressantes par la direction, mais ne nécessitant pas de déploiement immédiat. Un état de l'art des possibilités pertinentes d'Asterisk a été demandé à la direction informatique.

3

Description de l'existant

Ce chapitre présente le matériel existant antérieurement à la migration vers la technologie ToIP Open Source. Il offre une vue globale de la téléphonie d'entreprise au lecteur peu averti.

Autocommutateurs, postes téléphoniques (numériques et analogiques) et fax forment l'architecture du service de téléphonie de notre entreprise. Ces équipements sont aujourd'hui inadaptés aux exigences d'intégration forte avec le système informatique ou de mise à disposition de services téléphoniques avancés, comme nous l'avons décrit au chapitre précédent.

Malgré tout, l'ensemble constitue un service téléphonique très fiable et fait preuve d'une disponibilité sans faille depuis une dizaine d'années. Les collaborateurs de notre entreprise se sont habitués à ce que le téléphone fonctionne en permanence, même lors de coupures électriques.

En parallèle de l'infrastructure téléphonique évolue l'architecture du service informatique. Postes informatiques, serveurs et imprimantes furent renouvelés régulièrement, selon une tendance largement observée ailleurs.

Les autocommutateurs (PABX)

Deux PABX de marques et de capacité différentes forment le cœur du service téléphonique de notre entreprise.

Le premier dessert les postes téléphoniques du site principal (90 postes) et est relié au RTC par un lien RNIS primaire (aussi appelé ISDN PRI ou S2/T2) offrant 30 connexions simultanées sur le RTC. Le second est situé sur le site secondaire de l'entreprise, qui comprend 10 postes téléphoniques. Il est relié au RTC par un lien RNIS de base (aussi appelé ISDN BRI ou S0/T0) offrant deux connexions simultanées sur le RTC.

B.A.-Ba **RNIS**

À l'opposé du RTC, le RNIS (réseau numérique à intégration de services) permet de transporter à la fois de la voix, des images et des données. En anglais, on le nomme ISDN (*Integrated Services Digital Network*).

Les deux PABX sont reliés entre eux par le RTC. Si elle avait un temps envisagé de les relier directement, l'équipe d'administration du service téléphonique y a finalement renoncé pour plusieurs raisons :

- le coût élevé de la prestation, nécessitant l'intervention de spécialistes sur chaque PABX (qui sont de marques différentes) simultanément ;
- le faible gain en fonctionnalités – au mieux, par un lien QSIG (voir encadré ci-après), on peut récupérer le transfert d'appels et la présentation du nom de l'appelant ;

• le gain nul en coût de communications entre sites, du fait du changement d'abonnement auprès de l'opérateur, qui rend gratuites les communications entre les deux sites de l'entreprise.

PROTOCOLES **QSIG**

QSIG est un protocole reposant sur RNIS, destiné à l'interconnexion de PABX. Longtemps espéré comme le standard permettant l'interopérabilité entre équipements de marques différentes, QSIG n'a pas tenu ses promesses en raison de différences irréductibles dans les implémentations. Aujourd'hui, on préférera de loin connecter des IPBX par SIP. Même si là encore les différences d'implémentation persistent, les logiciels libres SIP (Asterisk, Kamailio, etc.) permettent de les contourner. Il suffit pour cela d'insérer entre les IPBX un serveur libre qui servira de traducteur.

Les numéros de postes des deux sites correspondent en outre à des tranches de numéros SDA (directement joignables depuis le RTC) différentes.

Un annuaire pour le PABX et un autre pour l'entreprise

Le passage vers la téléphonie sur IP va permettre de rationaliser les annuaires des entreprises. Notre entreprise dispose en effet d'un annuaire LDAP qu'elle met à disposition des utilisateurs via le Web, et cet annuaire est lui-même alimenté par celui du PABX.

Avec Asterisk, notre administrateur va définitivement séparer les fonctions. L'IPBX sera chargé de l'acheminement des appels et déchargé de l'enregistrement des utilisateurs dans l'annuaire, qui sera dorénavant standard car accessible grâce à LDAP.

B.A.-BA **LDAP**

LDAP (*Lightweight Directory Access Protocol*) est un protocole Internet de gestion d'annuaires (recherche, ajout et modification de données) qui s'est imposé quasi comme une norme en entreprise.

Des capacités de CTI prometteuses, mais jamais mises en œuvre

Lors de l'acquisition des PABX il y a une dizaine d'années, la technologie ToIP était encore balbutiante, mais son apparition commençait à intriguer les

équipes en charge de la téléphonie et du système d'information. Les termes
« téléphonie » et « IP » désignaient alors deux ensembles disjoints.

Le couplage téléphonie informatique (CTI) était soutenu par quelques entreprises voyant un intérêt dans l'idée de connecter le PABX au réseau informatique. Cette initiative a fait apparaître des protocoles standards et des bibliothèques de programmation (API, pour *Application Programming Interfaces*) :

- CSTA : *Computer-Supported Telecommunications Applications* ;
- TAPI : *Telephony API* (Microsoft) ;
- TSAPI : *Telephony Server API* (Novell) ;
- JTAPI : *Java Telephony API* (dont Cisco propose une implémentation avec IPBX Callmanager).

L'intégration du PABX dans le système d'information devait amener des services utiles comme la remontée de fiche client pour un centre d'appels, ou encore le fait de lancer des appels depuis une station de travail informatique.

Malheureusement, derrière ces sigles et acronymes, l'interopérabilité et les implémentations n'ont pas suivi et aucune application réellement convaincante ne fut présentée à notre entreprise, simplement parce qu'elles n'existaient pas du côté du constructeur.

Aujourd'hui la technologie ToIP réalise les promesses alors tenues par les constructeurs de PABX en termes de CTI, bien que l'interopérabilité (sur SIP notamment) ne soit pas encore totale. Nous verrons tout au long de ce livre comment Asterisk peut s'intégrer dans le système d'information quel qu'il soit.

APPROFONDIR **L'interopérabilité par les logiciels libres**

Les IPBX ou proxys SIP comme Asterisk, FreeSWITCH, Kamailio (OpenSIPS, OpenSER, SER) sont à même de corriger les problèmes d'interopérabilité entre implémentations SIP de différents constructeurs ou éditeurs. Kamailio est vraisemblablement l'outil idéal pour ce type de problème, puisqu'il exécute un programme (qui est un script paramétré par le fichier `kamailio.cfg`, autrefois appelé `openser.cfg`) lisant tous les en-têtes SIP à chaque réception d'une requête ou d'une réponse.

Les postes téléphoniques

Plan de numérotation

Le plan de numérotation du site principal de l'entreprise est entièrement repris dans le cadre de la nouvelle infrastructure téléphonique. En interne, les numéros de poste sont de la forme *5XXX*. Pour accéder au réseau téléphonique de l'opérateur, les numéros pourront ou non être préfixés par *0*. L'insertion du zéro pour accéder à l'extérieur fait partie des habitudes des collaborateurs de l'entreprise qu'il a été décidé de préserver.

Les postes du site secondaire sont dans la tranche de numéros *045678999X*. Ils seront intégrés dans le plan de numérotation du site principal (*01234555XX*), tout en restant joignables depuis l'extérieur avec leur ancien numéro.

Un serveur Asterisk local sera installé sur ce site. Il sera connecté au RTC via le lien S0/T0, et un lien SIP le reliera au serveur Asterisk principal.

Postes numériques, analogiques et fax

Cinq fax sont répartis dans les locaux de notre entreprise. Plutôt que de reconduire des lignes analogiques sur le nouvel IPBX, il a été décidé de mettre en place un service d'émission/réception de fax par le Web, en utilisant naturellement Asterisk.

Les services utiles : annuaire et traçabilité des appels

L'annuaire interne de l'entreprise est la clé de voûte des services téléphoniques accessibles par le Web que notre administrateur va déployer. Nous verrons pourquoi dans les chapitres traitant de ces services.

Un autre service sera utilisé par Asterisk : RADIUS. Actuellement chargé d'authentifier les utilisateurs du service d'accès à distance (VPN) de notre entreprise, le serveur RADIUS collectera les tickets de taxation téléphonique émis par Asterisk. En fait, notre administrateur configurera Asterisk de façon à collecter les tickets de taxation sur plusieurs cibles, compte tenu de l'importance de ces données en termes de traçabilité. L'entreprise pourra ainsi garder trace de toutes les communications : qui appelle quel numéro, quand et durant combien de temps.

> PROTOCOLES **RADIUS**
>
> RADIUS (*Remote Authentication Dial-In User Service*) est un protocole utilisé pour le contrôle d'accès et la gestion de sessions. Ce protocole est employé par les fournisseurs d'accès à l'Internet pour authentifier en interne les clients (connectés généralement derrière un boîtier ou box), et enregistrer des tickets pour chaque ouverture ou fermeture de session. Cette dernière fonction est disponible dans Asterisk, qui peut ainsi publier les tickets de taxation (qui contiennent des informations comme le temps de connexion, les numéros appelant et appelé).

L'annuaire des collaborateurs de l'entreprise

Notre entreprise dispose depuis longtemps d'un annuaire LDAP qui consigne les informations suivantes, relatives au personnel :

- le nom et le prénom ;
- le numéro de poste professionnel ;
- un mot de passe utilisé pour la plupart des applications.

Notre administrateur a exploité cet annuaire avec Asterisk pour mettre à disposition du personnel des services de téléphonie avancés.

L'annuaire de l'entreprise est localisé dans un espace d'adressage IP privé séparé ; ses caractéristiques IP sont :

- Nom IP (dans le DNS) : `ldap-server.domaine.fr`
- Adresse IP : `10.1.1.1`

> CULTURE **L'importance des annuaires dans l'entreprise**
>
> Nous présentons tout au long du livre la mise en œuvre de services téléphoniques avancés avec Asterisk qui reposent sur l'annuaire de l'entreprise, soit pour authentifier les utilisateurs, soit pour des recherches d'informations (nom ou numéro de poste). D'une manière générale, Asterisk n'est pas fait pour consigner les informations relatives aux utilisateurs (sauf dans le cas de la messagerie vocale) ; il doit rester une boîte à outils de communication pour l'administrateur ou le développeur de services téléphoniques.

Le serveur RADIUS

Le serveur RADIUS est situé dans le même réseau que le serveur LDAP. On notera qu'un espace d'adressage public n'est pas adapté pour ces serveurs dans la mesure où il n'est pas nécessaire de les rendre accessibles depuis l'extérieur.

Les caractéristiques IP du serveur RADIUS sont :
- Nom IP (DNS) : `radius-server.domaine.fr`
- Adresse IP : `10.1.1.2`

Un réseau informatique prêt pour la ToIP

Le réseau informatique de notre entreprise est formé de deux réseaux locaux Ethernet/IP. Chaque réseau local offre un accès à 100 Mbit/s (*full-duplex*) aux stations de travail et aux postes téléphoniques. De plus, les commutateurs Ethernet implémentent le standard PoE (*Power over Ethernet*), assurant ainsi l'alimentation électrique des postes téléphoniques.

> CULTURE **Plus d'accès Ethernet partagé (non commuté)**
>
> Les accès partagés (non commutés) à un câble Ethernet font désormais partie de l'histoire des réseaux locaux filaires, fort heureusement pour la ToIP, car ils ne permettent à tout moment qu'à une seule station d'émettre, sous peine d'une collision par laquelle tout ce qui vient de faire l'objet d'une tentative d'émission est perdu. Dans le cas d'Ethernet, la méthode CSMA-CD (*Carrier Sense Multiple Access/Collision Detection* : détection de collision) contraint chaque station à écouter le support en permanence pour détecter la superposition éventuelle de plusieurs signaux, qui témoigne d'une collision. Ce type de support peut perturber fortement les communications interactives comme la voix. Un réseau Ehernet contemporain est bâti autour d'au moins un commutateur (*switch*) nous épargnant cela.
> Notons que les réseaux locaux de type Wi-Fi forment par nature des supports partagés et constituent une source de perturbation pour la ToIP. Dans ce cas, la bande de fréquence d'émission est partagée et un système de type CSMA-CA (*Collision Avoidance* : évitement de collision) arbitre l'accès au support.

Les deux réseaux locaux sont connectés par une liaison SDSL d'un débit de 2 Mbit/s et dont le temps de latence n'excède pas 20 millisecondes.

> B.A.-BA **SDSL**
>
> Dans une connexion SDSL (*Symetric Digital Subscriber Line*), contrairement à l'ADSL (*Asymetrical Digital Subscriber Line*), les transferts sont aussi rapides en émission qu'en réception.

Contraintes pour la ToIP

Un ensemble de contraintes doivent être considérées avant de déployer une architecture de ToIP sur un réseau, que celle-ci soit ou non basée sur des protocoles standards et des logiciels libres.

Le trafic voix ne nécessite que peu de débit (moins de 100 Kbit/s pour un flux unidirectionnel), mais il a besoin :

- d'un temps minime de transit sur le réseau. On considère qu'un temps de transit de 150 ms est le maximum tolérable pour obtenir une conversation fluide, et qu'au-delà, la qualité perçue sera dégradée ;
- d'une variation de temps de transit (gigue) minimale. En effet, si les paquets voix arrivent irrégulièrement, le terminal de réception, qui doit rendre un flux continu à l'utilisateur en écoute, aura la charge de lisser le flux, ce qui coûtera en temps de traitement et ajoutera donc un délai supplémentaire.

CULTURE **La gigue sur les réseaux de téléphonie**

Le problème de la variation du temps de transit n'existe pas sur les réseaux de téléphonie d'entreprise (ou d'opérateurs) classiques, qui sont par nature synchronisés, du fait qu'ils transportent leurs flux par multiplexage temporel (TDM, pour *Time Division Multiplexing*) à partir d'une horloge commune. Ce qui signifie que les paquets sont livrés à une date fixée au départ de la conversation téléphonique qui ne change pas au cours du temps. Ce mode de transmission est aussi désigné comme commutation de circuit, dans lequel un circuit logique (représenté par un intervalle de temps dans une trame de multiplexage) est réservé pour chaque communication.
À l'inverse, sur un réseau local de type Ethernet/IP, les paquets voix circulent au milieu des autres paquets, et traversent les files d'attente des commutateurs Ethernet et des routeurs IP sans privilège particulier par rapport aux autres types de flux. Le réseau est formé d'équipements de commutation et de routage indépendants véhiculant des paquets IP en séquence mais de façon asynchrone.

Le système de câblage de notre entreprise est suffisamment récent pour assurer un service de transport qui satisfera le trafic voix (et vidéo). Il est de catégorie 5 et de classe D. Ce niveau de classification permet en outre de transporter le flux électrique nécessaire à l'alimentation des postes téléphoniques, fonctionnalité indispensable pour ne pas avoir à encombrer les bureaux des utilisateurs avec les câbles d'alimentation et les transformateurs des postes téléphoniques. Naturellement, les commutateurs Ethernet et les postes téléphoniques doivent disposer de cette fonctionnalité, communément appelée PoE (*Power over Ethernet*).

Par ailleurs, dans chaque bureau, les prises réseau sont marquées en vert pour signaler qu'elles donnent accès au réseau téléphonique. Afin de sécuriser l'accès au réseau téléphonique, l'équipe d'administration du réseau prévoit le déploiement généralisé du protocole 802.1X.

SÉCURITÉ **802.1X pour le contrôle d'accès**

Le protocole 802.1X permet de contrôler l'accès au réseau en authentifiant l'équipement tentant de se connecter avant d'autoriser l'envoi ou la réception de trames Ethernet. Ce protocole doit être implémenté sur les terminaux (postes téléphoniques, ordinateurs) et sur les commutateurs.

Sécurisation des flux par séparation des réseaux

Dans le but d'harmoniser et de sécuriser les flux véhiculés, l'équipe d'administration du réseau a séparé ce dernier en entités logiques appelées VLAN (*Virtual Local Area Network*) et reliées entre elles par les routeurs IP du site, qui disposent de capacité de filtrage. Cette façon d'opérer fort classique assure un premier niveau de sécurisation par le filtrage des flux et permet de faire évoluer le réseau, par exemple en ajoutant de nouveaux VLAN.

Chaque VLAN dispose de son propre espace d'adressage IP. En ce qui concerne la téléphonie, deux VLAN seront créés :

- un VLAN serveurs, regroupant les serveurs Asterisk, et dont l'identifiant réseau est 123.45.67.0/29 ;
- un VLAN postes téléphoniques, regroupant les postes téléphoniques de l'entreprise et dont l'identifiant réseau est 10.0.10.0/24.

4

Installation d'Asterisk

Puis-je installer Asterisk sur Windows ou Mac OS, ou sur tout type de distribution Linux ? Comment s'y retrouver parmi les différentes distributions d'Asterisk ? Quels sont les outils dont on peut difficilement se passer avec Asterisk ? Ce chapitre apporte les réponses à ces questions.

Asterisk est disponible gratuitement sur l'Internet, principalement sous deux formes :

- une archive contenant des fichiers source à compiler ;
- une distribution contenant les fichiers compilés, ainsi qu'une distribution Linux.

Cette dernière distribution s'appelle AsteriskNOW, car elle est quasi immédiatement utilisable. Elle est principalement destinée aux utilisateurs peu familiers de Linux, le système d'exploitation de référence d'Asterisk. Par ailleurs, AsteriskNOW contient une interface graphique de configuration.

Installer un serveur Asterisk par la distribution AsteriskNOW ne présente pas de difficulté majeure, ce qui nous amène à présenter dans ce chapitre uniquement l'installation depuis les fichiers source. De plus, cette dernière permet de garder une vue générique des fichiers de configuration installés, des modules, mais également de l'interface en ligne de commande (en anglais CLI, pour *Command Line Interface*), très utile pour le débogage de premier niveau.

COMMUNAUTÉ **Asterisk en version payante, double licence**

Nous ne ferons pas l'outrage au lecteur de détailler la version payante d'Asterisk : Asterisk Business Edition (ABE). Cette version se base sur le logiciel développé pour la communauté, tout en intégrant l'interface web de configuration disponible dans AsteriskNOW. Digium, la société qui assure le développement d'Asterisk, met à disposition des utilisateurs d'ABE un service d'assistance technique. Naturellement, la communauté des contributeurs et des utilisateurs d'Asterisk n'est pas tenue de tester ou d'améliorer ABE.

Choix du système d'exploitation

Un logiciel pour systèmes Unix

Asterisk est écrit en langage C, ce qui le rend a priori disponible sur tout système d'exploitation Unix. Ainsi, on peut lancer Asterisk sur les systèmes Linux, Mac OS X, OpenBSD, FreeBSD et Sun Solaris.

COMMUNAUTÉ **Asterisk sur Windows ?**

Il existe un portage d'Asterisk sous Windows. Des nouvelles versions sont publiées régulièrement ; cependant, nous ne l'aborderons pas, parce que le logiciel dérive de la version 1.2 d'Asterisk, officiellement non maintenue (sauf correctifs de sécurité) depuis l'été 2007.
▸ http://www.asteriskwin32.com

GNU/Linux, le choix naturel

On peut penser que la multiplicité des systèmes d'exploitation pouvant accueillir Asterisk ne facilite pas la sélection. Cependant, les membres de l'équipe en charge de l'installation du nouveau système de téléphonie ont rapidement et naturellement choisi GNU/Linux. La raison vient du fait que les développeurs d'Asterisk travaillent en priorité sur ce système d'exploitation. Ainsi, en cas de bug à corriger ou de fonctionnalité à ajouter, on préférera ne pas avoir à attendre un portage sur d'autres Unix.

De plus, les outils de complément d'Asterisk que sont DAHDI et libpri, respectivement nécessaires à la prise en charge des cartes téléphoniques matérielles et à la gestion des accès RNIS, sont eux aussi développés en priorité pour Linux. Nous présentons plus loin dans ce chapitre l'intérêt que présentent l'interface DAHDI et la bibliothèque libpri.

B.A.-BA **RNIS en accès de base ou en accès primaire**

Le RNIS, réseau numérique à intégration de services (ISDN en anglais), est accessible de différentes manières. L'accès de base, aussi désigné par les termes 2B+D ou S0/T0 ou encore par sa traduction anglaise BRI (*Basic Rate Interface*), présente deux canaux de communication (dits « canaux B ») et un canal de signalisation (dit « canal D »), offrant ainsi deux communications téléphoniques simultanées. L'accès primaire présente trente canaux de communication et un canal de signalisation. On le désigne également par les termes 30B+D ou S2/T2, PRI (*Primary Rate Interface*) ou E1.

Du choix du système d'exploitation a naturellement découlé celui de la plate-forme matérielle : un processeur Intel x86 est le foyer naturel du système Linux.

Quelle distribution GNU/Linux choisir ?

Dans la mesure où le programme sera compilé avant d'être installé, la distribution de GNU/Linux (Mandriva, CentOS, Debian, etc.) importe peu. Le seul critère à retenir, et qui est vérifié pour toutes les distributions majeures de Linux, est de disposer d'un outil de gestion de paquetages de type Yum, Urpmi ou encore apt-get.

Notre entreprise a sélectionné la distribution CentOS, car elle est installée sur l'ensemble de ses serveurs GNU/Linux. Le gestionnaire de paquetages Yum nous servira pour des programmes externes si besoin. La version du noyau Linux utilisé et le type de processeur du serveur sont donnés respectivement par les commandes uname -r et uname -m.

Version du noyau Linux et type de processeur sur le serveur Asterisk principal

```
[root@voiceserver ~]# uname -r
2.6.18-92.el5
[root@voiceserver ~]# uname -m
i686
```

Ces informations serviront à localiser les sources du noyau Linux nécessaires à la compilation du programme DAHDI.

Prérequis (avant compilation)

Comme nous l'avons indiqué précédemment, la version standard d'Asterisk est disponible sous la forme de fichiers source qui doivent être compilés avant leur installation sur le système. Les outils nécessaires à l'opération de compilation d'Asterisk sont :

* le compilateur GCC (*GNU Compiler Collection*) en version 3.x ou plus ;
* le programme make en version 3.80 ou plus ;
* la bibliothèque ncurses, via le paquetage ncurses-devel par exemple ;
* la bibliothèque termcap, via le paquetage libtermcap-devel par exemple ;
* une version de Perl récente (pour l'installation de DAHDI).

Par ailleurs, si l'on souhaite installer le programme DAHDI pour prendre en charge une carte matérielle téléphonique (et c'est notre cas), il faudra télécharger les sources du noyau Linux, via le paquetage kernel-devel par exemple. Sous CentOS le code source du noyau est accessible si :

* le répertoire /usr/src/kernels/2.6.18-92.el5-i686 existe ;
* un lien symbolique pointant vers le répertoire précédent et nommé /lib/modules/2.6.18-92.el5/build existe.

CULTURE **Localisation des modules et des sources du noyau Linux**

Alors que le répertoire contenant les modules du noyau Linux est toujours de la forme /lib/modules/<numéro_de_version_du_noyau> quelle que soit la distribution considérée, celui contenant les sources du noyau Linux diffère selon la distribution. Pour Redhat ou CentOS, on a :

/usr/src/kernels/<numéro_de_version_du_noyau-type_de_processeur>

Alors que pour Mandriva, par exemple, on a :

/usr/src/linux-<numéro_de_version_du_noyau>

L'ensemble des programmes, bibliothèques et fichiers source mentionnés ici sont nécessaires à une installation de base comprenant Asterisk et DAHDI.

D'autres bibliothèques devront être installées pour utiliser certains modules d'Asterisk :

* les modules relatifs à la messagerie instantanée res_jabber, chan_gtalk et chan_jingle requièrent le paquetage libiksemel-devel (qui lui-même s'appuie sur openssl-devel),
* les modules de connexion aux bases de données via ODBC nécessitent le paquetage unixODBC-devel.

DAHDI et libpri, les compléments d'Asterisk

Asterisk peut tourner sans être raccordé directement au RTC. Aujourd'hui, SIP est largement disponible sur les IPBX du marché, de même que chez de nombreux opérateurs de ToIP. Cependant, si l'on souhaite connecter Asterisk directement au réseau téléphonique, par exemple via un accès de base ou primaire RNIS, alors le logiciel DAHDI et son compagnon libpri sont nécessaires.

COMMUNAUTÉ **De Zaptel à DAHDI**

Auparavant, le logiciel d'interfaçage d'Asterisk avec le RTC s'appelait Zaptel. DAHDI (*Digium Asterisk Hardware Device Interface*) est le nouveau nom de l'interface Zaptel. Le changement de nom fut effectué à la demande d'une société vendeuse de cartes prépayées téléphoniques qui avait déposé le nom Zaptel. Avec la popularité croissante d'Asterisk, une recherche sur le Web à partir des termes « *Zaptel cards* » renvoyait exclusivement les internautes vers des références à Asterisk !

Indépendamment de la connexion directe au RTC, et même si l'on ne dispose pas de carte d'extension sur le serveur, DAHDI est indispensable dans le cas où l'on souhaiterait utiliser le serveur Asterisk en tant que pont d'audioconférence. En effet, l'application MeetMe en charge des audioconférences dans Asterisk nécessite une horloge fournie par l'interface DAHDI, plus précisément au travers d'un module intelligemment nommé `dahdi_dummy`. Nous verrons au chapitre 9 dédié aux audioconférences comment installer et configurer Asterisk en tant que pont d'audioconférence sans carte matérielle.

Installation de DAHDI

Notre entreprise a fait l'acquisition d'une carte Digium TE120P permettant de connecter Asterisk à un lien RNIS primaire (souvent appelé accès T2) de l'opérateur. Cet accès permettra d'établir trente communications téléphoniques simultanées, ce qui est suffisant compte tenu du nombre de personnes présentes sur le site. Si le besoin d'augmenter cette capacité se ressent, il suffira par exemple de se procurer une carte supplémentaire chez l'un des nombreux revendeurs indépendants qui en proposent, et de l'installer en consultant les multiples sources de documentation disponibles sur l'Internet.

On constate ici que la flexibilité du logiciel libre ne se limite pas aux aspects techniques comme la configuration ou la possibilité de modifier le source, mais touche également à l'économie en facilitant les interventions. En effet, une opération d'ajout de carte dans le cas d'un PABX classique demande souvent l'intervention du constructeur ou d'un intégrateur certifié en plus d'une nouvelle carte.

Téléchargement, compilation et installation des sources

L'installation de DAHDI consiste à télécharger une archive contenant le code source du logiciel, à extraire son contenu pour ensuite compiler et copier, dans les répertoires adéquats du système, les binaires et fichiers divers constituant Asterisk.

Téléchargement de l'archive contenant les sources de DAHDI et extraction de l'archive

```
[root@voiceserver ~]# cd /usr/local/src
[root@voiceserver src]# wget http://downloads.asterisk.org/pub/
telephony/dahdi-linux-complete/dahdi-linux-complete-
2.2.0.1+2.2.0.tar.gz

[root@voiceserver src]#
[root@voiceserver src]# tar zxvf dahdi-linux-complete-
2.2.0.1+2.2.0.tar.gz
........
[root@voiceserver src]# mv dahdi-linux-complete-
2.2.0.1+2.2.0 dahdi
[root@voiceserver src]# cd dahdi
[root@voiceserver dahdi]# ls
build_tools ChangeLog linux Makefile README tools
[root@voiceserver dahdi]#
```

L'archive se décompose en deux ensembles de fichiers, l'un contenant les sources des modules du noyau Linux (répertoire linux), et l'autre contenant les outils d'administration de DAHDI (répertoire tools).

Paquetages dahdi-linux et dahdi-tools

L'archive téléchargée par notre administrateur contient en réalité deux paquetages qui peuvent être installés séparément : dahdi-linux et dahdi-tools.

• Le premier contient les pilotes (*drivers*) des différents modèles de cartes supportés. Ces modules devront être compilés et classés dans le répertoire /lib/modules/2.6.18-92.el5/dahdi.

• Le paquetage dahdi-tools contient les utilitaires indispensables à l'installation et à la configuration de DAHDI avec Asterisk comme exposé plus loin. Le paquetage dahdi-tools vient avec une interface d'installation (menuselect) semblable à celle d'Asterisk.

Il faut maintenant compiler le contenu de l'archive qui contient les modules et les outils d'administration, avant d'installer le tout.

Compilation de DAHDI

```
[root@voiceserver dahdi]# make all
........
[root@voiceserver dahdi]# make install
........
[root@voiceserver dahdi]#
```

BONNE PRATIQUE **Attention au noyau !**

Il est préférable de compiler DAHDI à l'aide des sources du noyau correspondant exactement au noyau Linux dans lequel les modules seront chargés. Le choix du paquetage kernel-devel (qui contient les sources d'un noyau Linux) doit donc être fait minutieusement, sous peine de voir apparaître un message d'erreur du type Invalid module format lors du lancement de DAHDI par /etc/init.d/dahdi start. Ce message indique généralement que les modules ont été compilés à l'aide des sources d'un noyau d'une version différente de celui utilisé, et le programme de chargement des modules (modprobe) refusera de les charger. Toutefois, si l'on souhaite vraiment charger les modules en question, il suffira de forcer l'opération en ajoutant l'option -f à tous les appels du programme modprobe dans le script /etc/init.d/dahdi.

Attention, dans ce cas, l'administrateur expose le système à des erreurs pouvant entraîner un arrêt brutal de tout le système, et pas simplement d'Asterisk !

À ce stade, les modules de DAHDI sont installés et vont bientôt pouvoir être chargés dans le noyau Linux. De plus, les outils d'administration qui vont aider à la configuration de DAHDI pour Asterisk sont disponibles. Par ailleurs, une première version du fichier principal de configuration de DAHDI /etc/dahdi/system.conf est enregistrée sur le disque. Ce fichier sera par la suite modifié pour être adapté au système installé.

Création du script de démarrage et installation des fichiers de configuration

La procédure d'installation se poursuit en invoquant une commande qui créera le script de démarrage /etc/init.d/dahdi, ainsi que le reste des fichiers de configuration du programme DAHDI qui seront placés dans le répertoire /etc/dahdi.

Installation des fichiers de configuration

```
[root@voiceserver dahdi]# make config
........
DAHDI has been configured.

List of detected DAHDI devices:

pci:0000:00:08.0     wcte12xp+     d161:0120 Wildcard TE12xP

run 'dahdi_genconf modules' to load support for only
the DAHDI hardware installed in this system. By
default support for all DAHDI hardware is loaded at
DAHDI start.
[root@voiceserver dahdi]#
```

Les dernières informations renvoyées par la commande make config sont importantes. Elles indiquent qu'une seule carte a été détectée, à laquelle correspond un unique module.

Une indication est en outre donnée à l'administrateur pour configurer DAHDI de façon à ne charger que le module correspondant à notre carte, les autres étant inutiles. En effet, par défaut, le fichier /etc/dahdi/modules, qui indique les modules de carte à charger, référence tous les modules. N'ayant qu'un seul modèle de carte installé, notre administrateur n'a besoin que du module correspondant.

Le programme dahdi_genconf va nous permettre d'affiner les fichiers de configuration du répertoire /etc/dahdi.

Création automatique du fichier /etc/dahdi/modules à l'aide du programme dahdi_genconf

```
[root@voiceserver dahdi]# /usr/sbin/dahdi_genconf modules
[root@voiceserver dahdi]# cat /etc/dahdi/modules
# Autogenerated by /usr/sbin/dahdi_genconf
(Dahdi::Config::Gen::Modules) on Wed Jul 22 22:33:51 2009
# If you edit this file and execute /usr/sbin/dahdi_genconf again,
# your manual changes will be LOST.
wcte12xp
[root@voiceserver dahdi]#
```

À la lecture du fichier /etc/dahdi/modules, on constate que seul le module wcte12xp sera chargé dans le noyau ; c'est celui qui correspond effectivement à la carte Digium TE120P. Voilà une bonne chose de faite !

Notre administrateur n'en a pas tout à fait fini avec le programme dahdi_genconf. Ce dernier va créer pour lui les fichiers /etc/dahdi /system.conf et /etc/asterisk/dahdi-channels.conf à partir des paramètres du fichier /etc/dahdi/genconf_parameters, que notre administrateur aura simplement modifié pour indiquer le code pays de la France.

Comme Asterisk n'est pas encore installé, il faudra créer le répertoire d'accueil du fichier dahdi-channels.conf au préalable.

Création du répertoire /etc/asterisk

```
[root@voiceserver dahdi]# mkdir /etc/asterisk
[root@voiceserver dahdi]#
```

Édition du fichier /etc/dahdi/genconf_parameters

```
........
lc_country=fr
........
```

Création automatique des fichiers /etc/dahdi/system.conf et /etc/asterisk/dahdi-channels.conf à l'aide du programme dahdi_genconf

```
[root@voiceserver dahdi]# /usr/sbin/dahdi_genconf -v
Default parameters from /etc/dahdi/genconf_parameters
Generating /etc/dahdi/system.conf
Generating /etc/asterisk/dahdi-channels.conf
```

```
[root@voiceserver dahdi]# cat /etc/dahdi/system.conf
# Autogenerated by /usr/sbin/dahdi_genconf on Wed Jul 22 23:04:45 2009
# If you edit this file and execute /usr/sbin/dahdi_genconf again,
# your manual changes will be LOST.
# Dahdi Configuration File
#
# This file is parsed by the Dahdi Configurator, dahdi_cfg
#
# Span 1: WCT1/0 "Wildcard TE120P Card 0" (MASTER) HDB3/CCS/CRC4
span=1,1,0,ccs,hdb3,crc4
# termtype: te
bchan=1-15,17-31
dchan=16
echocanceller=mg2,1-15,17-31

# Global data

loadzone        = fr
defaultzone     = fr
[root@voiceserver dahdi]# cat /etc/asterisk/dahdi-channels.conf
; Autogenerated by /usr/sbin/dahdi_genconf on Wed Jul 22 23:04:45 2009
; If you edit this file and execute /usr/sbin/dahdi_genconf again,
; your manual changes will be LOST.
; Dahdi Channels Configurations (chan_dahdi.conf)
;
; This is not intended to be a complete chan_dahdi.conf. Rather, it is intended
; to be #include-d by /etc/chan_dahdi.conf that will include the global settings
;

; Span 1: WCT1/0 "Wildcard TE120P Card 0" (MASTER) HDB3/CCS/CRC4 ClockSource
group=0,11
context=from-pstn
switchtype = euroisdn
signalling = pri_cpe
channel => 1-15,17-31

[root@voiceserver dahdi]#
```

Par défaut, la carte est configurée pour synchroniser son horloge sur celle de l'équipement distant, ce qui correspond au paramétrage standard de la mise en place d'une connexion vers un opérateur. Les paramètres ccs, hdb3 et crc4 définissent respectivement le mode de transmission des informations de signalisation (ccs : un canal dédié), le codage utilisé pour véhiculer les signaux sur la ligne, et l'algorithme de détection d'erreur. Là encore, ces paramètres sont ceux qu'on retrouve par défaut dans le cas d'une connexion T2 (ou E1).

Le programme `dahdi_genconf` a également pour effet de créer un fichier de configuration pour Asterisk : `/etc/asterisk/dahdi-channels.conf`.

Les groupes `0` et `11` sont assignés à l'interface vers le RTC ; un contexte d'exécution (`from-pstn`) dans le plan de numérotation (*dialplan*) d'Asterisk, qui sera sollicité pour les appels venant du RTC, est aussi créé.

Pas de panique, les termes `group`, `context` ou encore *dialplan* sont explicités au chapitre suivant !

Les paramètres `switchtype` (`euroisdn` : RNIS européen), `signalling` (`pri_cpe` : équipement de terminaison) et `channel` (30 canaux B en RNIS primaire) sont affectés automatiquement et sont classiques pour une interface PRI (primaire).

Le fichier `/etc/asterisk/dahdi-channels.conf` est destiné à être inclus dans le fichier de configuration principal de DAHDI pour Asterisk (`/etc/asterisk/chan_dahdi.conf`). L'administrateur ajoutera la directive d'inclusion après avoir installé Asterisk.

ATTENTION ! **dahdi-channels : ordre d'inclusion**

Pour que les attributs de la section `channel` soient pris en compte pour les canaux B de l'interface PRI, le fichier `dahdi-channels` doit être inclus après la définition des attributs. Sinon, le risque est par exemple de ne pouvoir détecter les fax entrants (attribut `faxdetect=incoming`) sur l'interface PRI.

Configuration de DAHDI sur le serveur Asterisk principal (fichier /etc/asterisk/chan_dahdi.conf)

```
[trunkgroups]

[channels]
callprogress=yes
faxdetect=incoming
usecallerid=yes
callwaiting=yes
usecallingpres=yes
callwaitingcallerid=yes
threewaycalling=yes
transfer=yes
canpark=yes
```

```
cancallforward=yes
callreturn=yes
echocancel=yes
#include "dahdi-channels.conf"
........
```

Lancement de DAHDI et détection de la carte

L'administrateur peut maintenant charger les modules DAHDI dans le noyau Linux viale programme de démarrage.

Lancement de DAHDI, chargement des modules dans le noyau Linux

```
[root@voiceserver dahdi]# /etc/init.d/dahdi start
Loading DAHDI hardware modules:
  wcte12xp:                                          [ OK ]

Running dahdi_cfg:                                    [ OK ]
[root@voiceserver dahdi]#
```

Les modules de DAHDI sont maintenant chargés, comme on peut le constater.

Vérification du chargement des modules DAHDI

```
[root@voiceserver dahdi]# lsmod | grep dahdi
dahdi_echocan_mg2      10248 0
dahdi_voicebus         39104 1 wcte12xp
dahdi                  192520 67
dahdi_echocan_mg2,wcte12xp,dahdi_voicebus
crc_ccitt              6337 1 dahdi
[root@voiceserver dahdi]#
```

> À SAVOIR **dahdi_voicebus**
>
> Le module dahdi_voicebus contient la bibliothèque voicebus qui auparavant était liée directement aux pilotes wcte12xp et wctdm24xxp.

À ce stade, DAHDI est configuré et lancé, ce qui est un prérequis pour qu'Asterisk puisse se connecter au réseau téléphonique de l'opérateur. L'administrateur peut appeler le programme dahdi_scan pour afficher les informations de la carte matérielle détectée.

Détection de la carte matérielle avec dahdi_scan

```
[root@voiceserver dahdi]# /usr/sbin/dahdi_scan
[1]
active=yes
alarms=OK
description=Wildcard TE120P Card 0
name=WCT1/0
manufacturer=Digium
devicetype=Wildcard TE120P
location=PCI Bus 00 Slot 09
basechan=1
totchans=31
irq=201
type=digital-E1
syncsrc=0
lbo=0 db (CSU)/0-133 feet (DSX-1)
coding_opts=HDB3
framing_opts=CCS,CRC4
coding=HDB3
framing=CCS
[root@voiceserver dahdi]#
```

Installation de libpri

libpri est une bibliothèque de gestion des accès RNIS. À l'origine, libpri gérait uniquement les accès RNIS primaires. À partir de la version 1.4.4, elle est utilisable pour gérer les accès RNIS de base (ISDN BRI) de même que les liens QSIG.

COMMUNAUTÉ **Support RNIS en accès (S0/T0) de base dans DAHDI/libpri**

Depuis la version 1.6, Asterisk inclut le support du protocole RNIS en accès de base S0/T0 dans le couple DAHDI/libpri. Auparavant, l'installation et la configuration d'Asterisk étaient différentes selon le type de carte RNIS à piloter. Pour résumer, Zaptel (le père de DAHDI !) et libpri prenaient en charge les carte RNIS pour les accès primaires (ISDN PRI), alors que Zaptel et mISDN étaient nécessaires pour traiter les cartes RNIS en accès de base (ISDN BRI). Aujourd'hui, DAHDI et libpri suffisent dans chacun des deux cas, ce qui a fait dire à Kevin Fleming (l'un des principaux développeurs d'Asterisk) que la bibliothèque libpri était désormais mal nommée et que *libisdn* serait sans doute un nom plus approprié.
Ce changement n'implique cependant pas la disparition de chan_misdn, qui sera encore maintenu par la communauté.

La procédure d'installation est similaire à celle de DAHDI : télécharger une archive du code source, en extraire le contenu, compiler et installer.

Téléchargement de l'archive contenant les sources de libpri

```
[root@voiceserver ~]# cd /usr/local/src
[root@media src]# wget http://downloads.asterisk.org/pub/telephony/
libpri/libpri-1.4.7.tar.gz
--17:19:14-- http://downloads.asterisk.org/pub/telephony/libpri/libpri-
1.4.7.tar.gz
            => 'libpri-1.4.7.tar.gz'
Resolving downloads.asterisk.org... 76.164.171.227
Connecting to downloads.asterisk.org|76.164.171.227|:80... connected.
HTTP request sent, awaiting response... 200 OK
Length: 92,845 (91K) [application/x-gzip]

100%[=========================================>] 92,845    133.23K/s

17:19:15 (133.08 KB/s) - 'libpri-1.4.7.tar.gz' saved [92845/92845]

[root@voiceserver src]#
```

Extraction de l'archive

```
[root@voiceserver src]# tar zxvf libpri-1.4.7.tar.gz
........
[root@voiceserver src]# cd libpri-1.4.7
[root@voiceserver libpri-1.4.7]#
```

Compilation et installation

```
[root@voiceserver libpri-1.4.7]# make
........
[root@voiceserver libpri-1.4.7]# make install
mkdir -p /usr/lib
mkdir -p /usr/include
install -m 644 libpri.h /usr/include
install -m 755 libpri.so.1.4 /usr/lib if [ -x /usr/sbin/sestatus ] &&
( /usr/sbin/sestatus | grep "SELinux status:" | grep -q "enabled");
then /sbin/restorecon -v /usr/lib/libpri.so.1.4; fi
( cd /usr/lib ; ln -sf libpri.so.1.4 libpri.so)
install -m 644 libpri.a /usr/lib
if test $(id -u) = 0; then /sbin/ldconfig -n /usr/lib; fi
[root@voiceserver libpri-1.4.7]#
```

Les outils compagnons d'Asterisk sont installés. Notre administrateur doit à présent se préoccuper de l'adressage réseau du serveur qui hébergera Asterisk.

Adressage réseau

Les protocoles de téléphonie sur IP, quels qu'ils soient, s'appuient naturellement sur un réseau IP. Notre serveur devra donc disposer d'au moins une interface réseau (de type Ethernet, pour se conformer au réseau local), à laquelle on attribuera une adresse IP.

Dans notre cas, notamment en vue de connecter des domiciles de collaborateurs, une adresse IP publique, donc routable sur l'Internet, a été attribuée à notre serveur Asterisk sur son unique interface réseau.

APPROFONDIR **Adresses IP non routables, NAT et SIP**

Le choix de l'adresse IP assignée à Asterisk n'est pas anodin. En raison de la rareté des adresses IP publiques, beaucoup de réseaux locaux d'entreprise disposent d'un adressage IP non routable sur l'Internet. Ces adresses IP sont utilisables à loisir en interne, mais ne permettent pas de se connecter à l'Internet.

On résout généralement le problème de l'accessibilité à l'Internet grâce à une passerelle NAT (*Network Address Translation*), dont la fonction est de traduire les adresses IP non routables en une ou plusieurs adresses IP publiques.

Cependant, les passerelles NAT ne se marient pas bien avec certains protocoles, SIP et RTP notamment. En effet, SIP est un protocole de négociation de sessions, dont le trafic voix (ou vidéo) est véhiculé par d'autres protocoles, généralement RTP. Lors d'une négociation de session entre deux terminaux, chacun informe l'autre d'un ensemble d'adresses IP et de numéros de ports UDP (*User Datagram Protocol*) (pour RTP) sur lesquels il peut recevoir du trafic. Dans le cas d'adresses IP non routables, les annonces doivent être modifiées, sans quoi la session RTP ne pourra s'établir ; en général, la passerelle NAT ne corrigera pas les adresses IP annoncées, car elle n'inspecte pas le contenu des datagrammes IP qui la traversent.

Le travail d'adaptation est donc à la charge des maillons de la chaîne de signalisation SIP, c'est-à-dire les terminaux, les proxys et les registrars traversés. Nous verrons dans les chapitres 8 et 12, « Accès à distance aux ressources téléphoniques » et « Troubleshooter Asterisk », les mécanismes utilisés par Asterisk pour corriger les problèmes de connectivité dus au NAT.

Quelle distribution d'Asterisk ?

Le tableau suivant dresse une liste des différences entre les distributions d'Asterisk.

Tableau 4–1 Caractéristiques des distributions d'Asterisk

	Asterisk standard	AsteriskNOW	Asterisk Business Edition
Distribution Linux adaptée incluse	Non	Oui	Oui
Programme d'aide à l'installation	Non	Oui	Oui
Interface graphique de configuration	Non	Oui	Oui
Fichiers compilés inclus	Non	Oui	Oui
Service de support Digium (installation et bugs)	Non	Non	Oui
Support de la communauté Asterisk	Oui	Oui	Non
Licence GPLv2	Oui	Oui	Non
Code source disponible	Oui	Oui	Oui, mais non gratuit
Prix	Gratuit	Gratuit	Se renseigner

La distribution d'Asterisk choisie dans notre cas est la version gratuite standard, dans la dernière série au moment où ces lignes sont écrites : 1.6.

Installation d'Asterisk standard

Une fois le choix arrêté, il nous faut télécharger l'archive et extraire son contenu. Nous nous placerons dans le répertoire /usr/local/src.

Téléchargement de l'archive contenant les sources d'Asterisk 1.6.1.1

```
[root@voiceserver ~]# cd /usr/local/src
[root@voiceserver src]# wget http://downloads.asterisk.org/pub/telephony/
asterisk/asterisk-1.6.1.1.tar.gz
[root@voiceserver src]# wget http://downloads.asterisk.org/pub/telephony/
asterisk/releases/asterisk-1.6.1.1.tar.gz
--17:02:41-- http://downloads.asterisk.org/pub/telephony/asterisk/releases/
asterisk-1.6.1.1.tar.gz          => 'asterisk-1.6.1.1.tar.gz' Resolving
downloads.asterisk.org... 76.164.171.227
Connecting to downloads.asterisk.org|76.164.171.227|:80... connected.
```

```
HTTP request sent, awaiting response... 200 OK Length: 13,199,423 (13M)
[application/x-gzip]

100%[==============================================>] 13,199,423      4.56M/s

17:02:44 (4.56 MB/s) - 'asterisk-1.6.1.1.tar.gz' saved [13199423/13199423]

[root@voiceserver src]#
```

Extraction de l'archive

```
[root@voiceserver src]# tar zxvf asterisk-1.6.1.1.tar.gz
........
[root@voiceserver src]# cd asterisk-1.6.1.1
[root@voiceserver asterisk-1.6.1.1]#
```

Nous sommes maintenant dans le code source d'Asterisk. La première étape de l'installation consiste à analyser le système, pour vérifier qu'Asterisk peut effectivement être installé, et à dresser une liste des bibliothèques disponibles afin de déterminer les modules qui pourront compléter Asterisk. Ainsi, l'installation du module de taxation `cdr_radius` nécessite la présence de la bibliothèque `libradiusclient-ng`.

Vérification du système

```
[root@voiceserver asterisk-1.6.1.1]# ./configure
```

> COMMUNAUTÉ **Autotools pour Asterisk**
>
> L'installation d'Asterisk avant la série 1.4 consistait à compiler directement les sources à partir d'un fichier `Makefile`. Aucune vérification des prérequis nécessaires sur le système n'était effectuée avant de lancer la compilation, ce qui pouvait parfois rendre le processus très fastidieux. Depuis, bien heureusement, l'installation repose sur la suite logicielle Autotools (autoconf, automake) qui génère un fichier `configure` vérifiant l'adéquation du système, comme la version des outils de compilation (GCC, make) et la présence des bibliothèques nécessaires, avant de produire un fichier `Makefile` adapté.

Les lecteurs qui ont l'habitude d'installer des programmes complexes sur Linux à partir des fichiers source sont familiers avec la suite de commandes réalisant simplement cette opération : `./configure; make, make install`. Avant de procéder à la compilation (commande `make`), Asterisk offre à l'utilisateur la possibilité de choisir les modules à installer. Cette étape est facultative et permet d'élaguer les modules non désirés, tout en s'assurant que les modules souhaités seront effectivement installés.

Choix des modules

L'analyse du système réalisée suite à l'exécution du script `configure` permet de dresser la liste des modules qui seront compilés par la suite. Par défaut, tous les modules qui peuvent être compilés le seront. Ce choix convient parfaitement pour l'installation du serveur Asterisk principal, sauf en ce qui concerne les fichiers vocaux, puisque ceux en version française ne sont pas disponibles. Pour les installer, l'administrateur sélectionnera le paquetage `CORE-SOUNDS-FR-ALAW` dans la section `Core Sound Packages` de `make menuselect`.

> À SAVOIR **Encodage des fichiers vocaux**
>
> L'encodage (G.711 alaw) choisi pour les fichiers vocaux importe peu, puisqu'Asterisk procédera au transcodage vers d'autres codecs (comme GSM) en fonction des caractéristiques des canaux d'appel. Notre administrateur a choisi le format offrant un encombrement sur le disque et une qualité vocale raisonnables.

> BONNE PRATIQUE **Bien utiliser make menuselect**
>
> `make menuselect` permet à l'administrateur de consulter la liste des modules prêts à être compilés, et éventuellement de choisir ceux qu'il souhaite compiler. C'est très utile pour s'assurer qu'un module désiré sera effectivement compilé par Asterisk. Il signale notamment les bibliothèques externes nécessaires à l'installation des modules ; par exemple, le module de configuration `res_config_ldap` dépend de la bibliothèque `openldap`.
> L'accès à `menuselect` s'effectue via une interface graphique texte (ncurses) qui permet de naviguer agréablement parmi les modules, options de compilation et codecs, en saisissant simplement `make menuselect` dans le répertoire contenant le code source d'Asterisk.
> * Les flèches du clavier et la touche *Entrée* serviront à la navigation.
> * La touche *F12* fait sortir de `menuselect` en sauvegardant au préalable les modifications.
> * La touche *Échap* (*Escape*) permet également de quitter `menuselect`, mais sans sauvegarde.

Par ailleurs, si éventuellement certains modules sont indésirables, l'administrateur pourra interdire leur chargement au démarrage d'Asterisk en configurant le fichier `/etc/asterisk/modules.conf`. Le choix des modules à compiler est donc simple : c'est celui proposé par Asterisk.

Fin de l'installation et lancement d'Asterisk

Notre administrateur termine l'installation d'Asterisk par la compilation, la copie des fichiers binaires dans les répertoires adéquats du système, et la création automatique des fichiers de configuration de base d'Asterisk.

Les fichiers de configuration créés lors de cette dernière étape sont ceux classés dans le répertoire `configs` et suffixés par `.conf.sample`. De plus, on notera que le fichier `/etc/asterisk/asterisk.conf`, qui contient notamment la liste des répertoires utilisés par Asterisk, est créé à partir des informations de configuration durant la phase d'installation. En d'autres termes, inutile de chercher le fichier `configs/asterisk.conf.sample` : il n'existe pas !

Compilation

```
[root@voiceserver asterisk-1.6.1.1]# make
........
```

Installation des binaires et téléchargement des fichiers vocaux

```
[root@voiceserver asterisk-1.6.1.1]# make install
........
```

Copie des fichiers de configuration par défaut

```
[root@voiceserver asterisk-1.6.1.1]# make samples
........
[root@voiceserver asterisk-1.6.1.1]#
```

Une fois l'installation effectuée, l'administrateur constate que le répertoire des fichiers de configuration d'Asterisk `/etc/asterisk` est créé et qu'il contient un ensemble de fichiers suffixés par `.conf`. De plus, les modules compilés sont rangés dans le répertoire `/var/lib/asterisk/modules`

Il est maintenant possible de lancer Asterisk et de se connecter à la console, également désignée par CLI (*Command Line Interface*).

Lancement d'Asterisk et connexion à la console (CLI)

```
[root@voiceserver asterisk-1.6.1.1]# asterisk
[root@voiceserver asterisk-1.6.1.1]# rasterisk
Asterisk 1.6.1.1, Copyright (C) 1999 - 2008 Digium, Inc. and others.
Created by Mark Spencer <markster@digium.com>
Asterisk comes with ABSOLUTELY NO WARRANTY; type 'core show warranty' for
details.
This is free software, with components licensed under the GNU General Public
License version 2 and other licenses; you are welcome to redistribute it under
certain conditions. Type 'core show license' for details.
==========================================================================
Connected to Asterisk 1.6.1.1 currently running on voiceserver (pid = 561)
Verbosity is at least 3
voiceserver*CLI>
```

À chaque module son attribution

Nous terminerons ce chapitre par quelques informations concernant les modules d'Asterisk.

> APPROFONDIR **Architecture logicielle d'Asterisk**
>
> À l'image d'autres logiciels libres modernes pouvant se targuer d'un certain succès, tels Linux, FreeRADIUS (un serveur RADIUS libre) ou Kamailio (Open-SER), Asterisk a été pensé à l'origine pour être développé de façon modulaire. Lors de la compilation, seuls les modules nécessaires et installables sont compilés indépendamment du programme central.
> Lors de l'exécution du programme central, un fichier de configuration (dans le cas d'Asterisk /etc/asterisk/modules.conf) permet de définir les modules à charger dynamiquement.

Que désigne un module dans Asterisk ? Pratiquement tous les sous-répertoires de l'arborescence du code source d'Asterisk contiennent des fichiers source qui, une fois compilés, pourront éventuellement être chargés en mémoire par Asterisk en cours d'exécution.

Les répertoires du tableau suivant contiennent donc des modules classés par type de fonction.

Tableau 4–2 Répertoires des modules d'Asterisk

Répertoire	Fonction
apps	Les applications accessibles depuis le plan de numérotation d'Asterisk.
cdr	Les interfaces vers les bases de taxation (RADIUS, base SQL).
channels	Les interfaces protocolaires (SIP, IAX, MGCP, etc.) permettant de communiquer avec des postes téléphoniques par exemple.
codecs	Les codecs utilisés par Asterisk, ainsi que ses fonctions de transcodage (traduction d'un codec à un autre).
formats	Les formats connus d'Asterisk pour lire des fichiers et rejouer leur contenu par le réseau.
funcs	Les fonctions accessibles depuis le plan de numérotation d'Asterisk.
res	Les *resource modules* fournissent des API internes, c'est-à-dire qu'ils sont accessibles depuis les autres modules d'Asterisk (mais pas via le plan de numérotation, par exemple). Ces modules sont naturellement chargés avant les autres au démarrage d'Asterisk.

CULTURE **Codec**

Un codec (contraction des mots *COmpression-DECompression*) est un logiciel (parfois accompagné d'une carte matérielle) chargé des opérations de compression et de décompression d'un signal audio ou vidéo. En plus du format audio brut non compressé (PCM sur 16 bits), Asterisk prend en charge les codecs couramment utilisés dans le monde des télécommunications (G.711 loi A et Mu, ADPCM, GSM, G.723, etc.) et peut transcoder des flux audio encodés différemment. Attention, pour utiliser le codec G.729 avec Asterisk, il faut acquérir une licence (par exemple auprès de la société Digium).

Quelles différences entre les fonctions et les applications dans Asterisk ?

Les applications et les fonctions sont des interfaces applicatives vers Asterisk. Toute fonction ou application est accessible via le plan de numérotation par l'intermédiaire du fichier de configuration /etc/asterisk/extensions.ael.

Une fois appelée par un mot-clé (comme Dial pour l'application de numérotation), une application s'exécute puis renvoie un code de retour. À l'inverse, une fonction, qui est également appelée par un mot-clé (exemple LEN pour déterminer la longueur d'un chaîne de caractères), s'exécute et renvoie une valeur de variable ou éventuellement une référence sur une variable.

Par convention, les mots-clés identifiant les applications commencent par une majuscule, ceux identifiant les fonctions s'écrivent entièrement en lettres majuscules.

La plupart des applications et fonctions sont définies dans les modules des répertoires `apps` et `funcs`. Chaque module peut contenir plusieurs applications. Certaines applications sont disponibles par défaut en lançant Asterisk sans avoir besoin de charger un module. Ces applications sont très utilisées dans le plan de numérotation et il est bien utile de pouvoir en disposer sans avoir à se préoccuper de chercher l'éventuel module associé.

Le tableau ci-après donne la liste de ces applications, qui sont définies dans le fichier `main/pbx.c` d'Asterisk.

Tableau 4–3 Applications disponibles par défaut dans Asterisk

Nom de l'application	Fonctions de l'application
Background	Joue un fichier vocal.
Busy	Indication (au canal appelant) d'occupation, par une tonalité spécifique.
Congestion	Indication (au canal appelant) de congestion, par une tonalité spécifique.
ExecIfTime	Exécution conditionnelle en fonction de la date courante.
Goto	Basculement dans une section du plan de numérotation.
GotoIf	Basculement conditionnel dans une section du plan de numérotation.
GotoIfTime	Basculement conditionnel dans une section du plan de numérotation en fonction de la date courante.
ImportVar	Importation d'une variable d'un canal.
Hangup	Fermeture du canal.
Incomplete	Indique qu'une extension est incomplète.
NoOp	Aucune action ; affiche ses arguments dans la console.
Proceeding	Indication au canal appelant de traitement de la communication par une tonalité spécifique.
Progress	Indication au canal appelant d'établissement de la communication par une tonalité spécifique.
RaiseException	Traitement d'une exception.
ResetCDR	Mise à zéro du ticket d'enregistrement de l'appel.
Ringing	Indication d'occupation au canal appelant par une tonalité spécifique.
SayAlpha	Joue la lettre donnée en argument.
SayDigits	Joue le chiffre donné en argument.
SayNumber	Joue le nombre formé par les chiffres donnés en argument.
SayPhonetic	Joue le mot formé par la chaîne de caractères donnée en argument dans le langage configuré.
Set	Affecte une valeur à une variable.

Tableau 4–3 Applications disponibles par défaut dans Asterisk (suite)

Nom de l'application	Fonctions de l'application
MSet	Affectation multiple de variables.
SetAMAFlags	Affectation de *flag* AMA (ancien format de taxation).
Wait	Attente.
WaitExten	Attente de composition d'extension depuis le canal appelant.

Pourquoi un codec plutôt qu'un autre ?

Les codecs (avec le micro et l'écouteur) ont pour fonction de transformer un signal analogique (comme une voix ou vidéo) en un signal numérique, et vice-versa. Ce signal est véhiculé sur le réseau via un protocole de transport sous la forme d'une charge utile.

Dans le cas de la technologie ToIP, le protocole de transport est RTP (*Real Time Protocol*). Un codec offre la possibilité de compresser le signal, ce qui peut se révéler utile si le réseau de transport présente un faible débit. Dans notre cas, étant sur un réseau local dont le débit est important, nous choisirons de compresser la voix avec les codecs standards A-Law et Mu-Law, dont les performances sont suffisantes.

Cependant, les liens RNIS avec les opérateurs européens imposent un unique codec pour véhiculer les flux voix : G711 A-Law. Notre administrateur prendra donc soin de configurer les serveurs Asterisk connectés via des accès RNIS (primaire ou de base) de façon à privilégier ce codec dans la configuration. De cette façon, la charge du transcodage vers ce codec sera épargnée à Asterisk dans le cas des appels de ou vers le RTC.

Sur le serveur Asterisk principal, la liste des codecs disponibles ainsi que le coût en termes de temps de traitement du transcodage entre codecs est donnée par la commande console `core show translation`.

Codecs pris en charge et coût du transcodage sur le serveur Asterisk principal

```
voiceserver*CLI> core show translation
Translation times between formats (in microseconds) for one second of data
Source Format (Rows) Destination Format (Columns)

          g723  gsm ulaw alaw g726aal2 adpcm slin lpc10 g729 speex ilbc g726 g722 slin16
     g723    -    -    -    -        -     -    -     -    -     -    -    -    -      -
      gsm    -    - 1001 1001     2000  1001 1000  3999    -     -    - 2000 2000   3999
     ulaw    - 2000    -    1     1001     2    1  3000    -     -    - 1001 1001   3000
     alaw    - 2001    1    -     1002     3    2  3001    -     -    - 1002 1002   3001
 g726aal2    - 2999 1001 1001        -  1001 1000  3999    -     -    -    1 2000   3999
    adpcm    - 2000    2    2     1001     -    1  3000    -     -    - 1001 1001   3000
     slin    - 1999    1    1     1000     1    -  2999    -     -    - 1000 1000   2999
    lpc10    - 3999 2001 2001     3000  2001 2000     -    -     -    - 3000 3000   4999
     g729    -    -    -    -        -     -    -     -    -     -    -    -    -      -
    speex    -    -    -    -        -     -    -     -    -     -    -    -    -      -
     ilbc    -    -    -    -        -     -    -     -    -     -    -    -    -      -
     g726    - 2999 1001 1001        1  1001 1000  3999    -     -    -    - 2000   3999
     g722    - 3999 2001 2001     3000  2001 2000  4999    -     -    - 3000    -   1999
   slin16    - 5999 4001 4001     5000  4001 4000  6999    -     -    - 5000 2000      -
voiceserver*CLI>
```

Intégration des postes téléphoniques

Quels postes téléphoniques peut-on reconduire tels quels ? Comment intégrer les différents terminaux à gérer ? L'intégration de postes de types et de protocoles divers fait justement l'objet de ce chapitre. Nous nous intéresserons en outre au cœur d'Asterisk : le plan de numérotation ou dialplan.

Architecture réseau

Choix de l'architecture

Sur le site principal, un serveur Asterisk (`voiceserver.domaine.fr`) sera utilisé par les postes téléphoniques (physiques ou logiciels) en tant que serveur d'enregistrement et de relais SIP. À ce serveur principal viendra s'ajouter un autre serveur Asterisk qui assurera exclusivement la fonction de pont d'audioconférences. Cette dernière requiert des ressources importantes pour maintenir les sessions téléphoniques et assurer le probable transcodage des signaux. Ainsi, bien que rien ne l'y oblige en théorie, notre administrateur a préféré réserver une machine à cette fonction.

Les deux serveurs se verront assigner des adresses IP publiques dans un réseau local virtuel (VLAN, *Virtual Local Area Network*) dédié, ce qui permettra aux utilisateurs nomades d'y accéder facilement de l'extérieur.

Sur le site secondaire, un autre serveur Asterisk (`voiceserverbis.domaine.fr`) sera installé pour desservir les postes présents sur le site même.

Notre administrateur a choisi de séparer les postes téléphoniques physiques des serveurs en les assignant à un réseau virtuel distinct de celui des serveurs.

Tableau 5–1 Informations réseau

Nom DNS	Fonction	Adresse ou plage IP
`voiceserver.domaine.fr`	proxy/registrar SIP, messagerie vocale	123.45.67.1
`conferenceserver.domaine.fr`	serveur d'audioconférence	123.45.67.2
`voiceserverbis.domaine.fr`	proxy/registrar SIP	123.45.67.3
`PosteXXX.domaine.fr`	poste téléphonique physique sur le site	10.0.10.0/24

Un simple routeur filtrant reliera les deux réseaux virtuels.

> À SAVOIR **Pas de NAT !**
>
> Ne commettez pas de méprise concernant le routage : il n'y a pas de NAT dans cette architecture. Bien que les postes physiques soient dans un espace d'adressage privé (10.0.10.0/24) et que les serveurs Asterisk aient des adresses IP publiques, le routeur reliant les deux réseaux ne fait pas office de passerelle NAT. L'administrateur réseau n'a aucunement besoin de traduire les adresses IP privées pour que l'acheminement des paquets IP s'effectue correctement d'un réseau à l'autre.

Filtrage sur les réseaux local et distant

Adapter le filtrage réseau est une opération nécessaire si l'on souhaite mettre nos ressources téléphoniques à disposition des utilisateurs distants. Dans le cas d'Asterisk, les protocoles que nous utilisons sont SIP, RTP et IAX. Sur le pare-feu (*firewall*) ou le routeur d'entrée de site, il faudra donc autoriser toute adresse IP entrante à se connecter en SIP (port UDP/TCP 5060) à notre serveur.

En ce qui concerne RTP, le problème est différent. Il n'existe pas de port enregistré pour ce protocole auprès de l'IANA (*Internet Assigned Numbers Authority*), et les valeurs utilisées découlent des protocoles de signalisation qui l'accompagnent (comme SIP ou H.323). De nos jours, certains pare-feux peuvent inspecter le contenu du trafic de signalisation pour déterminer les valeurs des ports RTP actifs durant chaque session. Ils procèdent ensuite à leur ouverture et fermeture de façon dynamique, en inspectant là encore le trafic de signalisation associé au trafic RTP. Pour les pare-feux moins évolués, ou dans le cas d'un simple routeur filtrant, on devra ouvrir à tout paquet entrant un intervalle de ports UDP à destination de notre serveur Asterisk.

Le fichier `/etc/asterisk/rtp.conf` permet de restreindre l'intervalle des ports UDP utilisés pour le trafic RTP. Les attributs `rtpstart` et `rtpend` sont utilisés ici. Nous choisirons les valeurs 10000 et 20000.

Définition de l'intervalle des ports RTP

```
[general]
rtpstart=10000
rtpend=20000
```

Configuration des postes téléphoniques IP

SIP : le protocole pour les postes physiques

SIP est le protocole choisi pour intégrer les postes téléphoniques avec Asterisk. Si d'autres protocoles existent (IAX, H.323, MGCP), ils restent moins courants dans les terminaux physiques que SIP.

CULTURE **Asterisk et les protocoles de ToIP propriétaires : la stratégie de l'endiguement**

Outre IAX, H.323 et MGCP, qui sont des protocoles libres (c'est-à-dire dont les spécifications sont publiquement accessibles), Asterisk implémente des protocoles propriétaires qui lui permettent de desservir les postes téléphoniques de marque Nortel (via le protocole Unistim) et Cisco (via le protocole SCCP).

Notons que l'adoption lente mais massive de SIP par l'ensemble des constructeurs annonce vraisemblablement la fin de ces protocoles de ToIP propriétaires. Cependant, de nombreux constructeurs implémentent des protocoles libres comme SIP avec des extensions propriétaires qui interdisent de fait l'interopérabilité complète avec d'autres équipements. S'il est difficile de compter sur les constructeurs pour aller vers l'interopérabilité complète, Asterisk et les autres logiciels libres de ToIP, de par leur ouverture et leur flexibilité, sont à même de les y guider.

Aujourd'hui, SIP a atteint un niveau de maturité qui permet de reproduire à partir d'une architecture basée sur ce protocole toutes les fonctionnalités d'un système de téléphonie d'entreprise évolué. L'autre matériau de base de l'architecture du réseau téléphonique interne de l'entreprise est naturellement Asterisk. La configuration SIP d'Asterisk se trouve dans le fichier `/etc/asterisk.sip.conf`.

VOCABULAIRE **Contexte**

Le terme *contexte* employé à plusieurs reprises dans ce chapitre est défini précisément au chapitre suivant. Il désigne les droits d'accès d'un terminal vis-à-vis du plan de numérotation d'Asterisk, en d'autres termes, les tranches de numéros ou les numéros qu'un utilisateur est autorisé à composer depuis un terminal donné.

Configuration SIP sur Asterisk : le fichier /etc/asterisk/sip.conf

Sur le serveur Asterisk principal, le fichier de configuration des terminaux SIP connectés est `/etc/asterisk/sip.conf`. Ce fichier texte est constitué de plusieurs types de sections :

- `[general]` : pour les options de configuration globale (par exemple, l'adresse IP du serveur Asterisk) ;
- `[template](!)` : une section modèle (*template*) dont les attributs seront réutilisés lors de la définition de la configuration de terminaux SIP ;
- `[terminal](template)` : une section définissant la configuration d'un terminal SIP nommé `terminal` connecté à Asterisk et héritant des attributs définis dans le modèle `template` ;
- `[other]` : une section définissant la configuration d'un terminal SIP nommé `other` et basé sur aucun modèle.

Dans la section `[general]`, on trouvera par exemple les informations de connectivité réseau du serveur Asterisk (interface d'écoute, numéro de port associé localement au traitement des requêtes SIP), ainsi que des valeurs par défaut d'attributs utilisés par les terminaux connectés (liste des codecs autorisés, langue, etc.). C'est également dans cette section que l'on peut configurer Asterisk de façon à l'enregistrer en tant que client SIP sur un serveur distant via l'attribut `register`.

COMPRENDRE **Attribut register dans /etc/asterisk/sip.conf**

L'attribut `register` qu'on trouve dans la section `general` du fichier de configuration de SIP permet d'enregistrer (au sens SIP) le serveur Asterisk sur un serveur SIP (registrar) distant. Du point du vue de ce dernier, Asterisk est un simple client SIP enregistré à l'aide d'un nom d'utilisateur et un mot de passe.

Sur le serveur Asterisk principal de notre entreprise, l'accès au RTC se fait via une connexion RNIS primaire (lien PRI ou T2), et non via un opérateur SIP. L'attribut `register` n'est par conséquent pas utilisé ici. Nous verrons comment connecter Asterisk à un fournisseur d'accès SIP dans le chapitre 8, qui traite de l'accès distant aux ressources téléphoniques.

Notre administrateur a activé le traitement des requêtes SIP sur le port par défaut (*5060*) de son interface réseau (adresse *123.45.67.1*). L'attribut `realm` est utilisé durant le processus d'authentification des terminaux ; on lui associe généralement le nom de domaine DNS, ce qu'a fait notre administrateur. Finalement, les valeurs par défaut des codecs autorisés et du code pays sont assignés.

Section [general] du fichier /etc/asterisk/sip.conf

```
. . . . . . . .
[general]
port=5060
bindaddr=123.45.67.1
realm=domaine.fr
disallow=all
allow=alaw
allow=ulaw
allow=gsm
language=fr
allowguest=yes
. . . . . . .
```

SÉCURITÉ **Attribut allowguest dans /etc/asterisk/sip.conf**

Par défaut, l'attribut `allowguest` est activé. Cette option autorise les appels venant de terminaux SIP non configurés en tant que `peer`, `user` ou `friend` dans le fichier `/etc/asterisk/sip.conf`. Si cet attribut est activé, il faudra restreindre au maximum les possibilités d'appels offertes en configurant le contexte `default` a minima.

L'attribut `allowguest` sera utile pour autoriser les appels émis par un serveur Asterisk enregistré sur un compte SIP Free, comme on le verra au chapitre 8.

> BONNE PRATIQUE **Recharger la configuration SIP à chaque modification**
>
> Pour rendre effectives les modifications réalisées dans le fichier `/etc/asterisk/sip.conf`, il faut recharger la configuration via la commande console `sip reload`, ou avec `reload` pour un rechargement global, ou encore en redémarrant Asterisk.

Voyons maintenant comment notre administrateur a configuré les sections du fichier `/etc/asterisk/sip.conf` traitant des terminaux connectés au serveur Asterisk principal.

Postes IP physiques

L'entreprise dispose d'une centaine de postes téléphoniques. Tous seront remplacés par des téléphones SIP de marque Thomson, type ST2030. Bien que de nombreux modèles existent sur le marché des postes SIP compatibles avec Asterisk, le poste Thomson ST2030 offre un très bon rapport fonctionnalités/prix, et constitue de ce fait un choix pertinent pour notre entreprise.

Ces postes offrent les fonctions téléphoniques de base, comme la mise en attente ou le transfert de communication, par ailleurs implémentées de façon très ergonomique dans un menu contextuel accessible à partir de trois touches sur le téléphone. De plus, la fonction mains-libres est également disponible.

> CULTURE **features.conf pour associer une fonctionnalité à une séquence de touches**
>
> La mise en attente d'un correspondant et le transfert d'appel sont des fonctionnalités incluses dans les postes Thomson ST2030 que l'administrateur pourrait configurer sur Asterisk, en les rendant accessibles par des séquences de touches comme étoile-un, dièse-un, etc.
> Le fichier `/etc/asterisk/features.conf` est l'endroit approprié pour associer des séquences de touches à des fonctionnalités.

Configuration sur le serveur Asterisk principal (voiceserver)

Du point de vue de la configuration SIP, notre administrateur distingue deux types de postes : les terminaux physiques censés être connectés en permanence sur le réseau local de l'entreprise, et les softphones, mobiles par nature.

BONNE PRATIQUE **Les modèles (templates) dans Asterisk**

Les sections modèles (*templates*) sont assez peu utilisées par les administrateurs d'Asterisk, à tort. Elles sont très utiles pour ne pas avoir à répéter chaque ensemble d'attributs exploité par un large ensemble de terminaux. Définir une section modèle une fois puis la référencer autant que nécessaire pour les terminaux qui suivent allège le fichier de configuration et le rend plus facile à maintenir. Les modèles peuvent être utilisés dans d'autres fichiers de configuration d'Asterisk.

Les caractéristiques SIP des téléphones physiques sont regroupées dans un modèle nommé *hardphones*, qui définit les attributs SIP suivants :

- `context=phones` : assignation du contexte `phones` dans le plan de numérotation (dialplan) d'Asterisk ;
- `host=dynamic` : le poste peut s'enregistrer sur Asterisk avec une adresse IP quelconque (elle sera attribuée par DHCP) ;
- `canreinvite=yes` : possibilité d'établir le flux média (RTP) directement avec le terminal SIP distant ;
- `nat=no` : la prise en compte d'une connexion NAT est désactivée, les postes physiques et Asterisk sont en effet situés sur le même réseau ;
- `qualify=yes` : activation de la supervision du poste par envoi régulier de messages `SIP OPTION`.

CULTURE **canreinvite, le mal nommé**

Le flux RTP entre deux terminaux peut circuler directement (en mode appelé *direct media* ou *native bridge*), ou traverser Asterisk (*P2P bridge* ou *generic bridge*). Notons que si les paquets RTP ne traversent pas Asterisk, il sera impossible d'utiliser la fonction d'écoute de conversation par l'application ChanSpy, et toute autre application ou fonction nécessitant leur lecture.

Si l'attribut `canreinvite` est activé sur les deux postes (dans le fichier `/etc/asterisk/sip.conf`), alors Asterisk va modifier le chemin emprunté par le flux des messages vocaux ou video (RTP) de façon à ce que celui-ci soit établi directement entre les postes. Cette modification se fait immédiatement après l'établissement de la communication SIP entre les deux postes, par envoi de messages `SIP INVITE` sur chaque canal. L'activation de `canreinvite` est naturellement proscrite en cas de séparation par des passerelles NAT ou des pare-feux.

À partir de la version 1.6.3 ou 1.8, `canreinvite` change de nom pour s'appeler dorénavant `directmedia`. L'ancien nom pouvait laisser penser que la modification du chemin du flux RTP se faisait à l'initiative des terminaux.

Notons que l'idée de la mise en relation directe existe également dans IAX, et est configurable par l'attribut `transfer`.

Dans le fichier de configuration de SIP, l'attribut `type` occupe une place particulière. Les trois valeurs acceptées pour cet attribut sont `user`, `peer` et `friend`. Pour un administrateur découvrant Asterisk (et même pour un administrateur confirmé), le choix de la valeur à affecter à cet attribut est délicat.

On peut retenir qu'Asterisk associe une requête SIP `INVITE` entrante à un terminal en procédant comme suit (dans l'ordre).

1 Asterisk compare le contenu de l'en-tête `From:` avec les noms des terminaux configurés en tant que `user` (le nom étant la chaîne de caractères entre les crochets dans le fichier `/etc/asterisk/sip.conf`).

2 Asterisk compare l'adresse IP et (le numéro de port) depuis laquelle la requête a été envoyée avec les terminaux configurés en tant que `peer`.

> APPROFONDIR **Attribut type dans /etc/asterisk/sip.conf : le casse-tête entre user, peer et friend !**
>
> L'attribut `type` du fichier `/etc/asterisk/sip.conf` est une source continue de confusion depuis qu'il a été introduit. Essayons d'y voir plus clair.
>
> • `user` désigne un terminal destiné à passer des appels sur le serveur Asterisk. La valeur `user` pour l'attribut `type` implique la présence de l'attribut `context` dans la même section du fichier `/etc/asterisk/sip.conf`. L'attribut `context` doit par ailleurs se retrouver dans le fichier `/etc/asterisk/extensions.ael`. Il définit le contrôle d'accès aux numéros de téléphones (ou à des tranches de numéros). En d'autres termes, le choix de l'attribut `context` assigné à un terminal détermine la possibilité d'appeler un numéro pour un usager local.
>
> • `peer` désigne un terminal vers lequel Asterisk doit passer des appels. Cette considération implique que contrairement au terminal de type `user`, il n'est pas nécessaire d'y associer un `context`.
>
> • `friend` désigne un terminal cumulant les caractéristiques d'un terminal de type `user` et `peer`.
>
> En résumé, un terminal de type `user` est un terminal depuis lequel Asterisk attend des appels, et un terminal de type `peer` est un terminal vers lequel Asterisk passe des appels. Comme les postes téléphoniques gérés par Asterisk doivent pouvoir émettre et recevoir des appels, on leur attribuera la valeur `friend`, mais on peut légitimement s'interroger sur la pertinence d'avoir différents types !
>
> Une autre (étrange) raison d'exclure l'affectation du type `user` est que l'attribut `mailbox` est réservé aux types `peer`, en raison de la notification de messages effectuée depuis Asterisk sur le terminal.

> ATTENTION **Code source versus documentation**
>
> Le code source d'Asterisk (dans la version 1.6.1.1) contredit ici la documentation décrivant le processus d'identification des terminaux sur réception d'une requête, tel que présenté dans le fichier `configs/sip.conf.sample`. Le texte de ce fichier décrit un processus en trois étapes, alors que seules deux sont effectivement observées d'après le code source du fichier `channels/chan_sip.c`.

Dans la pratique, et en suivant les conseils du fichier de configuration d'exemple contenu dans les sources d'Asterisk (`configs/sip.conf.sample`), notre administrateur a sagement affecté la valeur `friend` aux postes physiques internes.

Template hardphones du fichier /etc/asterisk/sip.conf

```
........
[hardphones](!)
type=friend
context=phones
host=dynamic
canreinvite=yes
nat=no
qualify=yes
........
```

Les postes physiques eux-mêmes sont identifiés par leur numéro sur quatre chiffres, et héritent des attributs définis dans le modèle `hardphones`. Par exemple, pour les postes *5501* et *5502* on aura :

Sections [5501] et [5502] du fichier /etc/asterisk/sip.conf

```
........
[5501](hardphones)
secret=se3st6ba
mailbox=5501@default

[5502](hardphones)
secret=abg56kvn
mailbox=5501@default
........
```

L'attribut `secret` est fondamental. Il contient une chaîne de caractères qui servira de secret partagé entre Asterisk et le terminal pour l'authentification. Pour chaque terminal physique, notre administrateur associe une chaîne aléatoire sur huit caractères, qui sera stockée dans l'attribut `secret` côté Asterisk et devra se retrouver dans le fichier de configuration du poste physique.

À SAVOIR **Secret**

L'attribut `secret` n'a pas à être connu de l'utilisateur du poste, même si l'architecture mise en place par l'administrateur empêche l'usurpation d'identité en local comme on le verra par la suite.

Éléments de configuration des postes Thomson ST2030

Le fichier de configuration d'un poste contient des informations relatives à la ligne qui lui sera attribuée. Notre administrateur n'associe pas le nom du propriétaire de la ligne. La présentation du nom de l'appelant se fera à partir des informations de l'annuaire de l'entreprise qui sera consulté par Asterisk lors de chaque appel, comme on le verra dans le chapitre 10 qui traite de l'application AGI. De cette manière, un poste téléphonique restera banalisé et pourra être ré-attribué facilement à un autre collaborateur de l'entreprise.

Nous donnons ci-après des éléments de configuration communs aux postes Thomson ST2030 qui seront déployés. La configuration d'un poste s'effectue de deux manières, soit par l'interface web du poste, soit automatiquement par téléchargement de la configuration depuis un serveur TFTP (*Trivial File Transfer Protocol*).

BONNE PRATIQUE **Configurer un large ensemble de postes par DHCP/TFTP**

Dans la pratique, un administrateur désirant déployer une configuration commune sur un grand nombre de postes le fera par transfert TFTP et non en accédant au navigateur de tous les postes, sous peine de devenir fou (s'il a fait ce choix insensé, il l'est peut-être déjà). Cependant, pour simplifier ce chapitre, les éléments de configuration seront présentés à partir de l'interface web, pour le poste dont le numéro interne est *5501*.

Au démarrage, le poste récupère une configuration réseau via DHCP (*Dynamic Host Configuration Protocol*). Une option DHCP indique au poste l'adresse IP du serveur TFTP sur lequel il pourra télécharger sa configuration et éventuellement une nouvelle version de son système d'exploitation (*firmware*). Ce mécanisme de téléchargement automatique depuis un poste est largement répandu parmi les différentes marques de postes téléphoniques.

En l'absence de serveur TFTP, on peut configurer un poste en se connectant via HTTP sur son serveur web intégré. L'adresse IP du poste est *192.168.0.10* (celle-ci est indiquée sur l'écran à ce stade), l'URL est `http://192.168.0.10/admin.html`.

Les informations d'authentification sont par défaut :

* `login : administrator`
* `password : 784518`

Une fois authentifié, cliquer sur *SETUP*, puis *VoIP service*, et dans *Basic setup*, renommer le profil `Profile 1` en `Asterisk`. Affecter alors les informations suivantes dans la section *Primary SIP server* ; elles permettront au poste de s'enregistrer et de passer des appels sur le serveur Asterisk principal (`voiceserver`) :

* `Registrar Server Address : voiceserver.domaine.fr`
* `Proxy Server Address : voiceserver.domaine.fr`

Puis dans la section *Backup SIP server*, pour permettre la prise en charge sur le serveur Asterisk du site secondaire dont la configuration sera présentée dans le chapitre 6, « Asterisk en point de terminaison télécom », compléter :

* `Registrar Server Address : voiceserverbis.domaine.fr`
* `Proxy Server Address : voiceserver.domaine.fr`

Enfin, dans la section *User Accounts* :

* `Phone Number : 5501`
* `Authentication ID : 5501`
* `Password : se3st6ba`

Le mot de passe doit bien sûr correspondre à celui du fichier `/etc/asterisk/sip.conf`. À ce stade de la configuration, le poste peut s'enregistrer sur le serveur Asterisk principal. Les appels ne peuvent encore être passés car le plan de numérotation n'est pas défini.

Un autre élément doit être configuré avant de quitter la session web : la notification de messages vocaux en attente, en anglais MWI (*Message Waiting Indicator*). Pour l'activer, il suffit de cliquer sur *ADVANCED*, puis *Voice settings* et dans *advanced* :

* `Subscribe to MWI : on`
* `Voice Mail Server address : voiceserver.domaine.fr`
* `Telephone Number : *5501`

Le champ *Telephone Number* contient le numéro d'appel du système de messagerie vocale pour consultation. Notre administrateur a choisi de ne pas affecter de numéro direct au système : un utilisateur désirant consulter sa boîte vocale tapera son numéro précédé du caractère étoile avant d'indiquer son mot de passe (sur quatre chiffres).

Une configuration analogue se retrouvera sur l'ensemble des postes déployés.

Téléphones logiciels (softphones)

Le protocole qui sera utilisé par les softphones est IAX2. La raison est simple et tient en trois lettres, qui donnent souvent des sueurs froides à tous les administrateurs de systèmes de ToIP : NAT.

Template softphones du fichier /etc/asterisk/iax.conf

```
........
[softphones](!)
type=friend
context=phones
host=dynamic
auth=md5

........
```

Nous verrons en détail comment notre administrateur a intégré les softphones avec Asterisk dans le chapitre 8, « Accès à distance aux ressources téléphoniques ».

Le plan de numérotation, au cœur d'Asterisk

Le plan de numérotation ou *dialplan*, d'après l'anglais, est l'élément le plus important d'Asterisk. Il est constitué d'une suite de commandes qui vont s'exécuter lorsqu'un appel est reçu par Asterisk. Il s'agit donc d'un programme qui offre à l'administrateur une interface vers les modules applicatifs (app_*) et fonctionnels (func_*) chargés par Asterisk. C'est dans le dialplan que l'on peut configurer le cheminement d'un appel simple, ou des fonctions évoluées comme un serveur vocal interactif, un renvoi (permanent ou non, conditionnel, etc.) ou encore une notification d'appel.

En d'autres termes, le plan de numérotation est le cœur d'Asterisk, et c'est à l'administrateur que revient le rôle de faire vivre l'ensemble en le programmant.

VOCABULAIRE **Programmation ou configuration ?**

Bien que le terme de *programmation* soit adapté, on parle plus facilement de *configuration* lorsqu'on évoque la construction d'un plan de numérotation.

Comme tout programme digne de ce nom, le plan de numérotation impose un ensemble de règles syntaxiques à l'administrateur. Historiquement, le fichier de configuration du dialplan est `/etc/asterisk/extensions.conf`, et le module correspondant est `pbx_config`.

Un autre fichier de configuration du dialplan existe dans Asterisk : `/etc/asterisk/extensions.ael`, associé au module `pbx_ael`.

Le choix fait par notre administrateur est d'écrire ce programme avec la syntaxe AEL (*Asterisk Extension Language*).

COMMUNAUTÉ **extensions.conf ou extensions.ael ?**

AEL améliore grandement la lisibilité du plan de numérotation. Ainsi, des structures de codes basées sur des boucles `for` ou des instructions `switch`, très utiles dans d'autres langages tels que C, sont disponibles dans AEL. Cependant, force est de constater que la communauté des utilisateurs d'Asterisk tarde à l'adopter, principalement en raison de l'abondance d'exemples de configurations disponibles sur l'Internet au format `extensions.conf`.

À SAVOIR **LUA pour le plan de numérotation**

Il existe un autre format de définition du plan de numérotation, dans la syntaxe LUA (Lune en portugais), et dont le module associé est `pbx_lua`. Nous ne le détaillerons pas dans ce livre.

Le plan de numérotation peut tout à fait être construit à partir des deux fichiers `/etc/asterisk/extensions.conf` et `/etc/asterisk/extensions.ael`. C'est l'administrateur qui devra veiller à résoudre les conflits entre les deux modes de configuration. Il est également possible de désactiver l'un ou l'autre de ces modes en interdisant le chargement des modules correspondants dans le fichier `/etc/asterisk/modules.conf`.

Par exemple, pour interdire le chargement du module `pbx_ael` correspondant à la syntaxe AEL, on éditera le fichier `/etc/asterisk/modules.conf`pour y insérer une instruction `noload`. C'est ce qu'a fait notre administrateur.

Désactivation de la syntaxe extensions.conf par interdiction du chargement du module pbx_config

```
noload => pbx_config.so
```

Dans tout le reste du livre, le terme *dialplan* fait référence au plan de numérotation d'Asterisk et à son fichier de configuration `/etc/asterisk/extensions.ael`.

Nous ne détaillerons pas la syntaxe du dialplan parce qu'il nous semble plus intéressant d'en évoquer directement les éléments les plus importants, à savoir les contextes et les extensions.

Contextes

Tout terminal géré par Asterisk, ou toute ligne connectée (par exemple un lien T2 vers un opérateur ou un PABX), se voit assigner un *contexte* d'exécution qui correspond à une section de code du dialplan.

L'assignation du contexte au terminal se fait via le mot-clé `context`. Le mot-clé `context` est valide dans un fichier de configuration propre au type de terminal considéré (par exemple `/etc/asterisk/sip.conf`), et la définition du contexte se trouve dans une section du dialplan `/etc/asterisk/extensions.ael`. Ainsi, un terminal SIP géré par Asterisk verra son contexte assigné dans la section du fichier `sip.conf` ou dans le template qui lui correspond.

> CULTURE **Des contextes pour le contrôle d'accès**
>
> Un administrateur d'IPBX se doit de répondre à une question simple : qui a le droit d'appeler quoi et comment ? Si la question est simple, la définition des objets est plus compliquée.
> Dans Asterisk, on peut considérer que la définition du *qui* se trouve dans les fichiers de configuration associés aux canaux (`sip.conf`, `chan_dahdi.conf`, `h323.conf`, etc.), et que celle du *quoi* et du *comment* s'opère dans le dialplan (`extensions.ael` ou `extensions.conf`). Les fichiers de configuration des canaux servent à identifier les utilisateurs des ressources téléphoniques (numéro de téléphone, audioconférences, IVR, etc.), et le dialplan contrôle l'accès et le moyen d'accès (par exemple SIP) à ces ressources.

Comme précédemment exposé, les contextes des terminaux physiques et des softphones sont assignés respectivement dans les templates hardphones et softphones des fichiers /etc/asterisk/sip.conf et /etc/asterisk /extensions.conf.

> À SAVOIR **Context ou default**
>
> Si l'attribut context n'est pas spécifié dans le fichier de configuration, le terminal se verra assigner le contexte nommé default.

Une fois le contexte défini pour chaque terminal, l'administrateur doit construire le dialplan en éditant la section du fichier /etc/asterisk/extensions.ael correspondante. Pour cela, l'administrateur va faire correspondre des numéros de téléphones à des actions qui seront exécutées par Asterisk.

Voyons comment l'administrateur de notre entreprise a défini le routage des appels émis par les postes internes, qui sont rassemblés dans le contexte phones. Pour rappel, les numéros internes de l'entreprise sont de la forme *55XX*.

Extension, action !

La section du dialplan donnée ci-après à titre d'exemple autorise les terminaux du contexte phones à composer des numéros de la forme *55XX* et à joindre le terminal correspondant via SIP.

Exemple : autorisation de composition des numéros à quatre chiffres dans le contexte phones (fichier /etc/asterisk/extensions.ael)

```
context phones {
    _55XX => {
            NoOp(Composition d'un numéro à quatre chiffres); ❶
            Dial(SIP/${EXTEN}); ❷
    };
};
```

Cet exemple nécessite un certain nombre d'éclaircissements qui vont nous aider à comprendre la syntaxe du dialplan.

Dans un contexte donné, on trouve des blocs délimités par des crochets qui définissent des extensions.

Le format d'une section d'un contexte donné est le suivant :

```
extension => {
    ligne d'instruction terminée par « ; »
    .........
};
```

APPROFONDIR **Canaux et appels dans Asterisk**

Canal (en anglais, *channel*) et *appel* sont des termes qui peuvent prêter à confusion, souvent parce qu'ils sont mal employés. Arrêtons-nous sur l'exemple du contexte phones pour explorer ce qui se passe...

Lorsqu'un poste SIP interne passe un appel vers Asterisk, il envoie une requête SIP INVITE qui déclenche la création d'un appel, ainsi que d'un canal sur Asterisk (si la requête est correctement formulée et acceptée), par l'intermédiaire du pilote interne chan_sip.

Asterisk vérifie alors le contexte assigné au terminal appelant pour ensuite exécuter les commandes du dialplan correspondantes (dans notre cas, il s'agit de celles incluses dans le contexte phones).

* La première commande appelle l'application NoOp qui se contente d'afficher le texte passé en argument dans la console. À ce stade, notre appel contient un seul canal.
* La seconde commande appelle l'application Dial, qui va à son tour déclencher la création d'un canal, là encore via le pilote interne chan_sip.

Nous avons maintenant deux canaux (SIP) pour l'appel en cours. Lors d'une communication entre deux terminaux, on trouve deux canaux associés à un appel. Cependant certains types d'appels ne contiennent qu'un canal. C'est le cas par exemple lorsqu'Asterisk est utilisé en tant que serveur vocal interactif.

À tout moment, la commande console core show channels donne la liste des canaux et appels associés.

Notons finalement qu'à chaque canal est associé un protocole ou type de média, par exemple SIP, H.323, DAHDI, etc. Le cas particulier du canal LOCAL est évoqué dans les chapitres du livre traitant des services web couplés avec Asterisk (chapitres 5, 7 et 10).

Une extension indique le numéro de téléphone composé par l'utilisateur. Ce champ peut contenir des chiffres, mais également des lettres minuscules et majuscules.

VOCABULAIRE **Extension = numéro**

Nous reprenons le terme anglais *extension* plutôt que sa traduction contextuelle (numéro) car il est couramment utilisé parmi les membres de la communauté française.

S'il est préfixé par le caractère _ comme dans notre exemple, alors ce champ est un patron (en anglais, *pattern*) de chaîne de caractères. Le patron _5XXX désigne une séquence de quatre chiffres exactement, dont le premier est *5* et dont les suivants sont compris entre 0 et 9.

De même que X, d'autres caractères ont une signification particulière dans le cadre de la définition d'un patron. Voici la liste de ces caractères spéciaux :

Tableau 5–2 Caractères spéciaux dans les patrons de chaîne de caractères

Caractère	Signification
X	Tout chiffre compris entre 0 et 9.
Z	Tout chiffre compris entre 1 et 9.
N	Tout chiffre compris entre 2 et 9.
[14569]	Tout chiffre compris entre les crochets (dans l'exemple, 1, 4, 5, 6 ou 9).
.	Tout caractère.

Ainsi, le patron _06XXXXXXXX désigne tout numéro de téléphone à dix chiffres commençant par *06*. Ce patron peut servir à caractériser les numéros de téléphones mobiles dans un dialplan.

Il existe un ensemble d'extensions prédéfinies, sollicitées selon l'état de l'appel, dont nous donnons une liste non exhaustive dans le tableau ci-après.

Tableau 5–3 Extensions prédéfinies (liste non exhaustive)

Extension	Signification	Description
i	Invalid	L'utilisateur a entré un numéro invalide (dans le cadre d'un serveur vocal interactif).
s	Start	Aucun numéro n'est transmis par l'utilisateur ; c'est le cas par exemple lors de la réception d'un appel si Asterisk est connecté au RTC par un lien analogique.
h	Hangup	L'appel est terminé.
t	Timeout	Un temporisateur activé par Asterisk est arrivé à expiration, par exemple suite à une demande de saisie d'un code PIN.

CULTURE **Ne pas prendre l'extension s pour ce qu'elle n'est pas**

L'extension standard s n'est pas une extension générique qui serait exécutée à chaque fois qu'Asterisk entrerait dans un contexte du dialplan. Cette extension est en général appelée lorsqu'Asterisk bascule d'un contexte du dialplan à un autre, ce qui arrive naturellement lors de la configuration d'Asterisk en tant que SVI (serveur vocal interactif).

Dans chaque bloc d'extension, on trouve une liste d'instructions qui vont être exécutées par Asterisk. Chaque instruction appelle un mot-clé de la syntaxe AEL, une application ou une fonction d'Asterisk.

Dans l'exemple donné précédemment, la première instruction ❶ fait appel à l'application NoOp, qui, comme son nom l'indique, ne fait rien à part afficher le contenu qui lui est passé en argument.

BONNE PRATIQUE **L'application NoOp pour le débogage**

NoOp (pour *No Operation*) est une application de débogage utile pour afficher par exemple le contenu d'une variable quelconque dans la console lors d'un appel. Attention, cependant : cette application requiert l'activation du mode verbeux au moins au niveau 3. Pour plus d'informations sur cette application, et plus généralement sur le débogage d'Asterisk, on pourra se référer au chapitre 12 traitant du *troubleshooting* d'Asterisk.

La seconde instruction exécutée par Asterisk ❷ est l'application Dial, sans aucun doute la plus populaire des applications. Sachant que par ailleurs, on édite le fichier de configuration le plus important d'Asterisk, le moment est important !

L'argument passé à l'application Dial est de la forme `type/identifiant`. Le type désigne le protocole ou le support qui véhiculera l'appel, l'identifiant est suffisamment explicite pour ne pas être détaillé.

Dans le cas d'un appel SIP, l'identifiant sera un numéro de téléphone ou encore tout identifiant SIP de la forme `user@domaine`. Très souvent, l'identifiant est le contenu de la variable de canal `EXTEN`, à laquelle Asterisk assigne automatiquement le numéro exact composé par l'utilisateur. On notera que le poste correspondant est accessible depuis Asterisk via son numéro, car tous les postes téléphoniques internes à l'entreprise sont configurés pour s'enregistrer sur le serveur par un numéro à quatre chiffres.

On peut remarquer que la variable `EXTEN` n'est pas mentionnée telle quelle dans le dialplan. D'une manière générale, pour récupérer le contenu d'une variable, on lui applique l'opérateur `${}`. `EXTEN` est une variable de canal (en anglais, *channel variable*) prédéfinie dont la valeur peut éventuellement être modifiée au fur et à mesure du cheminement de l'appel dans le dialplan.

Pour autoriser les postes internes à passer des appels sur le réseau téléphonique de l'opérateur, notre administrateur a complété le contexte `phones` comme indiqué ci-après. On constate que les numéros à dix chiffres commençant par zéro sont acceptés, de même que ceux à onze chiffres préfixés par zéro. Dans ce cas, Asterisk se chargera de retirer automatiquement le zéro avant de passer l'appel. L'opérateur :X appliqué à la variable EXTEN ôte en effet les X premiers caractères du contenu de la variable.

Enfin, l'administrateur a ajouté une instruction pour informer l'utilisateur interne que le numéro composé n'est pas valide, le cas échéant.

Nous traitons un peu plus loin dans ce chapitre les variables de canal, en présentant certaines d'entre elles.

Version initiale du contexte phones (fichier /etc/asterisk/extensions.ael)

```
context phones {
        _55XX => {
                Dial(SIP/${EXTEN});
                Hangup();
        };

        _0XXXXXXXXX => {
                Dial(DAHDI/g0/${EXTEN});
                Hangup();
        };

        _00XXXXXXXXX => {
                Dial(DAHDI/g0/${EXTEN:1});
                Hangup();
        };

        i => {
                Playback(ce-numero-n-est-pas-valide);
                Hangup();
        };
};
```

L'application Playback joue un fichier vocal (dont le nom est ce-numero-n-est-pas-valide et qui doit être stocké sur le disque du serveur), indiquant à l'utilisateur que le numéro composé n'est pas valide. Pour plus d'informations sur cette commande et plus généralement sur les fichiers vocaux, on pourra se référer au chapitre 7 traitant de la messagerie vocale.

Notre administrateur doit également prendre en compte le cas des appels provenant du RTC, qui sont traités dans le contexte from-pstn.

Version initiale du contexte from-pstn (fichier /etc/asterisk/extensions.ael)

```
context from-pstn {
        _01234555XX => {
                Dial(SIP/${EXTEN:6});
                Hangup();
        };
};
```

Approfondir **Traitement des chaînes de caractères dans le dialplan**

Dans l'exemple, le contenu de la variable EXTEN a été expurgé de son premier caractère à l'aide de l'opérateur :1. D'une manière générale, pour extraire une partie du contenu d'une variable, on utilise l'opérateur : conjugué avec ${} de la façon suivante :

`${nomdevariable:i:n}`

Ceci retournera les n caractères situés après les i premiers caractères dans la variable nomdevariable. Si n n'est pas indiqué, la chaîne retournée contiendra tous les caractères de la variable nomdevariable à l'exclusion des i premiers.

D'autres fonctions très utiles existent pour effectuer des traitements sur des chaînes de caractères. Par exemple, la fonction LEN retourne la longueur du contenu de la variable à laquelle elle s'applique.

`${LEN(nomdevariable)}`

Attention, la fonction LEN s'applique à la variable elle-même, non à la valeur qu'elle contient ; ainsi, la syntaxe suivante est fausse :

`${LEN(${nomdevariable})}`

Citons également la fonction CUT, qui permet de récupérer des portions d'une chaîne de caractères en indiquant un caractère de délimitation. Par exemple, supposons que la variable var contienne la chaîne bon-jour. L'appel suivant retournera la chaîne bon :

`${CUT(var,-,1)}`

Et l'appel suivant retournera la chaîne jour :

`${CUT(var,-,2)}`

Nous avons vu que la variable de canal EXTEN contenait le numéro composé par l'utilisateur. Différents types de variables existent dans Asterisk, comme nous allons l'expliquer.

Les variables dans le dialplan

Il existe quatre types de variables accessibles depuis le dialplan, les variables globales, partagées, de canal et d'environnement.

- Les variables globales peuvent être déclarées dans la section [globals] du fichier extensions.conf, ou en appelant la fonction GLOBAL(nomdevariable). Une fois définie, une variable globale peut être référencée par tout canal.
- Les variables partagées sont accessibles par deux canaux en communication. Elles sont déclarées en appelant la fonction SHARED.
- Les variables de canal sont déclarées à l'aide de l'application Set. Chaque canal dispose de son propre espace de gestion des variables, qui est automatiquement détruit lorsque Asterisk ferme un canal.
- Les variables d'environnement sont un moyen d'accès aux variables d'environnement Unix.

Il existe un ensemble de variables de canal prédéfinies. Donnons un aperçu de certaines d'entre elles.

Tableau 5–4 Les variables de canal prédéfinies

Variable	Description
${CALLERID(all)}	Informations du terminal appelant (nom et numéro).
${CALLERID(name)}	Nom du terminal appelant.
${CALLERID(num)}	Numéro du terminal appelant.
${CALLERID(dnis)}	Numéro composé à l'origine par le terminal appelant (utile en cas de renvoi).
${CALLERID(rdnis)}	Numéro du terminal ayant redirigé l'appel (s'applique en cas de renvoi).
${CHANNEL}	Identifiant du canal courant (interne à Asterisk).
${CONTEXT}	Contexte d'exécution.
${EXTEN}	Extension en cours de traitement.

Il est intéressant de constater que les variables de la famille CALLERID sont modifiables depuis le dialplan, ce qui pourrait largement inspirer un administrateur farceur !

Nous avons exposé comment deux terminaux sont mis en relation grâce à Asterisk, par l'intermédiaire du protocole SIP ou de l'interface DAHDI. Mais il est possible d'émettre des appels depuis Asterisk autrement qu'avec un téléphone IP. Nous verrons ceci en détail quand nous présenterons la mise en place du service de fax par le web (chapitre 8), le service d'audioconférences (chapitre 9), et le service de click-to-call (chapitre 10), mais arrêtons-nous un peu pour décrire en quelques mots les moyens de mettre en place ces services.

Différents moyens pour passer des appels

Une des caractéristiques d'Asterisk est de répondre à des problèmes par plusieurs solutions. C'est pourquoi il est souvent présenté comme une boîte à outils pour l'architecte ToIP ou le développeur d'applications.

Nous avons explicité la fonction de l'application Dial, qui déclenche la création d'un canal de communication avec un terminal. Dans l'exemple qui était présenté, le nouveau canal de communication était mis en relation avec un premier canal, lui-même créé à l'initiative d'un autre poste ayant sollicité Asterisk. Ce schéma d'établissement de communication n'est pas unique : Asterisk peut en effet être la source de deux canaux de communication, créés par des actions externes (comme par exemple la publication d'un formulaire web), qui se fondront ensuite pour former un appel.

Nous verrons plusieurs exemples d'établissement d'appels par des applications web via différents moyens présentés brièvement ci-après.

> BONNE PRATIQUE **Attention aux tickets de taxation**
>
> Si chaque solution répond effectivement au problème posé, il faut bien s'assurer qu'elle ne s'accompagne pas d'effets indésirables. Ainsi, en fonction du mode d'établissement choisi, les tickets de taxation indispensables à tout PABX ou IPBX seront ou non disponibles. Nous verrons plusieurs exemples qui permettront au lecteur d'y voir plus clair.

Placer des fichiers dans une file d'attente

Il existe quatre façons d'émettre des appels depuis Asterisk à partir d'une application externe. La première est de créer un fichier texte contenant les instructions à passer à Asterisk et de copier ce fichier dans un répertoire particulier sur le serveur.

Ce répertoire est `/var/spool/asterisk/outgoing`. Il tient un rôle particulier puisque Asterisk le consulte régulièrement pour récupérer ses fichiers et exécuter les instructions qu'ils contiennent. La syntaxe des fichiers est présentée ultérieurement dans le livre (voir le chapitre 7 sur la messagerie vocale, les notifications d'appel, le fax, etc.), et ils doivent être suffixés par la chaîne de caractères `.call`.

On peut faire deux remarques sur ce type de traitement. D'abord, la fréquence de consultation du répertoire de file d'attente par Asterisk est élevée (plusieurs consultations par seconde), ce qui impose de construire le fichier dans un répertoire de travail autre que `/var/spool/asterisk/outgoing`, avant de copier le fichier. Sans, cette précaution, Asterisk pourrait traiter une version tronquée du fichier `.call`.

Ensuite, l'alimentation de la file d'attente d'Asterisk s'effectuant par copie ou déplacement de fichiers `.call`, il est nécessaire d'héberger l'application externe qui déclenchera les appels sur la machine qui abrite Asterisk, sauf à mettre en place des mécanismes de communication distante comme un tunnel SSH (*Secure SHell*), ce qui aura pour effet d'alourdir le processus d'établissement d'appel.

> **B.A.-BA** **Droits d'accès**
>
> Les droits d'accès du répertoire `/var/spool/asterisk/outgoing` doivent permettre d'y classer des fichiers. Par exemple, pour qu'Apache puisse y accéder, on positionnera les droits à l'aide des commandes :
>
> ```
> # chgrp apache /var/spool/asterisk/outgoing
> # chmod g+w /var/spool/asterisk/outgoing
> ```
>
> On suppose ici que le serveur Apache lance un processus (`httpd`) dont le groupe est nommé `apache`.

AMI (Asterisk Manager Interface)

Un autre moyen d'établir une communication téléphonique par Asterisk depuis une application externe est de faire appel à la commande `originate` depuis le gestionnaire d'interface d'Asterisk AMI. Cette possibilité d'émission d'appel est illustrée par la mise en place d'un service de click-to-call dans le chapitre 10.

À la différence de la situation précédente où un fichier est copié dans un répertoire de file d'attente, un programme accède à AMI par le réseau TCP/IP sur un port TCP donné (par défaut, 5038).

La console

La console Asterisk est un autre moyen de passer des appels. Tout comme dans le cas précédent, on appellera la commande `originate` depuis celle-ci.

Mieux encore, le programme `rasterisk`, lancé avec l'option `-x`, exécute une commande dans la console d'Asterisk et récupère le résultat sur la sortie standard du programme qui l'a appelé (par exemple un shell Unix ou un script PHP). Ce programme d'interface avec la console s'est révélé très utile à notre administrateur lors du déploiement du service d'audioconférences mis en place (voir le chapitre 9).

APPROFONDIR **Limite de l'appel de la commande originate par la console**

La commande originate, quand elle est appelée depuis la console (même par le programme rasterisk) fait effectivement ce qu'on lui demande de faire, mais sans plus. Contrairement à un appel depuis le gestionnaire d'interface, il n'est pas possible d'affecter des variables de canal par le biais de la console. Les variables de canal sont très utiles (exemple : l'identifiant de l'appelant), c'est pourquoi on préférera la file d'attente d'Asterisk ou AMI-pour passer des appels depuis une application externe.

AGI (Asterisk Gateway Interface)

Enfin, on peut aussi passer des appels depuis l'interface vers le système d'Asterisk : AGI (*Asterisk Gateway Interface*). Comme on le verra dans le chapitre 11 qui en traite spécifiquement, il est possible d'exécuter des scripts écrits dans un langage quelconque via AGI ; on peut également lancer des applications ou exécuter des fonctions d'Asterisk par AGI. Cependant, passer des appels nécessite de faire appel à au moins une application bloquante, comme Dial ou MeetMe, durant toute la durée de l'appel, ce qui a pour conséquence de réserver plus de ressources système que si l'application avait été lancée de façon classique. Pour cette raison, l'utilisation de AGI pour passer des appels est déconseillée.

COMMUNAUTÉ **Originate depuis le dialplan (Asterisk 1.6.2)**

L'appel automatique de deux canaux par Asterisk peut désormais s'effectuer aussi depuis le dialplan, via l'application Originate, introduite à partir de la version 1.6.2.

6

Asterisk en point de terminaison télécom

L'interfaçage avec les opérateurs téléphoniques et les commutateurs d'entreprise traditionnels est l'une des forces principales d'Asterisk, qui le différencie d'autres logiciels purement ToIP. Nous allons voir dans ce chapitre comment Asterisk peut s'interfacer avec le RTC sur un lien de petite capacité, et former avec le site principal une architecture téléphonique redondante pour l'entreprise.

Notre entreprise s'étend sur un site principal et un site secondaire, regroupant respectivement 90 et 10 postes téléphoniques. Auparavant, chaque site disposait de son propre PABX et d'une tranche de numéros SDA (sélection directe à l'arrivée). L'abonnement téléphonique de notre entreprise lui garantissait la gratuité des communications entre les deux sites ; aussi, l'établissement d'un lien direct entre les deux PABX n'était pas justifié. Les deux PABX n'étaient donc pas reliés autrement que par le RTC.

La nouvelle architecture vise le remplacement des deux PABX par des serveurs Asterisk, l'un sur le site principal, comme nous l'avons vu dans le chapitre 4 sur l'installation d'Asterisk, et l'autre sur le site secondaire, comme nous le verrons dans ce chapitre. Ces deux serveurs vont pouvoir agir de concert pour servir les postes téléphoniques et garantir la disponibilité du service téléphonique.

La fonction première de ce serveur Asterisk est de maintenir l'accessibilité des numéros dans la tranche *045678999X*. Même si les postes du site secondaire s'enregistrent dorénavant avec un numéro du site primaire (*01234555XX*), les cartes de visite des utilisateurs concernés ne sont pas encore mises à jour !

L'autre fonction du serveur Asterisk du site secondaire est de servir les appels à destination des numéros locaux *04XXXXXXX*. Même si le coût des communications locales est proche de celui des communications nationales, un petit gain sera réalisé.

Enfin, ce serveur est également prévu pour seconder le serveur principal en cas de défaillance, et fournir ainsi un service téléphonique accessible en mode dégradé. Tous les postes des deux sites doivent pouvoir s'enregistrer sur le serveur secondaire. Ainsi, si le serveur principal est indisponible, les postes internes resteront joignables entre eux.

Interface vers le réseau de téléphonie classique

Nous avons détaillé dans le chapitre 4 le processus d'installation d'Asterisk pour le connecter au RTC via un lien RNIS primaire, aussi appelé ISDN PRI ou S2/T2.

> CULTURE, COMMUNAUTÉ **mISDN n'est plus nécessaire**
>
> Comme indiqué dans la section traitant de l'installation de `libpri` (chapitre 4), Asterisk depuis la série 1.6, n'a plus besoin du programme externe mISDN et du module associé `chan_misdn` pour prendre en charge un accès RNIS de base (S0/T0) avec une carte Digium B401P. Il n'est donc plus nécessaire de configurer les fichiers `/etc/misdn-init.conf` et `/etc/asterisk/misdn.conf` ; seuls les fichiers de configuration de DAHDI suffisent.
>
> On peut se demander pourquoi la communauté Asterisk a mis tant de temps avant de s'approprier un protocole si répandu. Cela tient principalement au fait que si l'accès de base RNIS est très répandu en Europe, il l'est beaucoup moins aux États-Unis, et que les développeurs d'Asterisk sont quasi tous Américains !
>
> Cette différence majeure avec la série 1.4 simplifie énormément la configuration d'Asterisk.

Le site secondaire de notre entreprise est relié au RTC via un lien RNIS de base, également appelé ISDN BRI ou S0/T0. Notre administrateur va donc installer un nouveau serveur Asterisk sur ce site, qui desservira principalement la dizaine de postes du site secondaire et pourra desservir les postes du site principal en cas de problème sur celui-ci.

Les caractéristiques de ce nouveau serveur sont :

- nom : `voiceserverbis` ;
- adresse IP : `123.45.67.3` ;
- noyau Linux : `2.6.18-128` ;
- connexion au RTC par une carte Digium B410P sur un lien S0/T0.

Le processus d'installation est le même que dans le cas du serveur Asterisk principal.

Installation et configuration d'Asterisk

Rappelons les étapes d'installation et de configuration d'Asterisk avec la prise en charge d'une carte matérielle :

- installation et démarrage de DAHDI ;
- installation de `libpri` ;
- installation et configuration d'Asterisk.

DAHDI et libpri

Le paquetage DAHDI téléchargé par notre administrateur est `dahdi-linux-complete-2.2.0.2+2.2.0`. Une fois l'archive extraite, notre administrateur n'a plus qu'à laisser son compilateur travailler.

Compilation et installation de DAHDI

```
[root@voiceserverbis ~]# mv dahdi-linux-complete-2.2.0.2+2.2.0
dahdi
[root@voiceserverbis ~]# cd /usr/local/src/dahdi
[root@voiceserverbis dahdi]# make all
........
[root@voiceserverbis dahdi]# make install
........
[root@voiceserverbis dahdi]# make config
........
```

```
DAHDI has been configured.

List of detected DAHDI devices:

pci:0000:02:04.0     wcb4xxp+      d161:b410 Digium Wildcard B410P

run 'dahdi_genconf modules' to load support for only
the DAHDI hardware installed in this system. By
default support for all DAHDI hardware is loaded at
DAHDI start.
```

Création du fichier /etc/dahdi/modules adapté à l'unique carte installée (B410P)

```
[root@voiceserverbis dahdi]# /usr/sbin/dahdi_genconf modules
```

Notre administrateur n'a plus qu'à éditer le fichier `/etc/dahdi /genconf_parameters` pour spécifier le code pays de la France avant de relancer le programme `dahdi_genconf` pour créer les fichiers de configuration.

Édition du fichier /etc/dahdi/genconf_parameters

```
........
lc_country=fr
........
```

Création des fichiers /etc/dahdi/system.conf et /etc/asterisk/dahdi-channels.conf

```
[root@voiceserverbis dahdi]# mkdir /etc/asterisk
[root@voiceserverbis dahdi]# /usr/sbin/dahdi_genconf -v
```

Il est maintenant temps de charger les modules DAHDI dans le noyau.

Lancement de DAHDI

```
[root@voiceserverbis dahdi]# /etc/init.d/dahdi start
Loading DAHDI hardware modules:
  wcb4xxp:                                             [ OK ]

Running dahdi_cfg:                                     [ OK ]
[root@voiceserverbis dahdi]#
```

Vérification du chargement des modules

```
[root@voiceserverbis dahdi]# lsmod | grep dahdi
dahdi_echocan_mg2      10248 0
dahdi                 192520 2 dahdi_echocan_mg2,wcb4xxp
crc_ccitt               6337 1 dahdi
[root@voiceserverbis dahdi]#
```

Le programme `dahdi_scan` indique que seul le premier port de la carte est correctement connecté, par l'intermédiaire de l'attribut `alarms`. On remarquera que le type de connexion est `digital-TE`, ce qui correspond à une installation standard sur un lien opérateur.

> CULTURE **Modes de connexion NT et TE**
>
> La connexion de la carte B410P s'effectue en règle générale en mode TE (*Terminal Equipment*), l'équipement vers lequel la carte est connectée étant en mode NT (*Network Termination*). Le changement du mode de connexion se fait en adaptant le circuit électronique de la carte à l'aide d'un cavalier (*jumper*).

La procédure d'installation de `libpri` est toujours aussi simple. L'archive téléchargée par notre administrateur est `libpri-1.4.10.1`.

Installation de libpri

```
[root@voiceserverbis ~]# cd /usr/local/src/libpri-1.4.10.1
[root@voiceserverbis libpri-1.4.10.1]# make
[root@voiceserverbis libpri-1.4.10.1]# make install
```

Asterisk

L'installation d'Asterisk commence par la compilation des fichiers source, suivie par la création des répertoires de configuration.

Compilation d'Asterisk

```
[root@voiceserverbis ~]# cd /usr/local/src/asterisk-1.6.1.1
[root@voiceserverbis asterisk-1.6.1.1]# ./configure
```

....

```
[root@voiceserverbis asterisk-1.6.1.1]# make
........

[root@voiceserverbis asterisk-1.6.1.1]# make install
........
```

Contrairement à ce qu'il a fait dans le cas de l'installation du serveur Asterisk principal, notre administrateur va configurer Asterisk de telle sorte qu'il ne charge au démarrage que les modules nécessaires.

BONNE PRATIQUE **Une installation d'Asterisk minimale**

L'administrateur aurait en effet pu se contenter de saisir la commande make samples pour installer les fichiers de configuration de base et laisser Asterisk charger tous les modules possibles. Le lecteur peut considérer que notre administrateur satisfait simplement sa propre curiosité en programmant le chargement des modules strictement nécessaires. C'est en effet le cas, mais la manœuvre peut avoir des conséquences bénéfiques.

En termes de lisibilité d'abord, le répertoire de configuration /etc /asterisk ne contiendra que les fichiers de configuration réellement utiles. En termes de sécurité ensuite, le chargement de modules inutilisés par Asterisk expose le système aux éventuels bugs contenus dans ces modules.

Le choix des modules à charger s'effectue à partir des instructions contenues dans le fichier /etc/asterisk/modules.conf.

Fichier /etc/asterisk/modules.conf

```
[modules]
autoload=no
load => pbx_ael.so              ; AEL pour le dialplan

load => chan_dahdi.so
load => chan_sip.so

load => app_dial.so

load => codec_adpcm.so          ; utile en cas de transcodage
load => codec_alaw.so
load => codec_a_mu.so
```

```
load => codec_dahdi.so
load => codec_g722.so
load => codec_g726.so
load => codec_gsm.so
load => codec_lpc10.so
load => codec_ulaw.so

load => format_gsm.so ; lecture des fichiers vocaux au format GSM
load => format_pcm.so ; lecture des fichiers vocaux aux formats G.711
                      ; (ulaw, alaw), G.722, PCM, AU

load => res_ael_share.so    ; necessaire pour pbx_ael
load => res_musiconhold.so  ; doit etre charge *apres* les formats
load => res_rtp_asterisk.so
load => res_smdi.so         ; necessaire pour chan_dahdi.so

load => func_cdr.so         ; Fonction CDR()
load => func_channel.so     ; Modification de variables CHANNEL,
                            ; notamment pour la langue

load => cdr_csv.so          ; les CDRs au format CSV
load => cdr_custom.so       ; les CDRs personnalises au format CSV
```

Les fichiers classés dans le répertoire /etc/asterisk sont :

* /etc/asterisk/sip.conf : prise en charge des postes et du lien avec le serveur principal ;
* /etc/asterisk/extensions.ael : plan de numérotation (dialplan) ;
* /etc/asterisk/chan_dahdi.conf : module DAHDI ;
* /etc/asterisk/dahdi-channels.conf : généré automatiquement à l'installation de DAHDI ;
* /etc/asterisk/rtp.conf : plage des ports UDP réservés pour RTP (10000 à 20000) ;
* /etc/asterisk/logger.conf : journal des événements (fichiers de log) ;
* /etc/asterisk/cdr.conf : gestion des tickets de taxation des appels ;
* /etc/asterisk/modules.conf : liste des modules à charger au démarrage.

Configuration SIP sur les serveurs secondaire et principal

Fichier /etc/asterisk/sip.conf sur le serveur Asterisk secondaire

```
[general]
port=5060
bindaddr=123.45.67.3
realm=domainebis.fr
disallow=all
allow=alaw
allow=ulaw
allow=gsm
language=fr
allowguest=yes


Authentification sur le serveur Asterisk principal :

[authentication]
auth=voiceserverbis:notresecret@domaine.fr

[voiceserver]
type=friend
host=123.45.67.1
context=from-voiceserver
secret=notresecret
nat=no
qualify=yes
canreinvite=no


Prise en compte des postes (physiques) internes en cas
d'indisponibilité du serveur principal :

[hardphones](!)
type=friend
context=phones
host=dynamic
canreinvite=yes
nat=no
qualify=yes

[5501](hardphones)
secret=se3st6ba
mailbox=5501@default
```

```
[5502](hardphones)
secret=inria
mailbox=5502@default
........
```

Sur le serveur Asterisk principal, notre administrateur doit ajouter les éléments de configuration de la connexion SIP avec le serveur secondaire. Pour cela, il doit insérer les informations d'authentification dans la section `[authentication]` pour le realm (domaine) configuré sur le serveur secondaire, et créer une section pour celui-ci.

Configuration de la connexion SIP sur le serveur Asterisk principal (fichier /etc/asterisk/sip.conf)

```
........
[authentication]
auth=voiceserver:notresecret@domainebis.fr
........
[voiceserverbis]
type=friend
host=123.45.67.3
fromuser=voiceserver
context=from-voiceserverbis
secret=notresecret
nat=no
qualify=yes
canreinvite=no
........
```

Configuration du plan de numérotation sur les serveurs secondaire et principal

Le serveur secondaire devant avant tout préserver l'accessibilité de la tranche de numéros *045678999X*, notre administrateur va configurer le dialplan en conséquence. À la lecture du contexte `from-pstn`, on peut constater que les postes du site secondaire se voient attribuer les numéros de la tranche *012345559X*.

Le contexte `from-voiceserver` traite les appels provenant du serveur Asterisk principal et à destination du Sud-Est de la France (préfixe *04*). Le serveur Asterisk secondaire fait ici office de passerelle locale.

Enfin, le contexte `phones` permet d'assurer un service téléphonique en mode dégradé en cas d'indisponibilité du serveur principal. On constate que ce contexte est très simplifié au regard de son équivalent sur le serveur Asterisk principal. Les softphones sont ignorés et, de toute façon, ils ne peuvent s'enregistrer que sur le serveur principal car aucune section de configuration alternative n'existe dans l'interface du client logiciel choisi (Zoiper). En outre, la messagerie vocale n'est plus accessible et, enfin, le nom de l'appelant n'est pas présenté.

Bref, en cas d'indisponibilité du serveur principal, notre administrateur devra se dépêcher de remettre les choses en ordre pour ne pas laisser les utilisateurs dans un mode dégradé trop longtemps !

Fichier /etc/asterisk/extensions.ael

```
globals {};

Relais des appels entrant sur le lien S0/T0 vers le serveur
Asterisk principal avec transformation du numéro appelé :

context from-pstn {
        _045678999X => {
                Dial(SIP/559${EXTEN:9}@voiceserver);
        };
};

Traitement des appels régionaux :

context from-voiceserver {
        _04XXXXXXXX => {
                Dial(DAHDI/g0/${EXTEN});
        };

};

Contexte des postes internes en mode dégradé (softphones ignorés,
pas de messagerie vocale, pas de présentation du nom de
l'appelant) :

context phones {
        _55XX => {
                Dial(SIP/${EXTEN},10);
                Hangup();
        };

        _0XXXXXXXXX => {
                Dial(DAHDI/g0/${EXTEN});
        };
```

```
        _00XXXXXXXXX => {
                Dial(DAHDI/g0/${EXTEN:1});
        };
        i => {

                Playback(invalid);
                Hangup();
        };
};
```

Sur le serveur Asterisk principal, le contexte phones doit être modifié pour relayer les appels à destination du Sud-Est vers la passerelle locale.

CULTURE **Extensions et modèles**

Le lecteur remarquera que le contexte phones contient des modèles différents auxquels une même extension peut correspondre. Par exemple, l'extension *0412345678* correspond aux modèles *_04XXXXXXXX* et *_0XXXXXXXXX*. Parmi les deux modèles, Asterisk choisira le plus précis, c'est-à-dire celui contenant le moins de caractères génériques (*X*). C'est pourquoi l'appel sera relayé vers le serveur Asterisk secondaire.

Contexte phones sur le serveur Asterisk principal (fichier /etc/asterisk/extensions.ael)

```
context phones {
        _55XX => {
                Dial(SIP/${EXTEN});
                Hangup();
        };

        _04XXXXXXXX => {
                Dial(SIP/${EXTEN}@voiceservebis);
                Hangup();
        };

        _004XXXXXXXX => {
                Dial(SIP/${EXTEN:1}@voiceserverbis);
                Hangup();
        };

        _0XXXXXXXXX => {
                Dial(DAHDI/g0/${EXTEN});
                Hangup();
        };
```

```
        _00XXXXXXXXX => {
                Dial(DAHDI/g0/${EXTEN:1});
                Hangup();
        };

        i => {

                Playback(ce-numero-n-est-pas-valide);
                Hangup();
        };
};
```

Le lien SIP établi entre les deux serveurs Asterisk est communément appelé *trunk SIP*. Sa fonction est de transporter des communications entre des terminaux situés de part et d'autre des deux serveurs Asterisk. Notre administrateur doit prendre en considération le fait que les postes téléphoniques peuvent s'enregistrer sur les deux serveurs avec le même identifiant (de la forme *55XX*).

Rappelons le processus d'identification d'un terminal par Asterisk sur réception d'une requête SIP :

1 Asterisk compare le contenu de l'en-tête `From:` avec les noms des terminaux configurés en tant que `user` (le nom étant la chaîne de caractères entre les crochets).

2 Asterisk compare l'adresse IP (et le numéro de port) depuis laquelle la requête a été envoyée avec les terminaux configurés en tant que `peer`.

De ce fait, notre administrateur doit impérativement modifier l'en-tête SIP `From:` des requêtes `INVITE` envoyées par le serveur principal via le trunk SIP, sans quoi le serveur secondaire va considérer que l'appel est émis par l'un des postes locaux configurés. Comme le secret partagé des postes locaux est différent de celui du serveur Asterisk principal, qui sera effectivement utilisé, l'appel sera alors interdit car l'authentification échouera.

Plusieurs solutions s'offrent à notre administrateur.

Utiliser une instruction modifiant l'identifiant de l'appelant dans le dialplan du serveur Asterisk principal, par exemple :

Modification de l'en-tête SIP From sur le trunk SIP voiceserver – voiceserverbis (fichier /etc/asterisk/extensions.ael)

```
........
        _04XXXXXXXX => {
                Set(CALLERID(num)=voiceserver);
                Dial(SIP/${EXTEN}@voiceservebis);
```

```
            Hangup();
    };

    _004XXXXXXXX => {
            Set(CALLERID(num)=voiceserver);
            Dial(SIP/${EXTEN:1}@voiceserverbis);
            Hangup();
    };
........
```

Une autre possibilité est de configurer sur le serveur Asterisk principal l'attribut fromuser dans la section de configuration associée au serveur Asterisk secondaire.

Modification de l'en-tête SIP From sur le trunk SIP voiceserver – voiceserverbis (fichier /etc/asterisk.sip.conf)

```
........
[voiceserverbis]
type=friend
host=123.45.67.1
fromuser=voiceserver
context=from-voiceserverbis
secret=notresecret
nat=no
qualify=yes
canreinvite=no
........
```

Dans les deux cas, l'en-tête émise par le poste local (*5501* dans l'exemple) est modifiée par le serveur Asterisk principal de :

```
From: <sip:5501@voiceserver.domaine.fr:5060;user=phone>;
tag=c0a80101-117f1fd6
```

En :

```
From: "voiceserver" <sip:voiceserver@123.45.67.1>;tag=as714c2fd3
```

Cela permettra au serveur secondaire d'authentifier la requête à partir des informations relatives au serveur principal comme il convient. C'est la seconde solution qui a été choisie par notre administrateur.

7

Services téléphoniques : messagerie vocale, notification d'appel, fax...

Les services téléphoniques tels que nous les connaissons se doivent d'être reconduits entièrement. Nous donnons dans ce chapitre des exemples pratiques décrivant l'installation de la messagerie vocale, des fax et de la notification d'appel, applications indispensables à un système de téléphonie d'entreprise.

Asterisk en tant que SVI : les fichiers vocaux

De nombreux services téléphoniques, dont la messagerie vocale, s'appuient sur un menu vocal de navigation pour déclencher des actions. Le terme généralement employé pour désigner ce type de système est SVI (serveur vocal interactif), en anglais IVR (*Interactive Voice Response*).

Asterisk est vraiment adapté à cette activité, comme en témoignent les exemples de services mis en place par notre administrateur et présentés par la suite : ils mettent en œuvre des fonctions de SVI.

Asterisk est une véritable boîte à outils pour l'administrateur désirant mettre en place un SVI plus ou moins complexe. Outre les applications de navigation dans le dialplan (GoTo, ExecIf, etc.) et les extensions standard (s, h, i, t, etc.), Asterisk copie à l'installation un ensemble de fichiers vocaux qui peuvent être joués aux utilisateurs. Par défaut, ces fichiers sont classés dans le répertoire /var/lib/asterisk/sounds/ en fonction de la langue d'enregistrement.

Comme exposé lors de l'installation d'Asterisk sur le serveur principal, notre administrateur a pris soin d'installer une version française des fichiers vocaux (via la commande `make menuselect`) en plus de la version anglaise disponible par défaut. Les arborescences `/var/lib/asterisk/sounds/en` et `/var/lib/asterisk/sounds/fr` sont donc peuplées de fichiers suffixés respectivement par `.gsm` et `.alaw`. La qualité de l'enregistrement est associée au format d'encodage et Asterisk prendra en charge le transcodage, si nécessaire.

On remarquera que les fichiers sont nommés de la même façon dans les deux répertoires, bien que les contenus soient différents.

Le choix de la langue

Si un terminal est enregistré dans un fichier de configuration d'Asterisk (par exemple `/etc/asterisk/sip.conf` pour un terminal SIP), l'administrateur peut lui associer une langue par l'intermédiaire de l'attribut `language`. Dans le cas particulier des terminaux SIP (mais également pour ceux comme IAX, DAHDI ou H.323), on peut définir globalement la langue dans la section `[general]` du fichier `/etc/asterisk/sip.conf` si les terminaux sont homogènes.

Configuration globale de la langue pour les terminaux SIP (fichier /etc/asterisk/sip.conf)

```
........
[general]
........
language=fr
........
```

Il est également possible de choisir la langue associée aux fichiers vocaux dans le dialplan. Dans l'exemple suivant, un utilisateur a composé le numéro *5555*, et un fichier vocal de félicitations pour avoir installé Asterisk est joué.

Annonce de félicitations (fichier /etc/asterisk/extensions.ael)

```
........
context welcome {
      5555 => {
          Set(CHANNEL(language)=fr);
          Playback(demo-congrats);
          Hangup();
      };
};
........
```

Le fait de positionner la variable CHANNEL(language) force Asterisk à chercher le fichier vocal demo-congrats passé en argument de l'application Playback dans le répertoire /var/lib/asterisk/sounds/fr en priorité, et à se rabattre sur le répertoire racine /var/lib/asterisk/sounds/ si le fichier est introuvable, puis finalement sur le répertoire anglais /var/lib/asterisk/sounds /en. Lors de la recherche du fichier, le code pays affecté dans le dialplan est simplement suffixé au répertoire de base /var/lib/asterisk/sounds.

Attention, Asterisk ne traduit pas les fichiers ; il est nécessaire de disposer des fichiers vocaux préenregistrés dans la langue voulue. Un ensemble de fichiers français est disponible par défaut, comme explicité lors de l'installation d'Asterisk (paquetage CORE-SOUNDS-FR-ALAW dans make menuselect) et il est également possible d'enregistrer ses propres fichiers, comme expliqué dans les sections qui suivent.

> BONNE PRATIQUE **Choisir la langue dans le plan de numérotation**
>
> Certains types de canaux n'offrent pas la possibilité de configurer la langue (comme chan_gtalk, utilisé pour communiquer avec les client voix GoogleTalk) ; pire, les canaux virtuels de type LOCAL ne s'appuient pas sur un fichier de configuration ! Or, les services téléphoniques accessibles depuis le Web mis en place par notre administrateur reposent en grande partie sur les canaux LOCAL. Par conséquent, on préférera assigner la langue dans le dial-plan en modifiant la variable de canal CHANNEL(language).

Les applications jouant des fichiers vocaux

Plusieurs applications font usage des fichiers vocaux et permettent de construire tout type de SVI.

Background joue le fichier passé en argument tout en laissant la possibilité à l'utilisateur de l'interrompre en composant des touches, afin de naviguer dans le SVI. Cette application permet en outre de choisir la langue associée au fichier vocal, choix qui sera prioritaire sur la valeur de la variable CHANNEL(language).

Playback lit le fichier vocal passé en argument au canal appelant. À l'inverse de Background, l'application Playback ne peut pas être interrompue par l'utilisateur et n'a pas d'argument permettant d'associer une langue au fichier joué.

Voicemail et MeetMe sont également de vrais petits SVI à même de jouer des fichiers vocaux.

Record : enregistrer ses propres fichiers vocaux

Dans la boîte à outils de construction d'un SVI, l'application Record tient un rôle particulier. Elle permet en effet d'enregistrer des fichiers vocaux en appelant Asterisk. Pour cela, notre administrateur a réservé le numéro *5556*.

Enregistrement de messages vocaux (fichier /etc/asterisk/extensions.ael)

```
........

context phones {
........
        5556 => {
            Authenticate(32657);
            goto records,s,1;
        };
........
context records {
        s => {
            Playback(dictate/record&vm-then-pound);
            Record(custom/fichier-%d.alaw);
            Playback(beep);
            Playback(custom/${RECORDED_FILE});
            Hangup();
        };
};
........
```

L'extension 5556 étant définie dans le contexte phones, commun à tous les postes SIP de l'entreprise, notre administrateur en a restreint l'accès par l'application Authenticate. L'utilisateur appelant le numéro *5556* devra présenter le bon code (32657) pour pouvoir enregistrer un fichier ; l'appel est alors basculé dans le contexte records via le mot-clé goto.

Un message d'accueil est joué par Asterisk, indiquant notamment que l'appui de la touche dièse termine l'enregistrement du fichier. Le fichier enregistré est placé dans le répertoire `/var/lib/asterisk/sounds/custom`.

Le fait d'inclure la chaîne `%d` dans le nom du fichier à enregistrer fait qu'Asterisk nommera le fichier en remplaçant cette chaîne par un chiffre incrémenté à chaque enregistrement. Une fois l'enregistrement terminé, Asterisk émet un bip, puis joue le fichier produit par l'utilisateur avant de clore l'appel.

Considérant qu'une voix féminine est plus appropriée pour ces enregistrements, notre administrateur a demandé à l'une de ses collègues d'enregistrer les fichiers vocaux. Après avoir renommé les fichiers `fichier-XX.alaw`, avec des titres reprenant le texte enregistré, la liste des fichiers dans le répertoire `/var/lib/asterisk/sounds/custom` devient :

- `ce-numero-n-est-pas-valide.alaw`
- `appuyez-sur-la-touche-etoile-pour-entrer-en-conference.alaw`
- `appuyez-sur-la-touche-etoile-pour-contacter-votre-correspondant.alaw`
- `votre-choix-n-est-pas-valide.alaw`
- `au-revoir.alaw`

Ces fichiers vocaux seront très utiles à notre administrateur pour mettre en place les applications faisant appel aux fonctionnalités de SVI d'Asterisk, qui seront présentées ultérieurement.

> CULTURE **Outils d'enregistrement de fichiers vocaux**
>
> Des outils très performants d'enregistrement de fichiers vocaux existent, comme Audacity et Sox. D'excellente qualité, ils présentent également l'avantage d'être libres !

La messagerie vocale

Asterisk doit son succès à sa gratuité, sa faculté d'intégration dans tout système d'information, ses multiples interfaces protocolaires de téléphonie (RTC, SIP, H.323, etc.) et à sa richesse applicative. Le serveur de messagerie vocale qu'il intègre nativement est l'illustration de cette dernière qualité.

Encore aujourd'hui, la plupart des serveurs de messagerie vocale propriétaires sont malheureusement vendus en complément d'un système de téléphonie de la même marque, ou agréé. L'accès (cher !) est souvent soumis à l'acquisition de licences utilisateurs et, petite cerise sur ce gâteau avarié, le serveur de messagerie vocale ne s'intègre pas au système d'information ; c'est ce dernier qui doit s'y adapter. Ainsi, en se renseignant, un administrateur s'entendra régulièrement dire par le constructeur/éditeur que la fonction de notification de réception de message vocal par courriel nécessite un serveur de messagerie électronique Microsoft Exchange avec un annuaire Active Directory ! Quand on sait qu'il s'agit simplement d'envoyer un courriel sur réception d'un message vocal, même la petite cerise est dure à avaler !

La messagerie vocale dans Asterisk se résume à un module applicatif : `app_voicemail`. Ce module contient deux applications : Voicemail et VoicemailMain, respectivement dédiées à la réception de messages vocaux et à la consultation de boîte vocale. Le fichier de configuration correspondant est `/etc/asterisk/voicemail.conf`.

L'équipe en charge du nouveau système de téléphonie a défini le cadre du service de messagerie vocale en quelques points :

- l'activation du compte de messagerie vocale par un formulaire web ;
- la notification de message vocal en attente sur le poste interne ;
- la notification et l'envoi de message vocal par courriel ;
- le renvoi automatique vers la messagerie vocale sur non réponse au bout de dix secondes ;
- la consultation de la boîte vocale en interne en composant son propre numéro à quatre chiffres préfixé de étoile (*55XX).

Les comptes du service de messagerie vocale devront être stockés sur Asterisk, ceci pour plusieurs raisons.

En premier lieu, le schéma de la base LDAP d'authentification ne contient pas de champ qui pourrait ressembler à un code PIN (*Personal Identification Number*) pour stocker le mot de passe des utilisateurs. De plus, depuis un téléphone, un mot de passe prend forcément la forme d'un code PIN (même pour un adolescent habile en rédaction de SMS), puisqu'il est envoyé par des codes DTMF restreints aux touches numériques.

Ensuite, Asterisk ne permet simplement pas de stocker les comptes de la messagerie vocale sur une machine distante. C'est là une limite que même ceux qui vantent sa faculté d'intégration dans tout système d'information reconnaîtront. Notre administrateur devra s'en accommoder, mais un script de vérification de la cohérence des comptes exécuté automatiquement complètera le service de messagerie vocale.

Le format d'un enregistrement dans le fichier `/etc/asterisk/voicemail.conf` est le suivant :

Format d'un compte dans le fichier /etc/asterisk/voicemail.conf

```
<mailbox>=<password>,<name>,<email>,<pager_email>,<options>
```

Le champ `mailbox` est généralement le numéro du poste sur quatre chiffres ; le mot de passe `password` est également un numéro (qui est stocké en clair !). Le champ (optionnel) `name` contient le nom de la personne propriétaire de la boîte vocale considérée. Le champ (optionnel) `email` est particulièrement intéressant. S'il est affecté, Asterisk enverra un courriel de notification de message vocale en attente à cette adresse, avec la possibilité d'inclure le message vocal dans le courriel – et ce quelle que soit la marque du serveur de messagerie électronique sollicité !

> POUR ALLER PLUS LOIN **Documentation du fichier de configuration**
>
> Les autres champs ne sont pas détaillés ici, la documentation du fichier de configuration `configs/voicemail.conf.sample` étant suffisamment explicite pour pouvoir les adapter à d'autres besoins.

Activation de la boîte vocale par le Web

Notre administrateur a donc mis à la disposition des utilisateurs un formulaire web qui leur permet de créer leur boîte vocale en assignant un mot de passe de quatre chiffres. Ce formulaire est accessible après authentification sur la base LDAP et, une fois le mot de passe choisi, un courriel est envoyé automatiquement à l'administrateur pour la création du compte, avec les informations nécessaires, c'est-à-dire :

- le numéro de poste (qui sera celui de la boîte vocale) ;
- le mot de passe de la boîte vocale ;
- le nom ;
- l'adresse de courrier électronique.

Le formulaire web permet naturellement de modifier le mot de passe de la boîte vocale à tout moment.

Par exemple, pour le compte *5501*, on aura :

Compte de messagerie vocale 5501

```
. . . . . . . . .
5501=43541,Philippe Sultan,philippe.sultan@domaine.fr
. . . . . . . . .
```

Mieux encore, l'activation de la boîte vocale sera couplée avec celle du compte associé au softphone, comme on le verra dans le chapitre 8 !

Notification de message en attente

Voyons maintenant comment notre administrateur a configuré la notification de message vocal en attente, complément indispensable à tout service de messagerie vocale digne de ce nom.

MWI, la notification sur le poste

Le poste téléphonique de l'utilisateur est la cible naturelle pour signaler la présence d'un message dans la boîte vocale. Cette fonctionnalité s'appelle MWI (*Message Waiting Indicator*). Concrètement, si un message vocal est en attente, une diode du poste téléphonique s'allume ou, dans le cas du poste Thomson ST230, une ligne de texte est affichée à l'écran indiquant le nombre de messages en attente.

MWI repose (en général) sur SIP, et sa mise en œuvre requiert de configurer le poste Thomson ST2030 pour lui indiquer l'adresse du serveur Asterisk. Sur celui-ci, il est nécessaire que le terminal soit configuré avec un attribut `mailbox`. Notre administrateur a effectué les actions de configuration nécessaires à MWI, comme cela a été présenté dans le chapitre 5, « Intégration des postes téléphoniques ». Pour rappel, il s'agissait de configurer le poste via son interface web et d'ajouter un attribut `mailbox` au `peer` correspondant dans le fichier `/etc/asterisk/sip.conf` du serveur Asterisk principal.

À SAVOIR **Attribut mailbox**

Sans l'attribut `mailbox` dans `/etc/asterisk/sip.conf`, la requête SIP `SUBSCRIBE` est refusée.

Le mécanisme SIP qui se cache derrière MWI est la notification après souscription. Le poste Thomson ST2030, une fois démarré, va envoyer une requête SIP SUBSCRIBE au serveur Asterisk, qui la validera après authentification. Le contenu de l'en-tête SIP Contact sera utilisé par Asterisk comme URI de destination des requêtes SIP NOTIFY qui seront envoyées pour la notification de message en attente.

PROTOCOLES **Supervision de ligne et gestion de présence**

Le mécanisme de souscription/notification (SUSCRIBE/NOTIFY) présenté ici est également utilisé par Asterisk pour la supervision de ligne, comme expliqué plus loin. Plus généralement, il forme la base des systèmes de gestion de présence s'appuyant sur SIP, qu'on retrouve dans les clients de messagerie instantanée. L'IETF (*Internet Engineering Task Force*) a étendu le champ d'application de SIP à la gestion de présence depuis quelques années maintenant, l'intégrant ainsi dans le domaine du protocole standard XMPP (Jabber). Celui-ci n'est pas en reste, la XSF (*XMPP Standards Foundation*) vient en effet de publier les spécifications d'un standard portant sur les sessions multimédia : Jingle !
Pour en savoir plus, rendez-vous au chapitre 14.

Échange SIP SUBSCRIBE entre le poste 5501 et Asterisk (avec les éléments d'authentification)

```
Requête émise par le poste 5501 :

SUBSCRIBE sip:*5501@voiceserver.domaine.fr:5060;user=phone SIP/2.0
Via: SIP/2.0/UDP 10.0.10.10:5060;branch=z9hG4bK7920818692081532542-23956
From: <sip:5501@domaine.fr:5060>;tag=c0a80101-5d8f
To: <sip:5501@domaine.fr:5060>
Call-ID: bafe-c0a80101-d-2@10.0.10.10
CSeq: 2 SUBSCRIBE
Max-Forwards: 70
Event: message-summary
Accept: application/simple-message-summary
Expires: 3600
Contact: <sip:5501@10.0.10.10:5060;user=phone>
Allow-Events: refer,dialog,message-summary,check-sync,talk,hold
Authorization: Digest username="5501", realm="domaine.fr", nonce="0ec8bea3",
uri="sip:*5501@voiceserver.domaine.fr:5060;user=phone",
response="1993dc1276f4e1f84579b8de57cb5c6f", algorithm=MD5
User-Agent: THOMSON ST2030 hw5 fw1.62 00-1F-9F-16-E2-6A
Content-Length: 0
```

```
Réponse renvoyée par Asterisk :

SIP/2.0 200 OK
Via: SIP/2.0/UDP
10.0.10.10:5060;branch=z9hG4bK7920818692081532542-23956; received=10.0.10.10
From: <sip:5501@domaine.fr:5060>;tag=c0a80101-5d8f
To: <sip:5501@domaine.fr:5060>;tag=as12a24a28
Call-ID: bafe-c0a80101-d-2@10.0.10.10
CSeq: 2 SUBSCRIBE
Server: Asterisk PBX 1.6.1.1
Allow: INVITE, ACK, CANCEL, OPTIONS, BYE, REFER, SUBSCRIBE, NOTIFY
Supported: replaces, timer
Expires: 3600
Contact: <sip:*5501@123.45.67.1>;expires=3600
Content-Length: 0
```

Si tout s'est bien déroulé, la commande console `sip show subscriptions` donne le résultat suivant.

Liste des souscriptions SIP

```
voiceserver*CLI> sip show subscriptions
Peer       User    Call ID          Extension    Last state    Type    Mailbox     Expiry
10.0.10.10 5501    bafe-c0a80101-d  --           <none>        mwi     5501@defau  003600
1 active SIP subscriptions
voiceserver*CLI>
```

Cette procédure permettra à Asterisk de notifier au poste *5501* qu'un ou plusieurs messages vocaux sont en attente par l'envoi d'une requête SIP NOTIFY. Immédiatement après la réception d'un message vocal dans la boîte *5501*, on aura alors l'échange suivant, dans lequel Asterisk indique qu'un message vocal est en attente d'être lu.

Échange SIP NOTIFY entre Asterisk et le poste 5501

```
Requête émise par Asterisk :

NOTIFY sip:5501@10.0.10.10:5060;user=phone SIP/2.0
Via: SIP/2.0/UDP 123.45.67.1:5060;branch=z9hG4bK4aff1f71;rport
Max-Forwards: 70
From: "asterisk" <sip:asterisk@123.45.67.1>;tag=as2f4391dd
To: <sip:5501@10.0.10.10:5060;user=phone>
Contact: <sip:asterisk@123.45.67.1>
Call-ID: 7da4dbb960c6c67b1e18578100f00196@123.45.67.1
CSeq: 102 NOTIFY
```

```
User-Agent: Asterisk PBX 1.6.1.1
Event: message-summary
Content-Type: application/simple-message-summary
Content-Length: 95

Messages-Waiting: yes
Message-Account: sip:asterisk@123.45.67.1
Voice-Message: 1/0 (0/0)

Réponse renvoyée par le poste 5501 :

SIP/2.0 200 OK
Via: SIP/2.0/UDP 123.45.67.1:5060;branch=z9hG4bK4aff1f71;rport
From: "asterisk"<sip:asterisk@123.45.67.1>;tag=as2f4391dd
To: <sip:5501@10.0.10.10:5060;user=phone>;tag=c0a80101-74bd059
Call-ID: 7da4dbb960c6c67b1e18578100f00196@123.45.67.1
CSeq: 102 NOTIFY
Content-Length: 0
```

On notera que le poste est également notifié lorsque la boîte vocale est consultée par l'utilisateur.

Si le service de messagerie vocale doit signaler les messages en attente au poste, notre administrateur doit aussi le configurer pour informer l'utilisateur directement par courriel.

Notification par envoi de courriel

Configurer n'est pas vraiment le terme approprié, car en examinant le fichier de configuration /etc/asterisk/voicemail.conf, on peut constater la simplicité de la tâche.

Fichier /etc/asterisk/voicemail.conf sur le serveur voiceserver

```
[general]
format=wav
serveremail=asterisk@voiceserver.domaine.fr
attach=yes          ; fichier vocal inclus dans le courriel
maxmsg=100          ; nombre maximal de messages
maxsecs=180         ; durée maximale d'un message
minsecs=2           ; durée minimale d'un message
moveheard=yes       ; classement des messages lus dans un dossier
```

```
emailsubject=[IPBX]: Message en attente ${VM_MSGNUM} dans la boîte
vocale ${VM_MAILBOX}
emailbody=${VM_NAME},\n\n\tVous avez un message vocale en attente de la
part de ${VM_CALLERID}.\n, Reçu le ${VM_DATE}, durée : ${VM_DUR}.\nLe
message est disponible en pièce jointe.\n\n\t\t\t\t-Le service de
messagerie vocale\n
emaildateformat=%A, %d %B %Y at %H:%M:%S

[default]
5501 => 43541,Philippe Sultan,philippe.sultan@domaine.fr

.........
```

Ces informations suffisent pour envoyer un courriel à l'utilisateur, qui contiendra un message d'information détaillé complété par le fichier vocal en attachement (au format `.wav`).

BONNE PRATIQUE **Consultation des messages vocaux par le Web**

De la même façon qu'il a déployé les services web d'accès aux audioconférences, au fax et à l'appel automatique, notre administrateur pourrait développer un service web de consultation de la messagerie vocale. Dans ce cas, la lecture d'un message depuis l'interface web sera notifiée au poste de l'utilisateur (pour éteindre la diode !) si l'option `pollmailboxes` est activée. Par défaut, Asterisk effectue ce sondage des boîtes vocales toutes les 30 secondes.

Renvoi vers la messagerie vocale

Pour l'ensemble des utilisateurs, les appels reçus sans réponse au bout de dix secondes sont renvoyés vers la messagerie vocale. Le second argument de l'application Dial est justement la valeur du temps maximal d'exécution ; notre administrateur va donc l'utiliser. Les contextes phones (appels reçus en interne) et from-pstn (appels reçus du RTC) deviennent donc :

Renvoi vers la messagerie vocale (fichier /etc/asterisk/extensions.ael)

```
context from-pstn {
        _01234555XX => {
                Dial(SIP/${EXTEN:6},10);
                Voicemail(${EXTEN:6},u);
                Hangup();
        };
};
```

```
context phones {
        _55XX => {
                Dial(SIP/${EXTEN},10);
                Voicemail(${EXTEN},u);
                Hangup();
        };

        _0XXXXXXXXX => {
                Dial(DAHDI/g0/${EXTEN});
                Hangup();
        };

        _00XXXXXXXXX => {
                Dial(DAHDI/g0/${EXTEN:1});
                Hangup();
        };

        5556 => {
                Authenticate(32657);
                goto records,s,1;
        };

        i => {
                Playback(ce-numero-n-est-pas-valide);
                Hangup();
        };
};
```

L'option u de l'application Voicemail fait lire à Asterisk une annonce signalant l'indisponibilité du correspondant appelé. Voicemail intègre un serveur
vocal interactif complet qui sied parfaitement au service de messagerie
vocale. De toute façon, les fichiers vocaux peuvent être facilement remplacés
s'ils ne conviennent pas.

Consultation des messages

La consultation de la boîte vocale peut s'opérer par simple lecture du fichier
vocal envoyé par courrier électronique, ou depuis un terminal (poste physique
ou softphone), en composant le caractère étoile (*) suivi du numéro de la boîte
vocale désirée. Le mot de passe est alors demandé à l'utilisateur, suivi du caractère dièse (#). Cette fonctionnalité est assurée par l'application VoicemailMain,
qui tout comme Voicemail intègre un serveur vocal interactif.

Notre administrateur a autorisé l'accès à la consultation de la boîte vocale uniquement aux postes physiques et aux softphones en incluant l'appel à VoicemailMain dans le contexte phones. Ainsi, un utilisateur situé en dehors du site de l'entreprise et désirant lire ses messages vocaux pourra soit consulter sa messagerie électronique (le fichier vocal est attaché au courriel de notification), soit utiliser un softphone pour accéder au serveur de messagerie vocale.

Le contexte phones devient donc :

Consultation de la messagerie vocale (fichier /etc/asterisk/extensions.ael)

```
context phones {
        _55XX => {
                Dial(SIP/${EXTEN},10);
                Voicemail(${EXTEN},u);
                Hangup();
        };

        _0XXXXXXXXX => {
                Dial(DAHDI/g0/${EXTEN});
                Hangup();
        };

        _00XXXXXXXXX => {
                Dial(DAHDI/g0/${EXTEN:1});
                Hangup();
        };

        _*55XX => {
                VoicemailMain(${EXTEN:1}@default);
        };

        5556 => {
                Authenticate(32657);
                goto records,s,1;
        };

        i => {
                Playback(ce-numero-n-est-pas-valide);
                Hangup();
        };
};
```

Le service de messagerie vocale est maintenant en place, pour un prix nul, une flexibilité maximale et une intégration élégante dans le système d'information. Voyons maintenant ce qu'Asterisk peut accomplir avec nos fax !

Le nouveau service de fax

Les boîtiers servant à envoyer et à recevoir des fax n'ont pas été reconduits dans la nouvelle architecture téléphonique de notre entreprise. Pour l'envoi de fax, il a été décidé de leur substituer un serveur web couplé avec Asterisk. Pour la réception, un envoi par courriel directement à l'utilisateur concerné a été préféré. Ces changements majeurs présentent l'avantage de réduire le coût d'acquisition et de maintenance des boîtiers et de diminuer la consommation de papier.

Installation des modules nécessaires dans Asterisk

Asterisk offre deux applications pour le traitement des fax : SendFAX et ReceiveFAX. Les noms des applications sont explicites (respectivement envoi et réception), elles sont contenues dans le module `app_fax`. La commande `make menuselect` va nous révéler les éléments nécessaires à l'installation de ce module : celui-ci requiert en effet la bibliothèque externe `spandsp`.

> CULTURE **Asterisk et les fax, une relation tumultueuse**
>
> Le traitement des fax par Asterisk repose sur la bibliothèque `spandsp`. Si les applications SendFAX et ReceiveFAX (construites sur `spandsp`) existent depuis longtemps dans Asterisk, il n'était malheureusement pas rare que des utilisateurs se plaignent de l'incapacité totale ou partielle de ces deux applications à traiter les fax. C'est pourquoi des solutions de service de fax externes couplées avec Asterisk, garanties comme étant plus fiables par la communauté, connurent un certain succès. Ainsi, le serveur Hylafax dédié à la gestion des fax et communicant avec Asterisk par le protocole IAX constitue encore aujourd'hui une excellente solution.
>
> L'emplacement du serveur de fax, qu'il soit externe ou construit sur les applications SendFAXet ReceiveFAX, est important. Le trafic lié au transport des fax ne se distingue pas des communications vocales, mais il est très sensible aux erreurs de transmissions qui existent sur un réseau non fiable de type IP. On préférera donc installer un serveur de fax sur une machine connectée directement au RTC.
>
> Pour terminer le survol du sujet, signalons que l'implémentation de la fonction de passerelle T.38 est encore en cours de développement dans Asterisk. T.38 est un protocole de transport de fax sur IP apportant une meilleure robustesse que la solution actuelle consistant à transférer le trafic de fax comme du trafic vocal classique.

Dépendance externe du module app_fax

```
[root@voiceserver src]# cd asterisk-1.6.1.1
[root@voiceserver asterisk-1.6.1.1]# make menuselect
...
                ****************************************************
                    Asterisk Module and Build Option Selection
                ****************************************************

                        Press 'h' for help.

                    [*] app_directed_pickup
                    [*] app_directory
                    [*] app_disa
                    [*] app_dumpchan
                    [*] app_echo
                    [*] app_exec
                    [*] app_externalivr
                    XXX app_fax
                    [*] app_festival
                    [*] app_flash
                    [*] app_followme
                    [*] app_forkcdr
                    [*] app_getcpeid
                        ... More ...


                        Simple FAX Application
                        Depends on: spandsp(E)
```

Nous constatons que le module app_fax ne peut être installé puisqu'il dépend de la bibliothèque externe spandsp. L'installation de cette bibliothèque est des plus classique : téléchargement de l'archive (version spandsp-0.0.5), extraction dans un répertoire, puis compilation (./configure ; make) et installation (make install).

Maintenant que la bibliothèque spandsp est installée, la commande make menuselect révèle que la dépendance du module app_fax est satisfaite. On peut donc recompiler les sources d'Asterisk et installer ce module.

Compilation et installation du module app_fax

```
[root@voiceserver src]# cd asterisk-1.6.1.1
[root@voiceserver asterisk-1.6.1.1]# make
[root@voiceserver asterisk-trunk]# make
Generating input for menuselect ...
menuselect/menuselect --check-deps menuselect.makeopts
Generating embedded module rules …
........
   [CC] app_fax.c -> app_fax.o
   [LD] app_fax.o -> app_fax.so
........
Building Documentation For: channels pbx apps codecs formats cdr
bridges funcs tests main res
+--------- Asterisk Build Complete ---------+
+ Asterisk has successfully been built, and +
+ can be installed by running:              +
+                                           +
+                make install               +
+-------------------------------------------+
[root@voiceserver asterisk-1.6.1.1]#
[root@voiceserver asterisk-1.6.1.1]# make install
........
```

BONNE PRATIQUE **make install pour réinstaller Asterisk**

Pour réinstaller Asterisk, par exemple pour ajouter un nouveau module, il suffit de saisir la commande make install. Celle-ci va simplement copier les fichiers binaires compilés dans les répertoires /usr/lib/asterisk/modules (pour les modules) et /usr/sbin (pour les programmes de lancement). Les fichiers de configuration ne seront pas modifiés.

Envoi de fax par le Web (serveur Apache 2.2.3, PHP 5.1.6)

Le serveur web sert de frontal vers Asterisk pour les utilisateurs. Ceux-ci sont authentifiés par le serveur à partir d'une base LDAP. Cette authentification des utilisateurs est importante, voire fondamentale, car elle permettra au serveur Asterisk de renvoyer un courrier électronique contenant l'accusé de réception du fax à l'utilisateur, et de lui présenter la liste des fax reçus.

Authentification LDAP dans Apache/PHP

L'authentification des utilisateurs accédant aux ressources téléphoniques n'est pas un luxe dont l'administrateur peut aisément se priver. Dans le cas précis de l'envoi de fax, l'utilisateur doit savoir si le fax qu'il a envoyé a été reçu ou non. On voit bien que sans authentification, Asterisk peut certes valider localement l'envoi du fax, mais ne peut en informer l'utilisateur l'ayant émis. Le module d'authentification LDAP de PHP nous permet de récupérer simplement l'identifiant de l'utilisateur par une variable : `$_SERVER['AUTHENTICATE_LOGIN']`. Le nom de cette variable est construit à partir de l'attribut LDAP d'authentification, `login` dans notre cas.

Nous ne détaillerons pas la configuration du serveur Apache pour l'authentification par LDAP des utilisateurs. L'arborescence des fichiers `.html` et `.php` constituant les pages du service est protégée par le fichier `.htaccess`, dont la fonction dans Apache est de restreindre l'accès aux pages et d'authentifier les utilisateurs. Ce fichier doit être classé à la racine de l'arborescence protégée. À titre indicatif, on donne ci-après une partie du fichier `.htaccess`.

```
AuthType        Basic
AuthName        "Acces au service de fax"
AuthLDAPURL     "ldaps://ldap-server.domaine.fr/
                ou=people,dc=domaine,dc=fr?login?"
require         valid-user
```

Formulaire d'envoi

Une fois autorisé, l'utilisateur accède à un menu lui proposant d'envoyer un fax. L'utilisateur se voit ensuite présenter un formulaire simple lui demandant de saisir un numéro de fax destinataire et d'indiquer un fichier au format PDF qui sera téléchargé avant d'être faxé.

Les attributs `name` des balises `input` seront utilisés par le script de traitement de la requête. Celui-ci est mentionné dans l'attribut `action` du formulaire : `uploader.php`. Le numéro du fax est restreint à dix caractères dans le formulaire.

Code HTML du formulaire

```html
<form action="uploader.php" method="POST">
<p>Numéro du FAX : <input maxlength="10" name="faxnumber" type="text" />
</p>
<p>Fichier à envoyer : <input name="uploadedfile" type="file" /
</p>
<input type="submit" value="Envoyer le FAX" />
</form>
```

À partir des informations fournies par l'utilisateur, le serveur web va exécuter trois actions :

1 récupérer l'adresse de courrier électronique de l'utilisateur dans la base LDAP ;

2 convertir le fichier PDF au format TIFF, nécessaire pour la transmission de fax ;

3 construire un fichier .call qui sera placé dans une file d'attente de traitement d'Asterisk.

L'adresse de courrier électronique de l'utilisateur est récupérée depuis la base LDAP, hébergée sur le serveur ldap-server.domaine.fr, en effectuant une connexion anonyme depuis le serveur web via PHP.

Adresse de courrier électronique de l'utilisateur

```
........
$ldaphost = "ldaps://ldap-server.domaine.fr/";
$ldapconn = ldap_connect( $ldaphost ) or die( "Connexion à
{$ldaphost} impossible" );

$r=ldap_bind($ldapconn);
$sr=ldap_search($ldapconn,"ou=people,dc=domaine,dc=fr", "login="
. $_SERVER['AUTHENTICATE_LOGIN']);

if (ldap_count_entries($ldapconn,$sr) <= 0) {
        echo "<p>Aucune entrée trouvée.</p>";
        return;
}

$info = ldap_get_entries($ldapconn, $sr);

$userMail = $info[0]["mail"][0];

ldap_close($ldapconn);
........
```

Passons maintenant aux données saisies par l'utilisateur dans le formulaire. Elles sont disponibles dans les variables PHP suivantes :

- $_POST['faxnumber'] : numéro du fax de destination indiqué par l'utilisateur ;
- $_FILES['uploadedfile']['name'] : nom du fichier téléchargé par l'utilisateur.

Récupération des données saisies par l'utilisateur

```
$faxnumber = $_POST['faxnumber'];
$pdf_file = basename( $_FILES['uploadedfile']['name']);
```

> **B.A.-Ba Contrôle des arguments envoyés par l'utilisateur**
>
> On peut affiner la vérification du contenu donné par l'utilisateur à l'aide d'une expression régulière simple dans le script uploader.php. Pour vérifier que la chaîne $faxnumber contient exactement dix chiffres :
> ```
> preg_match("/[0-9]{10}/", $faxnumber);
> ```

Conversion du PDF en image TIFF

Pour pouvoir être envoyé en tant que fax, notre fichier doit être converti en une image TIFF. Nous appellerons un programme externe depuis le script PHP pour exécuter la conversion. Ce programme, Ghostscript, est disponible nativement sur toutes les distributions Linux. On s'assurera du bon déroulement de cette opération dans le script PHP, en vérifiant le code de retour ou en affichant le contenu du message d'erreur, le cas échéant.

> **B.A.-Ba Au delà du format PDF**
>
> D'autres programme existent pour convertir des fichiers au format TIFF (Tagged Image File Format). Par exemple, le programme ImageMagick permet de convertir différents formats de fichiers en une image TIFF.

Conversion du fichier

```
........
$tif_file = basename($pdf_file, ".pdf") . ".tif";
exec("/usr/bin/gs -q -dNOPAUSE -dBATCH -sDEVICE=tiffg4 -
sOutputFile=" . $tif_file . " " . $pdf_file, $out, $rcode);
if ($rcode > 0) {
        echo "<p>Impossible de convertir le fichier :</br>";
        echo "Erreur " . $rcode . "</br>";
        echo alist($out) . "</p>";
        return;
}
........
```

Envoi du fax

Maintenant que l'image TIFF est construite, nous allons renseigner un fichier .call, que nous placerons dans le répertoire /var/spool/asterisk /outgoing afin d'envoyer le fax par Asterisk. Pour rappel, à ce stade de l'exécution du script, la variable $userMail est affectée à la valeur de l'adresse de courrier électronique de l'utilisateur contenue dans la base LDAP. On s'assurera au préalable que notre serveur Apache est bien autorisé à placer des fichiers dans le répertoire /var/spool/asterisk/outgoing.

Droits d'accès à /var/spool/asterisk/outgoing

```
[root@voiceserver ~] ls -l /var/spool/asterisk/ | grep outgoing
drwxrwxr-x 2 root apache 4096 jui 24 17:29 outgoing
[root@voiceserver ~]
```

Le serveur Apache lance un processus nommé httpd, dont le groupe d'exécution est apache. Il est donc autorisé à écrire des fichiers dans le répertoire de file d'attente d'Asterisk. On peut donc poursuivre en créant le fichier d'appel.

Construction du fichier d'appel pour Asterisk

```
$callfile_dir = "/var/www/html/fax/callfiles/";
// répertoire de travail
$asterisk_spool_dir = "/var/spool/asterisk/outgoing/";
// file d'attente d'Asterisk
$callfile_name = .callfile_dir . $faxnumber . ".call";
// le nom du fichier .call
$callfile = fopen($callfile_name, "x+");
// on n'ouvre pas un fichier déjà ouvert
if (!fwrite($callfile,
            "Channel: LOCAL/" . $faxnumber ."@originate-webfax/n\n" .
            "Context: webfax\n" .
            "Extension: s\n" .
            "Set: USERMAIL=" . $userMail . "\n" .
            "Set: FAXFILE=" . $tif_file . "\n")) {
    echo "<p>Impossible d'envoyer le FAX.</p>";
    return;
}
fclose($callfile);

/* Déplacement du fichier dans la file d'attente d'Asterisk */
rename($callfile_name, $asterisk_spool_dir . basename($callfile_name)))
```

Le fichier ainsi créé sera traité par Asterisk comme suit :

1 création d'un canal de type `LOCAL` dans le contexte `originate-webfax` du dialplan pour appeler le fax distant ;

2 exécution des instructions contenues dans le contexte `webfax` du dialplan.

BONNE PRATIQUE

Effectuer les bons choix en écrivant un fichier d'extension .call

Dans le fichier d'extension `.call` créé, on pourrait associer directement un canal de type `DAHDI` au lieu de `LOCAL`, et plutôt que de relayer l'appel établi via la directive `Channel` dans un contexte donné, on pourrait appeler directement une application.
On aurait alors pu écrire :

```
"Channel: DAHDI/g0/0" . $faxnumber ."\n" .
"Application: SendFAX\n" .
"Data: " . $tif_file . "\n" .
"Set: USERMAIL=" . $userMail . "\n" .
```

Notre administrateur a cependant de bonnes raisons pour justifier ses choix. Le type de canal `LOCAL` va créer un canal virtuel dans Asterisk (c'est-à-dire lié à aucun protocole ou médium de transmission) pour ensuite exécuter les directives du contexte `originate` dans le dialplan. Nous verrons plus loin que le contexte `originate` ne fait qu'appeler un numéro par l'intermédiaire de DAHDI, mais notre administrateur aurait par exemple pu étendre ce contexte pour appeler des fax via d'autres médias de transmission tels que SIP, si un lien opérateur SIP était configuré. Le fait d'inscrire le type de canal dans l'attribut `Channel` autrement qu'avec `LOCAL` restreint inutilement les possibilités d'appels dès l'origine.

En outre, et ceci est sans aucun doute un défaut d'Asterisk à corriger, les CDR (*Call Detail Records*, enregistrements détaillés des appels ou tickets de taxation) ne sont pas publiés par Asterisk si le type de canal est différent de `LOCAL` ! Notre administrateur a donc deux bonnes raisons d'inclure un type de canal `LOCAL` dans son fichier d'extension `.call`.

Quant aux champs `Application` et `Data`, ils remplacent le contexte d'exécution dans le `dialplan` une fois le premier canal établi. `Application` désigne l'application Asterisk à exécuter et `Data` contient les éventuels arguments de cette application. Cependant, nous verrons un peu plus loin qu'Asterisk est configuré pour envoyer un e-mail contenant l'accusé de réception à l'utilisateur ayant émis le fax. Cette action ne pouvant se dérouler que depuis le diaplan, notre administrateur se doit d'utiliser le premier format.

Configuration d'Asterisk pour l'envoi de fax

Voyons le contenu des contextes d'exécution originate-webfax et webfax
pour analyser le comportement d'Asterisk.

Contexte originate-webfax (fichier /etc/asterisk/extensions.ael)

```
context originate-webfax {
        _0XXXXXXXXX => {
                Dial(DAHDI/g0/0${EXTEN});
                Hangup();
        };

        _00XXXXXXXXX => {
                Dial(DAHDI/g0/${EXTEN});
                Hangup();
        };

        failed => {
                System(/bin/echo -e "Impossible d'envoyer le fax
au numéro demandé.\\r${REASON}" | mail -s "Service de FAX"
${USERMAIL});
        };

};
```

Contexte webfax (fichier /etc/asterisk/extensions.ael)

```
context webfax {
        s => {
                Set(LOCALSTATIONID=NOMDENOTREENTREPRISE);
                Set(LOCALHEADERINFO=${USERMAIL});
                SendFAX(${FAXFILE});
        };

        h=> {
                NoOp(FAXSTATUS: ${FAXSTATUS}, FAXERROR:
${FAXERROR}, FAXMODE: ${FAXMODE}, REMOTESTATIONID:
${REMOTESTATIONID}, FAXPAGES: ${FAXPAGES}, FAXBITRATE:
${FAXBITRATE}, FAXRESOLUTION: ${FAXRESOLUTION});
                System(/bin/echo -e "Resultat : ${FAXSTATUS}
\\rErreur : ${FAXERROR}\\rNumero : ${REMOTESTATIONID}\\rPages :
${FAXPAGES}" | mail -s "Service de FAX" ${USERMAIL});
                Hangup();
        };

};
```

Si pour une raison quelconque, Asterisk n'a pu établir le canal vers le fax distant, ce qui est un préalable nécessaire à l'envoi du document, les instructions contenues dans l'extension `failed` seront exécutées. C'est là encore une fonctionnalité très utile d'Asterisk que nous emploierons pour signaler à l'utilisateur que le fax n'a pu être envoyé.

Les variables du dialplan `FAXFILE` et `USERMAIL` ont été renseignées dans le script PHP `uploader.php`, et Asterisk les utilise respectivement comme localisation du fichier fax à envoyer et comme adresse de retour de l'e-mail contenant l'accusé de réception du fax.

On remarquera qu'aucun numéro ni patron de numéro n'est défini dans le contexte `webfax`, ce qui n'est pas surprenant puisque le canal a été établi par l'instruction `Channel` du fichier `.call`, qui pointe vers le contexte `originate-webfax` contenant les instructions d'appel du fax distant. Heureusement, l'extension `start(s)` est là pour exécuter les instructions, notamment celle d'envoi du fax (application SendFAX). Une fois l'appel terminé, Asterisk basculera dans l'extension `hangup (h)` dans laquelle on envoie l'e-mail contenant le résultat des opérations. C'est notre accusé de réception.

Nous verrons comment les fax entrants sont traités par Asterisk dans le chapitre 10, « CTI : intégration dans le système d'information ». Le couplage entre Asterisk, l'annuaire de l'entreprise et le service de messagerie électronique y est là encore pleinement exploité.

APPROFONDIR **Les fax et l'annulation d'écho sont-ils compatibles ?**

Le fichier `/etc/dahdi/system.conf` indique que l'annulation d'écho sur les canaux B de la carte T2 est activée. Or de nombreux avis d'experts sur le sujet de la transmission de fax (dont le développeur principal de la bibliothèque `spandsp`) soulignent que l'annulation d'écho peut perturber la transmission des fax. Qu'à cela ne tienne, Asterisk désactive automatiquement la fonction d'annulation d'écho sur le canal correspondant lorsqu'il détecte une tonalité émise par un fax ou lors d'une transmission de fax.

La notification d'appel : détail du cas d'un chef de service et de son assistant

La notification d'appel est une fonctionnalité qui permet à un utilisateur de superviser l'état du poste téléphonique d'un collaborateur. Elle est particulièrement utile dans le cas d'un(e) assistant(e) recevant des appels destinés à son ou sa supérieur(e).

La notification d'appel s'appuie sur SIP et fonctionne sur le principe de souscription – tel qu'il est présenté dans le cadre de la messagerie vocale pour la notification de messages en attente. Le poste superviseur demande à être notifié de l'activité téléphonique en envoyant une requête SIP SUBSCRIBE, activant ainsi l'envoi de requêtes SIP NOTIFY par Asterisk si le poste supervisé est en ligne (ou encore s'il sonne).

L'objectif de notre administrateur est de faire en sorte que l'activité téléphonique du poste *5503* soit supervisée par le poste *5504*. Tout appel reçu ou émis par le poste supervisé donnera lieu à une indication sur le poste superviseur.

Inutile de compliquer la vie des utilisateurs du service téléphonique : les LED (en français DEL, pour diode électroluminescente) du poste superviseur resteront allumées ou clignoteront pour indiquer que le poste supervisé est en cours de communication.

Configuration des postes téléphoniques

Les postes Thomson ST2030 disposent de deux colonnes de LED numérotées de *F1* à *F10* sur la partie droite. La première LED est réservée à la ligne du poste. Elle clignote (en vert) si le poste tente de joindre un numéro ou s'il est en train de sonner, et s'allume fixement si le poste est en cours de communication.

Concernant le poste superviseur, il a été décidé que la colonne de droite, c'est-à-dire les LED de *F6* à *F10*, serait réservée à la supervision des lignes. Dans le cas du poste *5503*, la LED *F6* servira donc à la supervision de la ligne *5504*.

Figure 7–1
Pavé numérique du poste Thomson ST2030

La configuration du poste *5503* se fait par le Web, en se connectant en tant qu'administrateur (voir le chapitre 5, « Intégration des postes téléphoniques »). Plusieurs paramètres vont être modifiés d'après les instructions suivantes.

Dans le menu à gauche, cliquer sur *ADVANCED*, puis changer la valeur *Multi-line:* de 10 à 5. Sauvegarder les modifications, mais inutile d'accepter l'invitation à redémarrer.

Cliquer ensuite sur le lien *Call feature* dans le menu à gauche, puis sur le bouton *Function key table*. Configurer la ligne *F6* comme suit :

- `Type : Supervised Line`
- `Destination : 5504`

Sauvegarder les modifications et redémarrer le poste. En ce qui concerne le poste supervisé (*5504*), il n'y a strictement rien à faire.

Configuration d'Asterisk

Sur Asterisk, notre administrateur va autoriser le poste superviseur à envoyer des requêtes SIP `SUBSCRIBE` et activer la notification d'activité pour le numéro du poste supervisé *5504*. Pour cela, les fichiers `/etc/asterisk/sip.conf` et `/etc/asterisk/extensions.ael` doivent être modifiés.

Traitement des requêtes SIP SUBSCRIBE sur Asterisk (fichier /etc/asterisk/sip.conf)

```
........
[general]
port=5060
bindaddr=123.45.67.1
realm=domaine.fr
disallow=all
allow=alaw
allow=ulaw
allow=gsm
language=fr
allowguest=yes
callcounter=yes
........

Poste superviseur :

[5503](hardphones)
secret=ytr61vfd
mailbox=5504@default
subscribecontext=subscriptions
........
```

La notification de l'activité téléphonique des postes par Asterisk est rendue possible en activant l'attribut `callcounter` (globalement ou pour chaque poste devant être supervisé). Cette première opération est complétée par la configuration d'un contexte de supervision qui sera affecté à chaque poste susceptible de superviser d'autres terminaux. Seules les requêtes SIP `SUBSCRIBE` venant de terminaux configurés avec l'attribut `subscribecontext` seront acceptées par Asterisk. De cette façon, on sécurise l'accès à la fonction de supervision.

À SAVOIR **Attribut call-limit**

Avant la version 1.6.1, l'attribut `call-limit`, fixant le nombre maximal d'appels simultanés pour un terminal, activait également la notification d'activité téléphonique. Cet attribut sera supprimé dans une future version de la série 1.6.

Dans le contexte `subscriptions` du dialplan, notre administrateur inclura simplement le numéro du poste supervisé. Si la nécessité de superviser d'autres postes se présente, il suffira de dresser la liste des postes supervisés dans ce contexte.

Numéro du poste supervisé (fichier /etc/asterisk/extensions.ael)

```
. . . . . . . .
context subscriptions {
        hint(SIP/5504) 5504 => {};
};
. . . . . . . .
```

La priorité `hint` (en français, notifier) associe le numéro du poste supervisé à un protocole (SIP) disposant d'un mécanisme de notification (les requêtes `SUBSCRIBE`/`NOTIFY` dans le cas de SIP).

La commande console `core show hints` signale la supervision du numéro *5504*, ainsi que le nombre de postes supervisant ce numéro (champ `watchers`).

Liste des notifications configurées dans le dialplan

```
voiceserver*CLI> core show hints
    -= Registered Asterisk Dial Plan Hints =-
. . . . . . . .
      5504@subscriptions : SIP/5504    State:Idle    Watchers 1
. . . . . . . .
```

La commande console `sip show subscriptions` est également très utile. Elle donne une liste des souscriptions SIP actives pour la notification de message vocal en attente ou d'activité téléphonique.

Liste des souscriptions SIP actives

```
voiceserver*CLI> sip show subscriptions
Peer       User  Call ID          Extension        Last state  Type                 Mailbox  Expiry
........
10.0.10.15 5503  7d1a3a96-c0a801  5504@subscripti  Idle        dialog-info+xml <none>  003600
........
```

8

Accès à distance aux ressources téléphoniques

Le système téléphonique étant accessible par IP, permettre son utilisation en dehors de son site d'installation est désormais possible et souvent souhaité par les utilisateurs. Cela nous expose toutefois à des contraintes particulières en termes d'accessibilité et de sécurité. Nous présenterons dans ce chapitre le problème général de l'accès distant aux ressources téléphoniques avec les réponses apportées par Asterisk.

Contrairement à la téléphonie d'entreprise traditionnelle où les terminaux téléphoniques sont physiquement raccordés au PABX, la technologie ToIP utilise le réseau informatique, dont l'architecture physique reste abstraite pour l'ensemble des équipements considérés (IPBX, téléphones physiques, softphones). Ainsi, alors qu'un PABX nécessitera autant de connexions physiques que de terminaux à gérer, un IPBX peut se contenter d'une carte Ethernet. La communication avec les terminaux s'effectue par l'intermédiaire d'un protocole de communication, comme SIP, implémenté sur l'IPBX et sur les terminaux. L'abstraction du niveau physique en ToIP autorise les connexions distantes depuis l'Internet via le protocole IP.

Ajoutons que l'un des avantages d'Asterisk réside dans sa faculté d'adaptation à tout système, quel qu'en soit le niveau de performance. Il n'est pas pensable d'utiliser une version d'Asterisk différente selon que la machine d'accueil est un serveur ou une station de travail. Ceci est vrai pour tout logiciel libre moderne et Asterisk n'échappe pas à la règle. Cette caractéristique implique que le travail d'installation d'Asterisk effectué par l'équipe d'administration de notre entreprise peut être reproduit chez les collaborateurs disposant d'une station de travail et d'une connexion Internet à leur domicile.

Dans ce chapitre, nous présentons deux exemples d'utilisation distante des ressources téléphoniques. Le premier porte sur l'accès à distance via un softphone (une application logicielle typiquement exécutée sur un ordinateur portable) à l'IPBX de l'entreprise. Équipé d'un softphone, un collaborateur peut passer et recevoir des appels téléphoniques qui transiteront sur l'Internet et seront gérés par l'IPBX. De cette façon, les ressources téléphoniques de notre entreprise seront accessibles aux collaborateurs nomades.

Le second cas traite de l'utilisation d'Asterisk comme gestionnaire d'appels entrants sur une ligne téléphonique personnelle. Concrètement, durant les heures de travail où notre administrateur est justement au travail, les appels téléphoniques destinés à sa ligne personnelle sont perdus (ou plutôt généralement renvoyés vers sa boîte vocale). Un serveur Asterisk installé sur une machine de petite capacité à son domicile est idéal pour, par exemple, acheminer certains appels vers un poste où il est effectivement joignable.

Contraintes particulières à l'accès distant

Bien que le protocole IP nous permette de connecter notre IPBX avec des terminaux distants, un certain nombre de contraintes sont imposées.

Tout d'abord, la distance. Sur le réseau Internet, les datagrammes (paquets de données) transitent à des vitesses différentes et subissent une latence trop élevée ou irrégulière, ce qui peut altérer lourdement la qualité des communications téléphoniques. Si la latence est trop grande, les paquets mettent trop de temps à arriver et la communication devient vite intolérable. Si elle n'est pas régulière, le terminal de réception doit rendre un flux de paquets réguliers, travail qui nécessite du temps et ajoutera encore de la latence.

De plus, sur l'Internet, les paquets arrivent toujours de manière irrégulière ; le terminal distant se doit de les traiter pour transmettre un flux de données régulier au récepteur. Cette opération peut elle aussi accroître la latence et donc détériorer la communication. Aujourd'hui, les mécanismes de qualité de service (QoS) ne peuvent s'appliquer de façon cohérente sur l'ensemble des réseaux qui forment l'Internet, justement en raison de la nature de ce dernier, agrégat de réseaux indépendants.

Le débit offert au terminal distant peut être un problème, mais dans une moindre mesure, puisque les communications téléphoniques ne nécessitent que peu de débit (le débit requis par le codec G.711 est de 64 Kbits/s ; avec les en-têtes RTP et UDP, on ne dépasse pas les 100 Kbits/s).

SIP, IAX : quel protocole pour l'accès distant ?

SIP est le protocole privilégié pour la ToIP. Il est aujourd'hui standardisé (trop peut-être, si l'on compte le nombre de RFC qui le définissent) et largement implémenté. Cependant, IAX, protocole développé pour Asterisk et par des contributeurs (Ed Guy, Mark Spencer, Brian Capouch, Frank Miller et Kenny Shumard) est également un candidat sérieux pour accéder à distance aux ressources téléphoniques. IAX dispose d'un atout majeur : il est transporté sur UDP sur un unique port (4569), ce qui le rend plus apte à traverser les passerelles NAT et les pare-feux que le couple SIP/RTP.

PROTOCOLE **Qu'est-ce qu'IAX ?**

IAX (*Inter-Asterisk eXchange*) est un protocole de ToIP développé par la communauté Asterisk. Il existe aujourd'hui dans sa deuxième version et est standardisé depuis février 2009 dans la RFC 5456 (au statut *Informational*). Le protocole IAX traverse plus facilement les pare-feux que SIP. En effet, il transporte aussi bien les messages de signalisation que les paquets contenant de la voix ou de la vidéo dans des datagrammes UDP dont le port destination est 4569. Dans le cas de SIP, le fait de séparer le trafic de signalisation (SIP) du trafic média (RTP) rend plus délicat le passage du NAT.

IAX est maintenant implémenté dans la plupart des logiciels libres serveurs, tels que FreeSWITCH, Yate ou CallWeaver. Cependant, du côté des terminaux, il est difficile de trouver des logiciels aboutis et surtout qui soient toujours maintenus. Malgré tout, une implémentation de très bonne facture existe : Zoiper. Gratuit, très simple à configurer, ce logiciel sera préconisé par notre administrateur à tous les collaborateurs désirant téléphoner depuis leur ordinateur.

Considérant que l'usage des softphones par les collaborateurs se produira principalement en dehors du site de l'entreprise, par exemple depuis le domicile, notre administrateur a choisi le protocole IAX comme support au service d'accès distant. En effet, l'accès au réseau d'un FAI (fournisseur d'accès à l'Internet) depuis le domicile d'un particulier est en général géré par un routeur (souvent appelé *box*) dont l'interface vers le FAI possède une adresse IP publique, et qui dessert un réseau local privé. Ce routeur est donc un routeur NAT.

Une fois le protocole choisi, notre administrateur doit sélectionner le softphone qui sera délivré aux utilisateurs. Le choix est rapide : Zoiper est le meilleur softphone supportant IAX et disponible sur les systèmes d'exploitation majeurs (Mac OS, Windows, Linux). Il est, de plus, disponible en version gratuite ou payante. Pour passer des appels et en recevoir, la version gratuite suffira.

COMMUNAUTÉ **Autres softphones IAX**

Si les softphones IAX sont rapidement apparus avec la première version implémentée dans Asterisk, peu ont survécu. Outre Zoiper, on peut citer SFL-Phone, développé par la société Savoir-Faire Linux. Ces deux clients supportent également le protocole SIP.

Les comptes des utilisateurs du service d'accès distant aux ressources téléphoniques seront hébergés sur le serveur Asterisk principal (voiceserver). Quel identifiant choisir ? Peut-on s'appuyer sur la base d'authentification existante ? Voilà les questions auxquelles notre administrateur va devoir répondre.

La sécurité

Le code d'Asterisk

L'ouverture vers l'Internet, nécessaire pour offrir un accès distant à notre IPBX, implique une exposition à des malveillances externes. Nous avons pris la précaution de n'ouvrir que les ports nécessaires sur le pare-feu, mais ceux-ci peuvent être utilisés pour véhiculer diverses attaques. Le code d'Asterisk est ouvert et lisible par tous, en particulier par un hacker à la recherche de sections de code vulnérables, de débordements de tampon et autres dénis de service.

Notre pari, si l'on peut s'exprimer ainsi quand il s'agit de sécurité, est de compter sur la réactivité du monde du logiciel libre et de la force de la communauté Asterisk. Régulièrement, Asterisk fait l'objet de tests de sécurité et de recherche de vulnérabilités dont les résultats sont publiés sur le Web. Des correctifs de sécurité sont rapidement apportés sur l'ensemble des versions vulnérables.

VPN IPSec pour la confidentialité

En termes de confidentialité, la version actuelle d'Asterisk n'est malheureusement pas bien équipée. Certes, l'implémentation SIP/TLS existe, mais elle est encore immature et comporte de nombreux bugs. Par ailleurs, le trafic voix ne peut pas être chiffré car les protocoles SRTP ou ZRTP ne sont pas implémentés dans Asterisk à ce jour. Les travaux relatifs à SRTP dans Asterisk remontent à plusieurs années (un ticket dans le *bug tracker* d'Asterisk existe même depuis octobre 2005 !), mais le code correspondant n'est toujours pas inclus.

B.A.-BA **SRTP et ZRTP**

SRTP (*Secure Real-Time Transport Protocol*) est une version sécurisée du protocole RTP, offrant authentification des utilisateurs, confidentialité et protection contre l'enregistrement. ZRTP est une extension du protocole RTP pour chiffrer des appels passés en SRTP au moyen d'un mécanisme d'échange de clés dit de Diffie-Hellman.

Alors comment répondre au besoin de confidentialité des communications ? Notre entreprise peut tirer parti du service VPN (*Virtual Private Network* ou réseau privé virtuel) qu'elle a mis en place. Ce dernier s'appuie sur le protocole IPSec et offre la possibilité de se connecter à distance au réseau informatique.

Le principe est d'établir un tunnel de communication chiffré entre le client distant et le serveur VPN. Une fois le tunnel établi, le client se voit attribuer une adresse IP du réseau local exactement comme s'il était connecté physiquement sur le site de l'entreprise. De plus, en fonction de la configuration du serveur VPN, tout ou partie du trafic réseau émis par le client transitera par le tunnel. Ce sera le cas du protocole UDP destiné à notre serveur Asterisk, ce qui inclut les protocoles SIP, IAX et RTP.

Les collaborateurs de l'entreprise trouvent donc ici un autre moyen d'accéder à l'IPBX, et qui présente les avantages suivants :

- Confidentialité : le trafic échangé avec le serveur VPN est chiffré par le protocole IPSec.
- Transport : transporté par IPSec, les protocoles SIP, IAX ou RTP ne sont plus sujets aux problèmes de NAT et de filtrage.

En fait, les problèmes de filtrage et de passerelles NAT sont résolus par IPSec. Les ports UDP 500 (ISAKMP, protocole utilisé conjointement avec IPSec pour l'authentification des clients) et UDP 4500 (transport IPSec sur UDP pour traverser les passerelles NAT) devront être ouverts.

> **B.A.-BA ISAKMP**
>
> ISAKMP (*Internet Security Association and Key Management Protocol*) est un proto-
> cole utilisé pour établir des associations de sécurité (SA, pour *Security Associations*) et des
> clés de chiffrement dans un environnement Internet. Ce protocole et la gestion des associa-
> tions de sécurité sont définis par la RFC 2408, rendue obsolète par la RFC 4306 (*Internet Key
> Exchange Protocol* ou IKEv2).

Gestion des comptes des utilisateurs

Impossible d'utiliser la base des comptes existante

Le mécanisme d'authentification utilisé dans SIP (en excluant les certificats)
repose sur un échange de type *challenge-response*. Ce mécanisme apporte une
réelle valeur en termes de sécurité, dans la mesure où le mot de passe ne cir-
cule jamais en clair sur le réseau. Seul le résultat d'un calcul MD5 (algorithme
de chiffrement), irréversible, sur les paramètres d'authentification (dont le
nom d'utilisateur et le mot de passe) est envoyé au serveur par le client. Ce
mécanisme oblige le serveur à connaître le mot de passe du client ; en effet, le
serveur effectue le même calcul que le client et compare le résultat obtenu avec
la chaîne envoyée par le client pour valider ou invalider son identité.

Cette contrainte est handicapante, car elle interdit l'utilisation de notre base
d'authentification LDAP. En effet, celle-ci, comme toute base d'authentification digne de ce nom, stocke les mots de passe des utilisateurs dans un
format chiffré et irréversible. Notons que ce problème est dû au protocole
SIP lui-même, et qu'il se retrouve chez toute entreprise ou organisation désirant mettre en place un service de ToIP basé sur SIP.

Le choix d'IAX ne nous est d'aucune aide dans ce cas, car il emploie lui aussi
un échange de type *challenge-response* pour authentifier les utilisateurs.

Pour illustrer le principe, prenons l'exemple d'un client désirant envoyer une
requête (REQ) à destination d'un serveur. Celui-ci va dans un premier temps
refuser la requête, et demander explicitement à l'utilisateur de s'authentifier
en renvoyant le résultat d'un calcul effectué à partir de paramètres :

- le nom d'utilisateur (*username*) ;
- le mot de passe (*password*) ;

- une chaîne aléatoire (*challenge*), afin de ne pas renvoyer le même résultat pour les requêtes successives.

De son côté, le serveur va effectuer le même calcul et comparer le résultat obtenu avec la réponse du client incluse dans la nouvelle requête, afin de valider l'authentification. Sur la figure ci-après, le *challenge* est `1234abcd`, et la fonction de chiffrement irréversible est MD5.

Figure 8–1
Exemple d'échange de type
« challenge-response »

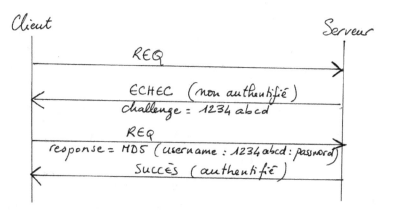

Réutiliser les comptes associés aux boîtes vocales

Notre administrateur avait soumis la création d'une boîte vocale à une demande effectuée via un formulaire web. Pour adresser sa demande, l'utilisateur doit présenter le couple identifiant/mot de passe stocké dans la base LDAP. Un courrier électronique, transmis à l'administrateur, contient alors le numéro de poste sur quatre chiffres associé à l'utilisateur et le code d'authentification sur cinq chiffres.

Ces informations reçues, l'administrateur peut créer la boîte vocale dans le fichier `/etc/asterisk/voicemail.conf`. Il en profitera pour créer également le compte de l'utilisateur pour le softphone dans le fichier `/etc/asterisk/iax.conf`. Examinons le contenu de ce fichier.

Enregistrement du compte 5501 sur le serveur voiceserver (fichier /etc/asterisk/iax.conf)

```
[general]
disallow=all
allow=alaw
allow=ulaw
allow=gsm
language=fr
```

```
[softphones](!)
type=friend
context=phones
host=dynamic
auth=md5                  ; authentification par challenge/response
qualify=yes

[5501](softphones)
secret=43541
.........
```

Il faudra un jour que notre administrateur automatise la créations de ces comptes en écrivant un script !

Contrôle d'accès par le dialplan

L'administrateur a assigné aux softphones le même contexte (phones) que les postes physiques, ce qui signifie qu'ils peuvent accéder aux mêmes numéros de téléphones. Lors d'un appel entrant, Asterisk fait sonner les deux types de postes. Le terminal depuis lequel l'utilisateur décrochera prendra l'appel.

De plus, l'identifiant IAX du softphone d'un utilisateur est le même que celui de son poste physique SIP, ce qui implique que le nom qui sera affiché sur un terminal appelé sera le même, quel que soit le terminal (softphone ou poste physique) choisi pour appeler. Nous reviendrons en détail sur ce point dans le chapitre 10 traitant d'AGI. Ce chapitre présente en outre la façon dont notre administrateur a offert aux utilisateurs la possibilité d'appeler un correspondant en composant une adresse de courriel plutôt qu'un numéro de poste.

Les deux types de terminaux seront également appelés simultanément dans le cas d'un appel provenant du RTC, comme on peut le voir dans le contexte from-pstn.

Contextes from-pstn et phones (fichier /etc/asterisk/extensions.ael)

```
context phones {
        _55XX => {
                Dial(SIP/${EXTEN}&IAX2/${EXTEN},10);
                Voicemail(${EXTEN},u);
                Hangup();
        };
```

```
        _*55XX => {
                VoiceMailMain(${EXTEN:1}@default);
        };

        5556 => {
                Authenticate(1234);
                goto records,s,1;
        };

        i => {
                Playback(invalid);
                Hangup();
        };
};
.........

context from-pstn {
        _01234555XX => {
                Dial(SIP/${EXTEN:6}&IAX2/${EXTEN:6},10);
                VoiceMail(${EXTEN:6},u);
                Hangup();
        };
};
```

Installation d'Asterisk chez un particulier

L'administrateur du nouveau système de téléphonie souhaite exploiter le compte SIP offert par son FAI (Free) pour rediriger les appels à destination de son numéro personnel (*0912345678*) vers un numéro où il est joignable dans la journée. Muni d'une station de travail sur laquelle il a installé Asterisk, notre administrateur va configurer Asterisk pour se connecter sur le proxy/registrar SIP de son FAI et connecter un softphone SIP.

Free ne proposant pas d'accès IAX, l'administrateur va devoir relever le défi du NAT ; mais heureusement, Asterisk a du répondant !

NAT (Network Address Translation) : l'obstacle majeur

Contrairement aux serveurs Asterisk installés dans l'entreprise qui disposent chacun d'une adresse IP publique, le serveur situé au domicile de notre administrateur se trouve dans un réseau IP privé derrière une passerelle NAT. C'est en général le cas pour tout réseau de ce type. Si le serveur Asterisk peut communiquer facilement en SIP/RTP avec les terminaux SIP raccordés au même réseau, les trafics SIP et RTP seront, quoi qu'il arrive, perturbés par la passerelle NAT dans le cas d'une communication vers l'extérieur, par exemple sur l'Internet.

CULTURE **Différents types de NAT**

Une passerelle NAT a pour fonction de traduire un couple d'adresse IP privée et de numéro de port (*IP_interne:PORT_interne*) en un autre couple d'adresse IP publique et de numéro de port (*IP_externe:PORT_externe*). Ce dernier couple sera utilisé comme source des paquets envoyés sur l'Internet ; réciproquement, les paquets qui lui sont destinés seront éventuellement relayés vers le réseau privé. L'objectif est clair, mais malheureusement, aucun standard ne propose une spécification. Cependant, on retiendra l'affirmation suivante : dès qu'un datagramme IP contenant un champ UDP ou TCP est envoyé depuis le réseau privé vers l'Internet à destination de *IP_pub:PORT_pub*, la passerelle NAT maintient une correspondance *IP_externe:PORT_externe–IP_pub:PORT_pub* pendant un temps donné. On retrouve différentes implémentations dans les passerelles, avec des restrictions d'accès variées.

- *Full cone NAT* : dès qu'une correspondance *IP_externe:PORT_externe– IP_pub:PORT_pub* existe, la source *IP_interne:PORT_interne* sera traduite en *IP_externe:PORT_externe*. De plus, le couple *IP_interne:PORT_interne* est accessible depuis l'Internet par toute machine, quelle que soit son adresse IP et le numéro de port source utilisé, par l'adresse *IP_externe:PORT_externe*.

- *Access-restricted cone NAT* : dès qu'une correspondance *IP_externe:PORT_externe– IP_pub:PORT_pub* existe, la source *IP_interne:PORT_interne* sera traduite en *IP_externe:PORT_externe*. De plus, le couple *IP_interne:PORT_interne* est accessible depuis l'Internet par toute machine ayant reçu au moins un paquet en provenance de (*IP_externe:PORT_externe*), quel que soit le numéro de port source utilisé.

- *Port-restricted cone NAT* : dès qu'une correspondance *IP_externe:PORT_externe– IP_pub:PORT_pub* existe, la source *IP_interne:PORT_interne* sera traduite en *IP_externe:PORT_externe*. De plus, le couple *IP_interne:PORT_interne* est accessible depuis l'Internet par toute machine ayant reçu au moins un paquet en provenance de *IP_externe:PORT_externe*, et dont le port source correspond au port destination du paquet reçu initialement.

- *Symmetric NAT* : dès qu'une correspondance *IP_externe:PORT_externe– IP_pub:PORT_pub* existe, le couple *IP_interne:PORT_interne* est accessible depuis l'Internet uniquement par la machine d'adresse IP *IP_pub*, et depuis le port *PORT_pub*.

D'autres mécanismes viennent compléter ces implémentations, comme le transfert de port statique, qui consiste à configurer en dur la passerelle de façon à relayer les paquets émis depuis l'Internet destinés à un couple *IP_externe:PORT_externe* vers un unique couple *IP_interne:PORT_interne*.

Une passerelle NAT perturbe les communications SIP/RTP de plusieurs manières :

- Impossible de s'enregistrer (au sens SIP, par envoi de requête REGISTER) sur un proxy/registrar.
- Impossible de passer des appels (au sens SIP, par envoi de requête INVITE) sur un proxy/registrar.
- L'enregistrement s'effectue correctement, les sessions SIP s'établissent, mais le flux audio/vidéo n'est pas reçu par l'un des deux interlocuteurs ou par les deux.

Des mécanismes existent dans Asterisk pour corriger ce problème, malheureusement pas dans tous les cas.

Pour se convaincre qu'une passerelle NAT constitue un obstacle à l'établissement des sessions de téléphonie SIP, il suffit de lire le contenu d'une requête INVITE émise par un terminal SIP situé derrière une passerelle NAT à destination d'un terminal connecté sur l'Internet. Dans cet exemple, le serveur Asterisk de notre administrateur (remoteserver, adresse IP 192.168.0.13) envoie une requête INVITE au serveur Asterisk de son entreprise (voiceserver.domaine.fr, adresse IP publique 123.45.67.1) ; aucune option de correction du NAT n'est activée sur les serveurs Asterisk.

Session SIP depuis un réseau privé

```
Requête INVITE de remoteserver vers voiceserver :

INVITE sip:0123455501@voiceserver.domaine.fr SIP/2.0
Via: SIP/2.0/UDP 192.168.0.13:5060;branch=z9hG4bK51d648b2;rport
Max-Forwards: 70
From: "asterisk" <sip:asterisk@192.168.0.13>;tag=as0f32a01c
To: <sip:0123455501@voiceserver.domaine.fr>
Contact: <sip:asterisk@192.168.0.13>
Call-ID: 721fe8a54c8a39df6e62b3265f6e0468@192.168.0.13
CSeq: 102 INVITE
User-Agent: Asterisk PBX 1.6.1.1
Date: Sun, 09 Aug 2009 15:12:45 GMT
Allow: INVITE, ACK, CANCEL, OPTIONS, BYE, REFER, SUBSCRIBE,
NOTIFY
Supported: replaces, timer
Content-Type: application/sdp
Content-Length: 259
```

```
v=0
o=root 82355249 82355249 IN IP4 192.168.0.13
s=Asterisk PBX 1.6.1.1
c=IN IP4 192.168.0.13
t=0 0
m=audio 12336 RTP/AVP 8 101
a=rtpmap:8 PCMA/8000
a=rtpmap:101 telephone-event/8000
a=fmtp:101 0-16
a=silenceSupp:off - - - -
a=ptime:20
a=sendrecv


........

Réponse SIP de voiceserver vers remoteserver :

SIP/2.0 200 OK
Via: SIP/2.0/UDP
192.168.0.13:5060;branch=z9hG4bK51d648b2;received=88.123.210.12;
rport=5060
From: "asterisk" <sip:asterisk@192.168.0.13>;tag=as0f32a01c
To: <sip:0123455501@voiceserver.domaine.fr>;tag=as55e35587
Call-ID: 721fe8a54c8a39df6e62b3265f6e0468@192.168.0.13
CSeq: 102 INVITE
Server: Asterisk PBX 1.6.1.1
Allow: INVITE, ACK, CANCEL, OPTIONS, BYE, REFER, SUBSCRIBE,
NOTIFY
Supported: replaces, timer
Contact: <sip:0123455501@123.45.67.1>
Content-Type: application/sdp
Content-Length: 267

v=0
o=root 1000403834 1000403834 IN IP4 123.45.67.1
s=Asterisk PBX 1.6.1.1
c=IN IP4 123.45.67.1
t=0 0
m=audio 12428 RTP/AVP 8 101
a=rtpmap:8 PCMA/8000
a=rtpmap:101 telephone-event/8000
a=fmtp:101 0-16
a=silenceSupp:off - - - -
a=ptime:20
a=sendrecv
```

Les requêtes SIP seront effectivement échangées entre les deux serveurs (on est dans le cas favorable d'un *Full cone NAT* ou d'un *Access-restricted cone NAT*), mais on constate que le serveur `voiceserver`reçoit des informations qui l'empêchent d'envoyer le flux RTP au serveur `remoteserver`. En effet, le message SDP inclus dans la requête `INVITE` initiale contient l'adresse IP et le port UDP sur lesquels `remoteserver` est en attente de trafic : `192.168.0.13` et `12336` respectivement. Une fois la session établie, le serveur `voiceserver` va effectivement diriger son flux RTP vers le couple `192.168.0.13:12336` et, comme l'adresse IP destinataire n'est pas routable sur l'Internet (RFC 1918), le serveur `remoteserver` ne reçoit aucun trafic RTP.

> **B.A.-BA SDP**
>
> SDP (*Session Description Protocol*) est un protocole inclus dans SIP servant à négocier les attributs de la session multimédia à établir par SIP. Les attributs tels que le type de codec ou le numéro de port UDP en écoute de trafic RTP sont notamment échangés par SDP.

Notons que le flux RTP opposé (de `remoteserver` vers `voiceserver`) est en revanche correctement dirigé. Le serveur `voiceserver` disposant d'une adresse IP publique, les informations indiquées dans sa réponse (`123.45.67.1:12428`) sont suffisantes pour que le serveur `remoteserver` atteigne sa cible.

Dans la pratique, cela se traduira par une communication SIP établie, avec seul un des deux interlocuteurs capable d'entendre l'autre.

Comment résoudre ce problème ? Une solution est d'indiquer l'adresse IP publique de la box au serveur `remoteserver`. De cette façon, pour toute session SIP établie avec un terminal situé en dehors du réseau privé, Asterisk remplacera l'adresse IP privée par l'adresse publique dans le contenu SDP envoyé. Cela s'effectue à l'aide des attributs `externip` et `localnet` du fichier `/etc/asterisk/sip.conf`, dans la section `[general]`.

> **À SAVOIR Trouver une adresse IP**
>
> Pour déterminer l'adresse IP publique de la box, l'administrateur a consulté le site web suivant :
> ▸ http://www.adresseip.com
> Bien d'autres sites offrent cette fonctionnalité.

Asterisk

Attributs externip et localnet (fichier /etc/asterisk/sip.conf)

```
........
[general]
........
externip=88.123.210.12
localnet=192.168.0.0/24
........
```

Dans ce cas, l'échange SIP présenté plus haut devient le suivant :

Session SIP depuis un réseau privé, avec correction

```
Requête INVITE de remoteserver vers voiceserver :

INVITE sip:0123455501@voiceserver.domaine.fr SIP/2.0
Via: SIP/2.0/UDP 88.123.210.12:5060;branch=z9hG4bK2377e2ba;rport
Max-Forwards: 70
From: "asterisk" <sip:asterisk@88.123.210.12>;tag=as6fd64594
To: <sip:0123455501@voiceserver.domaine.fr>
Contact: <sip:asterisk@88.123.210.12>
Call-ID: 6d3a1e345348af516ecd2d935621543c@88.123.210.12
CSeq: 102 INVITE
User-Agent: Asterisk PBX 1.6.1.1
Date: Sun, 09 Aug 2009 16:22:16 GMT
Allow: INVITE, ACK, CANCEL, OPTIONS, BYE, REFER, SUBSCRIBE,
NOTIFY
Supported: replaces, timer
Content-Type: application/sdp
Content-Length: 265

v=0
o=root 901089113 901089113 IN IP4 88.123.210.12
s=Asterisk PBX 1.6.1.1
c=IN IP4 88.123.210.12
t=0 0
m=audio 10242 RTP/AVP 8 101
a=rtpmap:8 PCMA/8000
a=rtpmap:101 telephone-event/8000
a=fmtp:101 0-16
a=silenceSupp:off - - - -
a=ptime:20
a=sendrecv

........
```

```
Réponse SIP de voiceserver vers remoteserver :

SIP/2.0 200 OK
Via: SIP/2.0/UDP
88.123.210.12:5060;branch=z9hG4bK5441a1d7;received=88.123.210.12
;rport=5060
From: "asterisk" <sip:asterisk@88.123.210.12>;tag=as5d0c8cfd
To: <sip:0123455501@voiceserver.domaine.fr>;tag=as72e11419
Call-ID: 2537ef785409ff85176dee5546f6d501@88.123.210.12
CSeq: 102 INVITE
Server: Asterisk PBX 1.6.1.1
Allow: INVITE, ACK, CANCEL, OPTIONS, BYE, REFER, SUBSCRIBE,
NOTIFY
Supported: replaces, timer
Contact: <sip:0123455501@123.45.67.1>
Content-Type: application/sdp
Content-Length: 265

v=0
o=root 958855625 958855625 IN IP4 123.45.67.1
s=Asterisk PBX 1.6.1.1
c=IN IP4 123.45.67.1
t=0 0
m=audio 19218 RTP/AVP 8 101
a=rtpmap:8 PCMA/8000
a=rtpmap:101 telephone-event/8000
a=fmtp:101 0-16
a=silenceSupp:off - - - -
a=ptime:20
a=sendrecv
```

On constate que dans ce cas, le serveur voiceserver enverra les paquets RTP à l'adresse IP (88.123.210.12:10242) publique de la box desservant le réseau du serveur remoteserver, puisque ces éléments sont contenus dans la requête INVITE émise par remoteserver.

À ce stade, c'est presque gagné ! Il faut finalement configurer la box pour rediriger les ports UDP associés au trafic RTP vers le serveur Asterisk remoteserver. En effet, la box ne se laisse pas piloter par les serveurs Asterisk que notre administrateur met en place ; seul le proxy/registrar de Free peut lui faire ouvrir dynamiquement les ports UDP pour RTP.

À partir de ces considérations réseau, notre administrateur a pu installer et configurer le serveur remoteserver.

CULTURE **SBC/ALG : pilotage de la box par un proxy SIP**

La redirection des ports RTP vers Asterisk dans le cas d'une connexion vers le proxy/registrar Free (et exclusivement celui-ci) se produit automatiquement à chaque appel. La box est en fait pilotée par le proxy/registrar qui lui indique de façon dynamique les ports UDP à ouvrir pour RTP à partir des informations lues dans les paquets SIP/SDP qui le traversent. Dans ce type d'architecture, qu'on retrouve chez de nombreux opérateurs SIP ayant à gérer des clients NAT, la box joue le rôle d'un SBC (*Session Border Controller*), également appelé ALG (*Application Level Gateway*).

COMMUNAUTÉ **L'attribut nat=yes dans le fichier /etc/asterisk/sip.conf**

L'administrateur aurait pu aborder le problème différemment en travaillant sur la configuration du serveur voiceserver au lieu de remoteserver :

```
[remoteserver]
type=friend
host=88.123.210.12 ; ou dynamic si remoteserver s'enregistre
sur voiceserver !
nat=yes
context=default
```

Dans ce cas, le serveur voiceserver doit connaître l'adresse IP (publique) de remoteserver (ou à défaut remoteserver peut s'enregistrer sur voiceserver), et lui activer l'attribut nat. Ce dernier est prévu pour être utilisé quand Asterisk est connecté avec une adresse IP publique et que le terminal configuré est situé derrière une passerelle NAT.

Installer et configurer Asterisk

L'installation d'Asterisk se résume à télécharger les sources, les compiler, et copier les binaires. L'administrateur n'a pas besoin de programme externe comme DAHDI ou libpri (pas de carte matérielle à installer).

Installation d'Asterisk sur le serveur remoteserver

```
[root@remoteserver ~]# cd /usr/local/src
[root@remoteserver src]# wget http://downloads.asterisk.org/pub/
telephony/asterisk/releases/asterisk-1.6.1.1.tar.gz
........
[root@remoteserver src]# tar zxvf asterisk-1.6.1.1.tar.gz
........
[root@remoteserver src]# cd asterisk-1.6.1.1
[root@remoteserver asterisk-1.6.1.1]# ./configure
```

```
........
[root@remoteserver asterisk-1.6.1.1]# make
........
[root@remoteserver asterisk-1.6.1.1]# make install
........
```

L'administrateur va mettre en place une configuration minimale d'Asterisk, sans aucun module autre que ceux nécessaires. Il n'exécute donc pas la commande `make samples`, qui génère automatiquement les fichiers de configuration du répertoire `/etc/asterisk`.

Un minimum de fichiers de configuration

Tout utilisateur ou administrateur d'Asterisk a remarqué le nombre important de fichiers de configuration classés dans le répertoire `/etc/asterisk` (76 fichiers `.conf` après exécution de la commande `make samples` !) Tous ne servent pas, surtout dans le cas d'installations simples. Notre administrateur souhaite expurger son serveur Asterisk de tout module inutile ; il va configurer le fichier `/etc/asterisk/modules.conf` dans ce sens. De plus, le répertoire `/etc/asterisk` sera lui aussi réduit au minimum, puisque la plupart des modules ne seront pas chargés.

Répertoire /etc/asterisk sur le serveur remoteserver

```
[root@remoteserver ~]# ls /etc/asterisk/
extensions.ael logger.conf modules.conf rtp.conf sip.conf
[root@remoteserver ~]#
```

Bien que tous les modules soient installés sur le serveur dans `/usr/lib /asterisk/modules`, notre administrateur va configurer Asterisk pour ne charger que les modules permettant de dialoguer en SIP (`chan_sip`) et d'assurer le routage des appels (`pbx_ael`, `res_ael_share`). Les fichiers `/etc /asterisk/logger.conf` et `/etc/asterisk/rtp.conf` ne font pas référence à un quelconque module ; il servent respectivement à configurer le journal d'Asterisk (les fichiers de log) et la plage de ports UDP utilisés pour RTP. Le contenu des fichiers `/etc/asterisk/modules.conf`, `/etc/asterisk /logger.conf` et `/etc/asterisk/rtp.conf` est ainsi des plus succincts.

Chargement des modules SIP et AEL (fichier /etc/asterisk/modules.conf)

```
[modules]
autoload=no

load => res_ael_share.so  ; AEL
load => pbx_ael.so        ; AEL
load => chan_sip.so       ; SIP
load => app_dial.so       ; Application Dial
```

Configuration du journal (fichier /etc/asterisk/logger.conf)

```
[general]

Affichage de toutes les catégories d'événements dans la console
et des catégories principales dans /var/log/asterisk/messages.

[logfiles]
console => notice,warning,error,debug,verbose
messages => notice,warning,error
```

Définition de la plage de ports UDP (de 10000 à 15000) pour RTP
(fichier /etc/asterisk/rtp.conf)

```
[general]
rtpstart=10000
rtpend=15000
```

Avant de configurer le module SIP d'Asterisk, l'administrateur doit activer son compte SIP via l'interface web de configuration de Free. Comme le montre la figure 8-2 ci-après, l'administrateur active le service SIP et redirige les appels vers son compte SIP. L'identifiant SIP est son numéro de téléphone.

> À SAVOIR **En cas de non réponse...**
>
> Si les appels sont redirigés vers le compte SIP, et en cas de non-réponse sur ce compte, par exemple si Asterisk n'est pas enregistré, le poste analogique sonnera.

La configuration du compte SIP Free doit être complétée par celle du routeur local (la box) pour rediriger les ports UDP utilisés par RTP sur le serveur Asterisk local.

Figure 8–2
Activation du service
SIP sur la Freebox

Notons que cette action n'aurait pas été nécessaire si le but était de connecter uniquement Asterisk au proxy/registrar SIP de Free. Mais notre administrateur envisage une connexion SIP supplémentaire à l'extérieur du réseau de son domicile, vers le serveur Asterisk principal de son entreprise.

Figure 8–3
Configuration de la redirection
de ports sur la Freebox

Passons maintenant à la configuration SIP d'Asterisk.

Enregistrer Asterisk

L'enregistrement est nécessaire pour que Free achemine les appels vers notre serveur Asterisk. Cette procédure permettra au proxy/registrar SIP de Free de rediriger les appels destinés au numéro *0912345678* vers le serveur Asterisk. Pour cela, il faut s'authentifier auprès du serveur à l'aide de l'identifiant (0912345678) et du mot de passe (freepassword) configurés via l'interface web lors de l'étape précédente. Le fichier /etc/asterisk/sip.conf est très simple :

Fichier /etc/asterisk/sip.conf sur le serveur remoteserver

```
[general]
defaultexpiry=1800
udpbindaddr=0.0.0.0

Informations permettant de corriger les problèmes de NAT :

externip=88.123.210.12
localnet=192.168.0.0/24

disallow=all
allow=alaw
allow=ulaw
language=fr

Enregistrement SIP sur le proxy/registrarde Free pour recevoir
les appels entrants :

register => 0912345678:freepassword@freephonie.net

Section d'authentification nécessaire pour passer des appels
sortants sur Free :

[authentication]
auth=0912345678:freepassword@freephonie.net

Configuration du peer freephonie, pour assigner un contexte aux
appels entrants :

[freephonie]
type=friend
host=freephonie.net
context=from-freephonie     ; contexte pour les appels provenant du
proxy/registrar de Free
```

```
insecure=invite        ; le proxy/registrar ne s'authentifie pas
canreinvite=no         ; indispensable dans le cas du NAT
qualify=yes            ; supervision

Configuration du softphone SIP :

[monsoftphone]
type=friend
host=dynamic
context=softphones
secret=monsecret
canreinvite=no
qualify=yes
```

Le proxy/registrar de Free se plaint d'une durée maximale entre deux requêtes d'enregistrement trop courte (120 secondes par défaut). L'attribut `defaultexpiry=1800` le satisfait. Les paramètres définissant les codecs autorisés et le code pays sont classiques.

SÉCURITÉ Identifiant de l'appelant sur le réseau Free

S'il prenait à l'administrateur l'envie de modifier la chaîne de caractères qui l'identifie dans l'en-tête SIP `From` via la section `authentication`, par exemple, l'appel serait refusé par Free. Dans ce sens, l'accès au réseau téléphonique de Free est plus sécurisé qu'un accès RNIS primaire ou de base, pour lesquels cet identifiant est parfaitement modifiable.

Les attributs `externip` et `localnet` servent à corriger les problèmes dus au NAT. Ces paramètres sont utiles uniquement si Asterisk est connecté localement à un réseau privé (adresses IP de type RFC 1918). `externip` contient l'adresse IP publique du routeur local (la box), et `localnet` est l'identifiant du réseau local (de la forme adresse IP/longueur de masque de sous-réseau).

PROTOCOLE ICE pour SIP dans Asterisk ?

ICE (*Interactive Connectivity Establishment*) est un protocole visant à permettre la connectivité entre terminaux sur l'Internet dans un environnement NAT. Il définit un ensemble de méthodes adaptées aux communications multimédias (voix et vidéo) pour traverser les passerelles NAT. Pour cela, ICE utilise notamment STUN (voir l'encadré suivant). À ce jour, Asterisk n'implémente aucun de ces mécanismes dans son pilote RTP (bien que STUN soit implémenté pour SIP) et restreint l'utilisation d'ICE (sous une forme adaptée) aux pilotes de communication `chan_jingle` et `chan_gtalk`.

L'attribut `register` dans la section `[general]` rend effectif l'enregistrement sur le proxy/registrar.

Dans la section `[freephonie]`, affecter la valeur `invite` à l'attribut `insecure` autorise les appels provenant du proxy/registrar sans authentification préalable. Ceci est nécessaire puisque le proxy ne saurait transmettre un quelconque mot de passe à notre serveur. Le type est `friend`, pour autoriser les appels entrants et sortants.

L'enregistrement DNS `freephonie.net` correspond à l'adresse IP `212.27.52.5`.

Liste des enregistrements SIP

```
remoteserver*CLI> sip show registry
Host                    dnsmgr Username      Refresh State
Reg.Time
freephonie.net:5060            N      0912345678           1785
Registered          Thu, 30 Oct 2008 17:49:56
1 SIP registrations.
remoteserver*CLI>
```

Peu de temps après le lancement d'Asterisk, notre administrateur voit s'afficher des messages indiquant un problème dans le format des requêtes SIP reçues :

```
........
Skipping packet - Bad request protocol Packet
........
```

Ces messages se répètent trop fréquemment (environ chaque seconde !) pour que l'administrateur puisse les supporter. Après avoir activé le débogage SIP sur Asterisk, il se rend compte qu'il s'agit de messages SIP effectivement mal formés, car il ne contiennent qu'une ligne contenant le texte Cirpack KeepAlive Packet :

```
[Oct 30 18:11:41]
<--- SIP read from UDP://212.27.52.5:5060 --->
Cirpack KeepAlive Packet
<------------->
```

Ces messages sont manifestement émis par le proxy/registrar pour signaler sa présence. C'est une bonne chose, mais notre administrateur a fini par trouver ce proxy/registrar bien trop envahissant, d'autant qu'il n'a même pas la politesse de s'exprimer correctement en SIP ! Bref, n'y tenant plus, notre administrateur a fait appel au gendarme iptables pour régler l'affaire :

```
[root@remoteserver asterisk-1.6.1.1]# iptables -A INPUT -p udp --
src 212.27.52.5 --dport 5060 -m string --algo bm --string
"Cirpack KeepAlive Packet" -j DROP
```

La console Asterisk est maintenant beaucoup plus silencieuse.

Maintenant, les appels provenant du proxy de Free nous parviendront, leur traitement sera effectué selon les directives du contexte from-freephonie, créé dans le fichier extensions.ael.

Configurer un softphone

Traitement des appels entrants

La encore, le fichier /etc/asterisk/extensions.ael est très simple ; il est ici exposé en intégralité. Sur réception d'un appel, Asterisk essaie de joindre le poste professionnel de notre administrateur et, en cas de non réponse au bout de cinq secondes, le softphone est appelé. Notons que si ce dernier n'est pas enregistré ou s'il ne répond pas au bout de cinq secondes, le poste analogique connecté à la box sonnera.

Fichier /etc/asterisk/extensions.ael

```
globals {};
context from-freephonie {
      s => {
            Dial(SIP/0123455501@voiceserver.domaine.fr,5);
            if ("${DIALSTATUS}" != "ANSWER") {
              Dial(SIP/monsoftphone,5);
            };
            Hangup();
      };
};

context softphones => {
      _55XX => {
          Dial(SIP/012345${EXTEN}@voiceserver.domaine.fr);
          Hangup();
      };

      _0[12345]XXXXXXXX => {
          Dial(SIP/${EXTEN}@freephonie);
          Hangup();
      };
};
```

Le numéro de téléphone professionnel de notre administrateur est le *0123455501*. En fait, les appels vers le numéro *0912345678* sont redirigés vers le *0123455501*. Nul besoin de configurer un peer dans /etc/asterisk /sip.conf pour communiquer avec le serveur Asterisk principal de notre entreprise, l'identifiant SIP 0123455501@voiceserver.domaine.fr est parfaitement accepté par Asterisk.

BONNE PRATIQUE **Ne pas renvoyer l'appel de Free vers Free !**

Les communications nationales étant gratuites pour son compte SIP, notre administrateur aurait pu vouloir repasser par le réseau de Free pour atteindre le numéro *0123455501*. Il n'aurait pas pu le faire, car à l'heure actuelle, Free interdit plus d'une communication SIP pour un compte à un instant donné, et renvoie le code d'erreur SIP suivant :

```
403 too many simultaneous session
```

Du point de vue du serveur principal `voiceserver.domaine.fr`, l'appel est vu comme provenant d'un utilisateur non configuré et, l'attribut `allowguest` étant activé sur ce serveur, l'appel est accepté et dirigé vers le contexte `default`, qui autorise uniquement l'accès aux numéros internes.

Sur le serveur Asterisk principal, le contexte `default` doit restreindre au minimum les ressources téléphoniques autorisées. De plus, l'administrateur a pris soin de désactiver le renvoi vers la messagerie vocale sur non réponse (au bout de cinq secondes) ; ainsi, le poste téléphonique local relié à la box pourra encore sonner !

Contexte default sur le serveur Asterisk principal voiceserver
(fichier /etc/asterisk/extensions.ael)

```
. . . . . . . . .
context default {
        _01234555XX => {
                Dial(SIP/${EXTEN:6},5);
                Hangup();
        };
};
. . . . . . . . .
```

CULTURE **Enregistrement DNS SRV pour domaine.fr**

Notre administrateur prévoit d'attribuer sous peu l'enregistrement DNS SRV SIP (UDP et TCP) au serveur `voiceserver.domaine.fr`.
De cette façon, il pourra bientôt remplacer l'identifiant `0123455501@voiceserver.domaine.fr` par `0123455501@domaine.fr` sur le serveur Asterisk de son domicile, en prenant soin d'activer l'attribut `srvlookup` dans le fichier `/etc/asterisk/sip.conf`.

Voyons maintenant comment notre administrateur peut utiliser son softphone avec le serveur Asterisk qu'il a installé.

Traitement des appels émis par le softphone

Les appels émis par le softphone sont dirigés vers le serveur voiceserver si le numéro composé est de la forme *55XX* ; si le numéro est sur dix chiffres, l'appel est envoyé sur le réseau de Free. Dans ce dernier cas, seuls les appels nationaux sont autorisés.

Fichier /etc/asterisk/extensions.ael

```
globals {};
context from-freephonie {
     s => {
          Dial(SIP/0123455501@voiceserver.domaine.fr,5);
          if ("${DIALSTATUS}" != "ANSWER") {
              Dial(SIP/monsoftphone,5);
          };
          Hangup();
     };
};

context softphones => {
     _55XX => {
         Dial(SIP/012345${EXTEN}@voiceserver.domaine.fr);
         Hangup();
     };

     _0[12345]XXXXXXXX => {
         Dial(SIP/${EXTEN}@freephonie);
         Hangup();
     };
};
```

CULTURE **Différentes manières de connecter Asterisk à un proxy SIP**

Nous avons présenté ici un moyen simple de connecter un serveur Asterisk en tant que client SIP au proxy SIP du FAI Free. Comme expliqué précédemment, Asterisk est une boîte à outils pour l'architecte ToIP ou le développeur des services de communication. À ce titre, Asterisk peut être configuré de multiples manières pour assurer un service identique. Ainsi, et contrairement à ce qui a été décrit ici, les exemples de configuration de connexion d'Asterisk vers un proxy SIP, disponibles notamment sur l'Internet, présentent souvent un fichier sip.conf contenant deux peers respectivement dédiés aux appels provenant du proxy et émis vers celui-ci. Abondance de bien ne nuisant pas, nous fournissons au lecteur un autre moyen de connexion à partir d'un unique peer.

9

Réunions téléphoniques (audioconférences)

Déployer un service d'audioconférences localement sur votre site par un logiciel libre est tout à fait possible : Asterisk est conçu pour cela !

Des réunions téléphoniques plus sûres

Avant la mise en place du nouveau système, les réunions téléphoniques (audioconférences) étaient administrées par un prestataire externe. Pour créer une réunion téléphonique, un utilisateur devait se connecter sur le site web du prestataire, en fournissant les informations suivantes :

- un numéro de téléphone (choisi parmi une liste de cinq numéros disponibles) assigné à l'audioconférence ;
- la liste des participants à l'audioconférence (afin de leur envoyer un courriel d'invitation) ;
- la durée de l'audioconférence (les ressources téléphoniques du prestataire n'étant ni gratuites ni illimitées).

Une fois ces informations fournies, le système du prestataire envoyait un courriel d'invitation à l'ensemble des participants, contenant le numéro de téléphone réservé pour l'audioconférence, le code d'accès sous la forme d'un nombre à quatre chiffres (PIN), la date et la durée de la réunion. La personne ayant créé l'audioconférence était désignée comme son administrateur, ce statut lui offrant la possibilité d'inviter des numéros externes à joindre l'audioconférence en cours de réunion, ou encore de couper l'accès à certains participants.

Après avoir passé en revue les besoins des collaborateurs de l'entreprise en termes d'audioconférences en les comparant avec les possibilités d'Asterisk, il est notamment apparu que le rôle d'administrateur d'une audioconférence ne consistait qu'à inviter des participants externes en cours de réunion.

De plus, le système précédent n'offrait pas un niveau de traçabilité satisfaisant. Ainsi, il était impossible de connaître à un instant donné la liste exhaustive des participants à une audioconférence, puisque les utilisateurs entrant en réunion n'étaient jamais authentifiés, mais simplement autorisés à participer en présentant le bon code PIN.

Cette limite dans le processus de participation à l'audioconférence pouvait même ouvrir la voie à un détournement du système. Dans le pire des cas, si un utilisateur malintentionné s'était procuré un accès à une audioconférence lui permettant d'inviter des numéros surtaxés ou étrangers, il aurait pu passer ce type d'appel sur le compte de l'entreprise sans être identifié.

Pour ces raisons, la direction technique de notre entreprise a décidé de mettre en place un service d'accès aux réunions téléphoniques à partir de deux composants principaux :

- un serveur web Apache, équipé également de la bibliothèque de développement PHP ;
- Asterisk (encore lui !)

Le déploiement du nouveau service d'audioconférences devra en outre reposer sur la base d'authentification LDAP de l'entreprise, afin de garantir l'identification et la traçabilité des ses accès.

En résumé, les conférences seront créées dynamiquement par les utilisateurs du système et accessibles uniquement depuis l'interface web. L'idée est de faire appeler par Asterisk les utilisateurs de l'entreprise accédant au service d'audioconférences (ou encore leurs invités). Ces utilisateurs auront au préalable été authentifiés par le serveur web frontal à partir d'une source fiable : la base LDAP de notre entreprise.

Voyons maintenant comment l'administrateur a mis en place le service.

Mise en place du serveur d'audioconférences : éléments indispensables

Une machine dédiée au service d'audioconférences sera installée. En effet, le maintien des sessions d'audioconférence est un processus gourmand qu'il est préférable d'isoler du traitement des appels téléphoniques. On peut rappeler une nouvelle fois qu'Asterisk étant gratuit, multiplier ses instances est un luxe qu'on peut savourer à loisir !

Naturellement, ce serveur devra pouvoir solliciter l'instance d'Asterisk disposant d'un accès sur le RTC, ne serait-ce que pour pouvoir être joint par les postes téléphoniques externes ; pour cela, on établira un lien (ou *trunk*) SIP entre les deux instances d'Asterisk.

Avant de détailler cette étape, nous allons voir comment Asterisk a été installé sur le serveur.

dahdi_dummy : DAHDI en version allégée

Le service d'audioconférences qui va être installé s'appuie sur une source de synchronisation externe qu'il trouve généralement dans une carte de connexion au RTC. Or, aucune carte de ce type n'est installée sur le serveur. En son absence, Asterisk va solliciter un module particulier du programme DAHDI : dahdi_dummy. L'installation de ce module est liée à celle du programme DAHDI (voir le chapitre 4).

Notre administrateur dispose d'une machine exécutant un système d'exploitation Linux dont les caractéristiques sont les suivantes :

Caractéristiques du système d'exploitation et version des sources du noyau

```
[root@conferenceserver ~]# uname -r
2.6.18-92.1.13.el5
[root@conferenceserver ~]# uname -m
i686
[root@conferenceserver ~]# ls /usr/src/kernels/
2.6.18-92.1.13.el5
[root@conferenceserver ~]#
```

BONNE PRATIQUE **Attention au noyau !**

Comme indiqué dans le chapitre sur l'installation (chapitre 4), il est fortement recommandé de faire correspondre exactement la version des sources du noyau qui serviront à la compilation de DAHDI avec celle du noyau actif !

Téléchargement de l'archive contenant les sources de DAHDI et extraction de l'archive

```
[root@conferenceserver ~]# cd /usr/local/src
[root@conferenceserver src]# wget http://pub/telephony/
asteriskdownloads.asterisk.org/pub/telephony/dahdi-linux-
complete/dahdi-linux-complete-2.2.0.1+2.2.0.tar.gz
........
[root@conferenceserver src]#
[root@voiceserver src]# tar zxvf dahdi-linux-complete-
2.2.0.1+2.2.0.tar.gz
........
[root@conferenceserver src]# mv dahdi-linux-complete-
2.2.0.1+2.2.0 dahdi
[root@voiceserver src]# cd dahdi
[root@conferenceserver dahdi]#
```

Une fois dans le répertoire des sources de DAHDI, on lance la compilation, puis l'installation par une procédure classique.

Compilation et installation

```
[root@conferenceserver dahdi]# make all
........
[root@conferenceserver dahdi]# make install
........
[root@conferenceserver dahdi]# make config
........
DAHDI has been configured.

List of detected DAHDI devices:

No hardware found
make[1]: Leaving directory '/usr/local/src/dahdi/tools'
[root@conferenceserver dahdi]#
```

Les dernières informations fournies par la commande make config sont importantes, puisque cette étape consiste à détecter la présence éventuelle d'une carte de connexion RTC. En l'occurrence, aucune carte n'a été trouvée sur le système, le contraire aurait été surprenant !

Le module `dahdi_dummy` est maintenant installé, de même que tous les autres modules (dans le répertoire `/lib/modules/2.6.18-92.el5/dahdi`). Détaillons un peu les fichiers de configuration installés par la commande `make config` à l'aide du programme `dahdi_genconf`. Commençons par les modules.

Création automatique du fichier /etc/dahdi/modules à l'aide du programme dahdi_genconf

```
[root@conferenceserver dahdi]#    /usr/sbin/dahdi_genconf modules
[root@conferenceserver dahdi]#    cat /etc/dahdi/modules
# Autogenerated by /usr/sbin/dahdi_genconf
(Dahdi::Config::Gen::Modules) on Thu Jul 23 13:45:08 2009
# If you edit this file and execute /usr/sbin/dahdi_genconf again,
# your manual changes will be LOST.

[root@conferenceserver dahdi]#
```

Le fichier est vide, ce qui aura pour effet de ne charger que le module `dahdi_dummy` dans le noyau Linux au démarrage de DAHDI.

L'administrateur va maintenant indiquer à DAHDI le code pays utilisé avant de demander au programme `dahdi_genconf` de générer le fichier `/etc/dahdi/system.conf`.

Édition du fichier /etc/dahdi/genconf_parameters

```
........
lc_country = fr
.........
```

Création automatique du fichier /etc/dahdi/system.conf à l'aide du programme dahdi_genconf

```
[root@conferenceserver dahdi]#    /usr/sbin/dahdi_genconf
[root@conferenceserver dahdi]#    cat /etc/dahdi/system.conf
# Autogenerated by /usr/sbin/dahdi_genconf on Thu Jul 23 13:45:10 2009
# If you edit this file and execute /usr/sbin/dahdi_genconf again,
# your manual changes will be LOST.
# Dahdi Configuration File
#
# This file is parsed by the Dahdi Configurator, dahdi_cfg
```

```
#
# Span 1: DAHDI_DUMMY/1 "DAHDI_DUMMY/1 (source: Linux26) 1" (MASTER)

# Global data

loadzone        = fr
defaultzone     = fr
[root@conferenceserver dahdi]#
```

Le programme dahdi_genconf a également créé le fichier /etc/asterisk /dahdi-channels.conf, qui ne servira pas dans notre cas.

On peut alors charger le module dahdi_dummy à l'aide du script de démarrage.

Chargement du module dahdi_dummy dans le noyau

```
[root@conferenceserver dahdi]# /etc/init.d   /dahdi start
Loading DAHDI hardware modules:

No hardware timing source found in /proc/dahdi, loading dahdi_dummy
Running dahdi_cfg:                               [ OK ]
[root@conferenceserver dahdi]#
```

Le programme dahdi_cfg configure les modules avant de les charger dans le noyau à partir des informations contenues dans /etc/dahdi/system.conf. Le module dahdi_dummy est maintenant chargé. Il servira de source de synchronisation à l'application MeetMe, mais aussi de ressource de mixage des différents canaux.

Vérification du chargement des modules DAHDI

```
[root@conferenceserver dahdi]# lsmod | grep dahdi
dahdi_dummy              7204 0
dahdi                 189320 1 dahdi_dummy
crc_ccitt               6337 1 dahdi
[root@conferenceserver dahdi]#
```

On peut maintenant installer Asterisk (libpri ne nous sera d'aucune utilité).

Installation d'Asterisk

```
[root@conferenceserver ~]# cd /usr/local/src
[root@conferenceserver src]# wget http://downloads.asterisk.org/
pub/telephony/asterisk/releases/asterisk-1.6.1.1.tar.gz
........
[root@conferenceserver src]# tar zxvf asterisk-1.6.1.1.tar.gz
........
[root@conferenceserver src]# cd asterisk-1.6.1.1
[root@conferenceserver asterisk-1.6.1.1]# ./configure
........
[root@conferenceserver asterisk-1.6.1.1]# make
........
[root@conferenceserver asterisk-1.6.1.1]# make install
........
[root@conferenceserver asterisk-1.6.1.1]# make samples
........
```

La connexion vers le serveur Asterisk principal

L'autre élément indispensable au serveur d'audioconférences est l'accessibilité depuis les postes de l'entreprise et de l'extérieur. Ce serveur doit être connecté au serveur Asterisk principal, qui gère les postes téléphoniques et l'accès au RTC.

Pour établir le lien entre les deux serveurs Asterisk, l'administrateur a fait un choix naturel : SIP. Il s'agit donc de configurer les serveurs pour qu'ils puissent échanger par SIP.

Le section de configuration [voiceserver] définissant le serveur Asterisk principal sur le serveur de conférences est minimale. En effet, dans le cadre de l'architecture mise en place, les appels seront toujours émis par le serveur de conférences. Il n'est donc pas nécessaire d'autoriser le serveur voiceserver à passer des appels sur conferenceserver à l'aide des attributs secret et context (et canreinvite est inutile). En revanche, on remarquera que :

- Le serveur d'audioconférences doit s'authentifier pour passer des appels sur le serveur principal, via l'attribut auth défini dans la section authentication.
- Il n'est pas nécessaire pour le serveur conferenceserver de s'enregistrer sur le serveur principal. En effet, les adresses IP des serveurs sont fixes et connues de chacun.

> SÉCURITÉ **L'attribut auth dans la section [authentication]**
> **(fichier /etc/asterisk/sip.conf)**
>
> La section [authentication] permet à Asterisk de s'authentifier sur l'envoi
> de requêtes INVITE, sans être enregistré sur le serveur distant. L'attribut
> auth défini dans cette section peut également se retrouver dans une section
> particulière à un peer.

Déclaration de voiceserver sur le serveur conferenceserver (fichier /etc/asterisk/sip.conf)

```
[general]
disallow=all
allow=alaw
allow=ulaw
allow=gsm
language=fr
.........
[authentication]
auth=conferenceserver:notresecret@domaine.fr
    ; authentification sur le serveur principal

[voiceserver]
type=peer
host=123.45.67.1 ; adresse de voiceserver
qualify=yes       ; supervision par l'envoi de messages SIP OPTION
.........
```

L'administrateur déclarera ensuite la machine conferenceserver sur le serveur voiceserver.

Déclaration de conferenceserver sur le serveur voiceserver (fichier /etc/asterisk/sip.conf)

```
[general]
realm=domaine.fr
disallow=all
allow=alaw
allow=ulaw
allow=gsm
language=fr
.........
[conferenceserver]
type=friend
context=conferences    ; contexte d'exécution dans le dialplan
secret=notresecret    ·; secret partagé
```

```
host=123.45.67.1 ; adresse de conferenceserver
qualify=yes      ; supervision par l'envoi de messages SIP OPTION
canreinvite=no   ; trafic RTP relayé par le serveur
.........
```

La déclaration du serveur d'audioconférences dans le serveur Asterisk principal doit être complétée par la définition du contexte dans le dialplan. Les appels reçus dans ce contexte doivent adresser deux types de numéros :

- ceux à dix chiffres et commençant par zéro, qui seront relayés vers l'opérateur via DAHDI ;
- les numéros locaux de notre entreprise, qui déclencheront un appel vers le poste fixe et le softphone simultanément.

Contexte d'exécution du serveur d'audioconférences (conferenceserver) sur le serveur Asterisk principal (voiceserver)

```
context conferences {
        _0XXXXXXXXX => {
                Dial(DAHDI/g0/0${EXTEN},10);
                Hangup();
        };

        _01234555XX => {
                Dial(SIP/${EXTEN:6}&IAX2/${EXTEN:6},10);
                Hangup();
        };
};
```

Notre administrateur a jeté les bases de l'architecture d'un service d'audioconférences communicant avec le serveur principal. Il lui reste maintenant à configurer l'application de gestion des audioconférences avant de rendre le service accessible depuis le Web.

MeetMe : les audioconférences par Asterisk

De même que l'application Voicemail constitue le service de messagerie vocale d'Asterisk, MeetMe assure la fonction de pont d'audioconférences. Les possibilités de MeetMe sont nombreuses. Sur le même modèle que le service d'audioconférences précédemment utilisé, il est tout à fait possible d'accéder aux réunions téléphoniques en composant un numéro de téléphone et en présentant le code PIN ouvrant l'accès, Il a toutefois été décidé de procéder autrement et d'exploiter les capacités d'Asterisk à s'intégrer dans un système Linux équipé d'un serveur Apache. En effet, la vérification d'autorisation sera déléguée au serveur web qui servira d'interface entre l'utilisateur et l'application MeetMe ; aucun processus d'authentification ou de contrôle d'accès ne sera effectué sur Asterisk.

CULTURE **ConfBridge, le successeur de MeetMe**

L'application ConfBridge, actuellement en cours de développement, devrait former à l'avenir le service de pont d'audioconférences dans Asterisk à la place de MeetMe. De nouvelles interfaces de programmation seront disponibles pour les développeurs via cette application, et un changement majeur facilitera la vie des administrateurs : ConfBridge ne s'appuiera plus sur DAHDI pour la synchronisation et le mixage des canaux. En d'autres termes, plus besoin d'installer DAHDI pour offrir un service d'audioconférences par Asterisk.

Finalement, l'affranchissement envers DAHDI aura une autre conséquence heureuse pour les utilisateurs. Les conférences audio pourront mixer des canaux large bande, supérieurs aux 8 KHz autorisés par DAHDI, ouvrant ainsi la voie vers des conférences à haute qualité audio.

ConfBridge est disponible dans la version 1.6.2 d'Asterisk.

Informations sur les conférences

L'application MeetMe vient avec un ensemble de commandes accessibles depuis la console Asterisk. Pour obtenir la liste des conférences actives sur le serveur, il faut saisir la commande `meetme`. Toutes les commandes console relatives à l'application MeetMe sont disponibles par défaut dans une version lisible par l'utilisateur, ou dans une version exploitable par un script (à l'aide de l'option `concise`), dont le résultat contient des champs séparés par un point d'exclamation. Naturellement, l'option concise est recommandée lorsqu'on interroge Asterisk depuis un script PHP.

À SAVOIR **Liste des conférences**

Dans les versions antérieures à la version 1.6.1.1, la liste des conférences actives était donnée par la commande `meetme list`.

Liste des conférences actives sur le serveur

```
conferenceserver*CLI> meetme
Conf Num        Parties      Marked       Activity Creation Locked
maconference    0001         N/A          00:00:40 Dynamic  No
* Total number of MeetMe users: 1
conferenceserver*CLI> meetme concise
maconference!1!0!00:00:42!1!0
conferenceserver*CLI>
```

On constate ici que le serveur héberge une conférence contenant un utilisateur (colonne Parties), qui a été créée dynamiquement et qui n'est pas verrouillée.

Pour obtenir des informations sur la conférence nommée maconference, on appellera la commande meetme list maconference.

Informations relatives à la conférence maconference

```
conferenceserver*CLI> meetme list maconference
User #: 01  0123455501 SULTAN Philippe  Channel: Local/0123455501@local-adab;1
(unmonitored) 00:01:40
conferenceserver*CLI> meetme list maconference concise
1!0123455501!SULTAN Philippe!Local/0123455501@local-adab;1!!!!!!-1!00:01:42
conferenceserver*CLI>
```

Ici, l'utilisateur participant à la conférence est identifié par un numéro de téléphone et par son nom. L'identifiant du canal nous indique qu'il est de type LOCAL ; nous verrons pourquoi par la suite.

Intégration dans une application web

Avec rasterisk

Le programme rasterisk -x (asterisk -r -x est équivalent), qu'on peut appeler depuis le shell d'un terminal, permet d'exécuter une commande console par Asterisk et de récupérer le résultat de l'opération sur la sortie standard. Ce programme, lancé depuis un script PHP, va offrir à notre administrateur le moyen d'intégrer de façon très élégante le service d'audioconférences d'Asterisk dans une application web – idéal pour les collaborateurs de l'entreprise, qui n'auront plus à se préoccuper de réserver un salon de conférence ou de jongler avec des codes PIN.

Attardons-nous sur la commande `rasterisk` pour en découvrir les possibilités, mais également les limites. Les commandes console véhiculées par `rasterisk` s'appuient sur le socket Unix `/var/run/asterisk/asterisk.ctl`. Les permissions associées à ce fichier doivent autoriser l'exécution de commandes depuis un script PHP. Le fichier `/etc/asterisk/asterisk.conf` doit être édité comme suit.

Section [files] du fichier /etc/asterisk/asterisk.conf

```
........
[files]
astctlpermissions = 0660
astctlowner = root
astctlgroup = apache
;astctl = asterisk.ctl
........
```

> CULTURE **Création du fichier /etc/asterisk/asterisk.conf**
>
> Lors de l'installation d'Asterisk, la commande `make samples` copie des exemples de fichiers de configuration depuis le répertoire `configs` des sources d'Asterisk dans `/etc/asterisk`. En outre, elle crée le fichier `/etc/asterisk/asterisk.conf` à partir des informations de configuration, c'est-à-dire après l'exécution du script `configure` et de la commande `make samples`.

Par défaut, le serveur web (programme `httpd`) est exécuté par l'utilisateur `apache`, qui appartient au groupe `apache`. En assignant ce groupe au socket Unix qui relaie les commandes console, on autorise les appels à `rasterisk` depuis tous nos scripts PHP. Voilà une excellente nouvelle.

On inclura également le fichier `/etc/asterisk/cli_permissions.conf` dans sa version d'origine, au cas où l'administrateur aurait besoin, à l'avenir, de restreindre les accès aux commandes console.

Les commandes console accessibles par `rasterisk` serviront à obtenir des informations comme la liste des conférences en cours dans Asterisk ou le nombre de participant pour une conférence donnée.

Via le répertoire de file d'attente

Cependant, pour rejoindre effectivement une audioconférence via Asterisk depuis le serveur web, nous préférerons construire un fichier `.call` que nous placerons dans la file d'attente d'Asterisk : `/var/spool/asterisk/outgoing`. La raison tient au fait qu'il est impossible d'affecter des variables de canal en plaçant un appel via `rasterisk`, alors qu'un fichier `.call` le permet. Bien sûr, avant de créer le fichier d'appel d'extension `.call`, il faudra prendre soin de vérifier que notre serveur Apache est bien autorisé à classer des fichiers dans le répertoire `/var/spool/asterisk/outgoing`.

Droits d'accès à /var/spool/asterisk/outgoing

```
[root@conferenceserver ~]# ls -l /var/spool/asterisk/ | grep
outgoing
drwxrwxr-x 2 root apache 4096 jui 24 17:29 outgoing
[root@conferenceserver ~]#
```

Le serveur Apache lance un processus nommé `httpd`, dont le groupe d'exécution est `apache`. Il est donc autorisé à classer des fichiers dans le répertoire de file d'attente d'Asterisk. Voyons maintenant comment l'administrateur a exploité les possibilités d'Asterisk en l'intégrant au couple Apache/PHP.

Accéder aux audioconférences par le Web (serveur Apache 2.2.3, PHP 5.1.6)

Tout comme pour le service de fax décrit dans le chapitre 7, le serveur web sert de frontal vers Asterisk pour les utilisateurs, qui sont authentifiés à partir de la base d'authentification LDAP de l'entreprise.

L'interrogation d'Asterisk par le serveur web pour récupérer les informations relatives aux conférences en cours, ainsi que la procédure d'appel automatique font appel au programme `rasterisk` ou sollicitent le répertoire de file d'attente d'Asterisk (`/var/lib/asterisk/outgoing`). Il est donc impératif d'installer le serveur Apache/PHP sur la même machine que le serveur Asterisk gérant les audioconférences (`conferenceserver`).

Configuration Apache/PHP

La page d'accueil présentée à l'utilisateur contient un formulaire à un champ, censé contenir le nom d'une conférence. C'est une différence majeure avec l'ancien service d'audioconférences, dans lequel chaque audioconférence était identifiée par un numéro de téléphone. Le téléphone était alors l'interface d'accès aux audioconférences et l'utilisateur naviguait dans le système via un serveur vocal interactif (SVI) ; il était par conséquent naturel d'adresser les audioconférences par des numéros. Notre administrateur mettant désormais en place un accès au même service exclusivement par le Web, cela change la donne. L'identification des audioconférences par des noms est maintenant plus naturelle.

Si le nom saisi par l'utilisateur dans le formulaire est celui d'une audioconférence en cours, le serveur web présente une page d'informations sur celle-ci comprenant notamment la liste des participants. Si aucune conférence ne correspond à la chaîne fournie, l'utilisateur est invité à rejoindre la nouvelle conférence qu'il a créée. Enfin, si le champ est laissé vide, le serveur web affiche la liste des conférences en cours. Ces actions seront réalisées dans le script `viewconferences.php`, qui interrogera naturellement Asterisk.

Code HTML du formulaire (fichier accueil.php)

```
........
<form method="post" name="formNewConf"
action="viewconference.php?<?php echo $_POST["confname"] ?>">
<p>
Pour obtenir la liste des conférences en cours, laisser le champ
vide et cliquer sur « Envoyer ».
</p>
<p>
Rechercher ou créer une conférence : <input type="text"
name="confname">
</p>
<p>
<input type="submit" name="send" value="Envoyer"/>
</p>
........
```

La page `viewconferences.php` est en fait un script intermédiaire contenant un autre script (`process.php`), dans lequel on exécutera les instructions.

Fichier intermédiaire viewconferences.php

```
<!DOCTYPE html PUBLIC "-//W3C//DTD XHTML 1.0 Transitional//EN"
"http://www.w3.org/TR/xhtml1/DTD/xhtml1-transitional.dtd">
<html xmlns="http://www.w3.org/1999/xhtml" xml:lang="fr"
lang="fr">
```

```
<head>
<meta http-equiv="Content-Type" content="text/html;
      charset=utf-8" />
<link rel="stylesheet" type="text/css" href="../styles.css" />
<script type="text/javascript">
function enableNumberValue() {
        document.formNumber.othernumber.disabled=false;
}
function disableNumberValue() {
        document.formNumber.othernumber.disabled=true;
}
<body>
<?php require 'process.php' ?>
</body>

</html>
```

> BONNE PRATIQUE **Savoir manipuler PHP**
>
> Pour une meilleure lisibilité des scripts, et pour pouvoir utiliser l'instruction return sans avoir à écrire préalablement le code HTML de fermeture de la page web, on préfère appeler une page intermédiaire et faire appel aux instructions d'inclusion require ou include. De cette manière, l'instruction return appelée dans le script inclus nous ramènera dans le script appelant pour exécuter les instructions finales, comme la fermeture des balises HTML de la page.

Voyons maintenant le contenu du script process.php. Outre les actions mentionnées plus haut, ce script va s'appuyer sur la base LDAP de l'entreprise pour récupérer le numéro de téléphone et le nom de l'utilisateur connecté, et les transmettre à Asterisk. La première partie du script est donc :

Nom et numéro de téléphone professionnel de l'utilisateur (fichier process.php)

```
.........
$ldaphost = "ldaps://ldap-server.domaine.fr/";
$ldapconn = ldap_connect( $ldaphost ) or die( "Connexion à
{$ldaphost} impossible" );

$r=ldap_bind($ldapconn);
$sr=ldap_search($ldapconn, "ou=people,dc=domaine,dc=fr",
"login=" . $_SERVER['AUTHENTICATE_LOGIN']);
```

```
if (ldap_count_entries($ldapconn,$sr) <= 0) {
        echo "<p>Aucune entrée trouvée.</p>";
        return;
}

$info = ldap_get_entries($ldapconn, $sr);

$userPhone = $info[0]["telephoneNumber"][0];
$userName = $info[0]["name"][0];

ldap_close($ldapconn);
........
```

Le nom de la conférence renseigné par l'utilisateur est disponible dans la variable $_POST['confname'] du script process.php . Ce script effectue les actions indiquées plus haut en fonction de la valeur de $_POST['confname'] affectée par l'utilisateur. Pour rappel :

- Si la chaîne est vide, le script affichera la liste des audioconférences en cours.
- Si la chaîne saisie est le nom d'une conférence active, le script en affichera les renseignements et proposera à l'utilisateur de la rejoindre.
- Si la chaîne fournie ne correspond à aucune conférence en cours, le script invitera l'utilisateur à en créer une ainsi nommée et à la rejoindre.

Affichage/création d'audioconférences (fichier process.php)

```
........
    if (empty($_POST["confname"])) {
            list_conferences();
            close_html();
            return;
    }

    $confname = $_POST["confname"];
    display_conference_info($confname);
    display_formcall($confname, $userName, $userPhone);
    close_html();
    return;
........
```

Les fonctions list_conferences(), display_formcall() et join_conference() sont définies dans le même script. Elles interrogent Asterisk en envoyant des commandes console appelées depuis un shell Unix.

Ce processus d'interrogation est rendu possible grâce au programme `rasterisk`, dont nous savons qu'il peut nous renseigner sur les audioconférences en cours.

Fonctions d'indications sur les conférences hébergées par Asterisk (fichier process.php)

```
.........
Liste des conférences en cours :

  function list_conferences() {
    $output = shell_exec("rasterisk -x \"meetme concise\"");
    if (empty($output)) {
      return;
    }
    echo "<table>\n";
    echo "<tr><th>Conférence</th><th>Participants</th><th>Durée</th></tr>\n";
    foreach (explode("\n", $output) as $line) {
      if (empty($line)) {
        continue;
      }
      $info = explode("!", $line);
      echo "<tr><td>" . $info[0] . "</td><td>" . $info[1] . "</td><td>" . $info[3] .
"</td></tr>\n";
    }
    echo "</table>";
  }


Affichage du formulaire de rappel :

  function display_formcall($confname, $userName, $userPhone) {
    echo "<form method=\"post\" name=\"formNumber\" action=\"call.php\">";
    echo  "<input type=hidden name=\"conference\" value=\"" . $confname ."\">";
    echo  "<input type=hidden name=\"username\" value=\"" . $userName . "\">";
    echo  "<p><input type=\"radio\" name=\"number\" value=\"" . $userPhone
      . "\" checked onClick=\"disableNumberValue()\"/>Numéro professionnel : "
      . $userPhone . "</p>";
    echo  "<p><input type=\"radio\" name=\"number\" value=\"\"
onClick=\"enableNumberValue()\"/>Autre numéro (ou invité) : input type=\"text\"
name=\"othernumber\" disabled=\"true\">";
    echo  "</p><p><input type=\"submit\" name=\"join\" value=\"Rejoindre\"/></p></
form>";
  }
```

Affichage des informations d'une conférence donnée :

```php
  function display_conference_info($confname) {
    $output = shell_exec("rasterisk -x \"meetme list " . $confname
      . " concise\"");
    if (empty($output)) {
      echo "</p>La conférence " . $confname . " est vide. Indiquez un numéro de
téléphone pour la rejoindre.</p>";
    } else {
      echo "</p>Conference " . $confname . "</p>";
      echo "<table>\n";
      echo "<tr><th>Nom</th><th>Numéro</th><th>Temps de connexion </th></tr>\n";
      foreach (explode("\n", $output) as $line) {
        if (empty($line)) {
          continue;
        }
        $info = explode("!", $line);
        echo "<tr class=\"userlist\"><td>" . $info[2]
      . "</td><td>" . $info[1] . "</td><td>" . $info[9] . "</td></tr>\n";
      }
      echo "</table>\n";
    }
  }
.........
```

On voit que le script process.php invite l'utilisateur à rejoindre ou créer une audioconférence par l'intermédiaire de la fonction join_conference(). Celle-ci affiche en fait un formulaire demandant à l'utilisateur de saisir le numéro de téléphone auquel il souhaite être appelé par le service d'audioconférences. Le formulaire propose un choix sélectionné par défaut, qui est le numéro de téléphone professionnel de l'utilisateur, retrouvé lors de l'étape précédente.

Cette étape rend l'application flexible. L'utilisateur peut, par exemple, indiquer un numéro de téléphone mobile et n'est pas contraint de participer à l'audioconférence depuis son bureau, ni même depuis les locaux de l'entreprise. Par ce même moyen, il peut inviter d'autres personnes à joindre la conférence en les faisant appeler par le système. Son nom sera alors associé à chaque personne invitée.

SÉCURITÉ **Vérification des variables avant l'envoi du formulaire**

Pour renforcer la sécurité du formulaire web, on pourrait vérifier que les attributs LDAP identifiant le nom et le numéro de téléphone professionnel de l'utilisateur correspondent à ceux du formulaire de rappel (name et number).

Comme on le voit dans la fonction `join_conference()`, la procédure d'appel de l'utilisateur du service s'effectue dans le script `call.php`. Cette fonction va créer un fichier d'extension `.call` qui sera placé dans la file d'attente d'Asterisk (le répertoire `/var/spool/asterisk/outgoing`). De cette façon, Asterisk va appeler l'utilisateur avant de le faire entrer en audioconférence.

Appel de l'utilisateur par Asterisk (fichier call.php)

```
........
$asterisk_spool_dir="/var/spool/asterisk/outgoing/";

Récupération du numéro de l'utilisateur d'après les données du
formulaire :

if (isset($_POST["number"]) && !empty($_POST["number"])) {
  $number = $_POST["number"];
} else if (isset($_POST["othernumber"])) {
  $number = $_POST["othernumber"];
} else {
  echo "<p>Numéro inconnu</p>\n";
  return;
}


Vérification des données reçues :

if (!preg_match("/^[0-9]{10}$/", $number)) {
  echo "<p>Entrée invalide : " . $number . "</p>";
  echo "<p>Veuillez saisir un numéro de téléphone sur 10 chiffres</p>";
  print_welcome_link();
  return;
}

$callfile_name = "callfiles/" . $number . ".call";

Création du fichier .call :

$callfile = fopen($callfile_name, "x+");
  // don't write to an already open file
if (!$callfile) {
  echo "<p>Le système est indisponible, veuillez essayer plus tard.
</p>";
  print_welcome_link();
  return;
}
```

```
Écriture du fichier .call :

if (!fwrite($callfile,
    "Channel: LOCAL/" . $number ."@originate-webconferences/n\n" .
    "Context: webconferences\n" .
    "Extension: " . $_POST["conference"] . "\n" .
    "Set: USERNAME=" . $_POST["username"] . "\n" .
    "Set: USERNUM=" . $number . "\n" .
    "Set: CONFNAME=" . $_POST["conference"] . "\n")) {
  echo "<p>Impossible de joindre la conférence</p>";
  print_welcome_link();
  return;
}

fclose($callfile);

Mise en file d'attente du fichier .call par déplacement dans le
répertoire de spool :

if (!rename($callfile_name, $asterisk_spool_dir .
basename($callfile_name))) {
  echo "<p>Impossible de déplacer le fichier .call</p>";
  print_welcome_link();
  return;
}
........
```

Notre administrateur avait déjà fait appel à ce type de script lors de la mise en place du service de fax par le Web. Le canal de type LOCAL créé initialement doit être suffixé par la chaîne /n (pour norelease), afin d'être maintenu tout au long de l'appel.

APPROFONDIR **Le canal LOCAL avec l'option norelease**

En exécutant les instructions du fichier .call, Asterisk va créer deux canaux virtuels de type LOCAL. Le premier sera associé au canal réel SIP vers le serveur Asterisk principal, et le second à l'application MeetMe appelée dans le contexte webconferences. Sans l'option norelease, les canaux virtuels créés sont automatiquement fermés lorsque l'utilisateur répond et est connecté à l'application MeetMe. Au contraire, avec cette option, les canaux virtuels sont maintenus tout au long de l'appel, ce qui permet de récupérer le contenu des variables de canal associées et de les traiter dans le dialplan.

Trois variables de canal sont définies : USERNAME, USERNUM et CONFNAME. Ces variables seront affectées aussi bien au canal créé pour appeler l'utilisateur (contexte `originate-webconferences`) qu'à celui créé pour lancer l'application MeetMe (contexte `webconferences`).

Voyons maintenant le contenu des contextes `originate-webconferences` et `webconferences` dans le dialplan du serveur d'audioconférences.

Configuration du dialplan sur le serveur d'audioconférences (conferenceserver)

C'est au contexte `originate-webconferences` qu'Asterisk accède en premier pour appeler l'utilisateur désirant entrer en audioconférence. Le numéro qui sera composé par Asterisk est fourni par l'utilisateur dans le formulaire du script `call.php`. Asterisk vérifie que le numéro composé est formé de dix chiffres et commence par zéro, puis il établit l'appel via SIP sur le serveur `voiceserver`, qui dessert les postes de l'entreprise et est connecté au réseau téléphonique public.

L'extension standard `h` (*hangup*) intervient en fin d'appel, lorsque l'utilisateur clôt l'appel pour sortir de l'audioconférence. Les variables de canal identifiant l'utilisateur et l'audioconférence sont positionnées à partir des informations du script `call.php`, ce qui permettra d'obtenir un ticket d'enregistrement (CDR) précis contenant notamment le nom de l'utilisateur, le numéro de téléphone depuis lequel il a participé à l'audioconférence et le nom de l'audioconférence. Il est préférable de positionner ces variables à la clôture de l'appel et non au début (dans l'extension `_0XXXXXXXXX`), sinon l'utilisateur aura l'impression d'être appelé par lui-même, ce qui peut être perturbant !

Contexte originate-webconferences (fichier /etc/asterisk/extensions.ael)

```
........
context originate-webconferences {
        _0XXXXXXXXX => {
                Dial(SIP/${EXTEN}@voiceserver);
        };

        h => {
                Set(CALLERID(name)=${USERNAME});
                Set(CALLERID(num)=${USERNUM});
                Set(CDR(confname)=${CONFNAME});
        };
};
........
```

Le contexte `webconferences` est appelé ensuite pour faire entrer l'utilisateur en conférence. Le patron d'extension correspond à une chaîne de lettres qui forment le nom de la conférence à laquelle on accède. Asterisk joue un message préenregistré à l'utilisateur, lui demandant d'appuyer sur la touche étoile pour continuer ; puis une temporisation de cinq secondes est démarrée via l'application WaitExten (*Wait for Extension*).

> L'administrateur exploite ici les fonctionnalités de SVI d'Asterisk. Le fichier vocal joué par Asterisk a été enregistré au préalable.

Le fait de solliciter l'utilisateur à ce stade de l'appel permet de s'assurer qu'il a bien décroché et que son numéro n'a pas été renvoyé vers une messagerie vocale.

L'appui sur la touche étoile va faire basculer l'appel dans l'extension correspondante (`*`). Les variables de canal identifiant l'utilisateur et la conférence sont positionnées et l'application MeetMe est lancée (avec l'option `d` pour une création dynamique). L'utilisateur entre enfin en audioconférence !

> À SAVOIR **Variables d'identification**
>
> Les variables d'identification de l'utilisateur sont retournées par la commande console `meetme list nomdelaconférence`, et servent notamment à identifier les participants d'une audioconférence dans l'interface web.

Que se passe-t-il si l'utilisateur n'appuie pas sur la touche étoile quand Asterisk le lui demande ? Deux cas sont possibles.

Si l'utilisateur appuie sur une touche autre qu'étoile, l'appel bascule dans l'extension standard `i` (*invalid*), puisqu'aucun patron d'extension du contexte `webconferences` ne correspond. Asterisk informe l'utilisateur que son choix n'est pas valide et bascule l'appel dans l'instruction suivant le label `waitforinput` de l'extension correspondant au nom de la conférence, elle-même définie dans le patron `_[a-z]`.

Si l'utilisateur n'appuie sur aucune touche, le temporisateur démarré par Asterisk via l'application WaitExten expire et l'appel bascule dans l'extension standard `t` (*timeout*). L'unique instruction qui s'y trouve renvoie l'appel dans l'extension standard `failed` (priorité 1) et l'utilisateur (ou plus vraisemblablement sa messagerie vocale !) est informé de la fermeture imminente de l'appel avant qu'Asterisk ne raccroche.

goto et labels dans AEL

Le format extensions.conf autorisait les va-et-vient multiples en assignant une priorité à chaque ligne d'une extension, qui correspond au numéro de séquence de l'instruction à exécuter. Dans AEL, les priorités n'existent plus ; aussi fait-on appel au mot-clé goto et aux labels pour basculer un appel dans le dialplan. Dans le contexte webconferences, l'instruction goto ${CONFNAME},waitforinput prend deux arguments : une extension et un label. Cette instruction impose à Asterisk de rechercher le label waitforinput dans l'extension ${CONFNAME} du contexte courant. Pour chercher un label dans un autre contexte, la version à trois arguments aurait été utilisée : goto autrecontexte,${CONFNAME},waitforinput. Le label 1 a une signification particulière : il pointe la première ligne de l'extension considérée.

Finalement, l'application NoCDR indique à Asterisk de ne pas enregistrer de ticket pour ce canal, en supplément de celui prévu dans le contexte originate-webconferences. Toutes les informations pertinentes sont enregistrées dans ce premier ticket ; une redondance de tickets dégraderait la lisibilité des fichiers de log, en plus de doubler leur taille. Nous reviendrons sur ce sujet dans le chapitre 11 traitant de l'administration.

Contexte webconferences (fichier /etc/asterisk/extensions.ael)

```
........
context webconferences {
        _[a-z]. => {
                Wait(1);
                Set(CHANNEL(language)=fr);
                Background(vm-press&digits/star);
waitforinput:
                WaitExten(5);
        };

        * => {
                Set(CALLERID(name)=${USERNAME});
                Set(CALLERID(num)=${USERNUM});
                NoCDR();
                MeetMe(${CONFNAME},d);
                Hangup();
        };
```

```
        i => {
                Playback(pbx-invalid);
                goto ${CONFNAME},waitforinput;
        };

        t => {
                goto failed,1;
        };

        failed => {
                Playback(vm-goodbye);
                Hangup();
        };
};
........
```

C'est terminé ! Les collaborateurs de l'entreprise peuvent maintenant accéder au nouveau service d'audioconférences par le Web et, côté administration, les accès au service sont minutieusement enregistrés.

10

CTI : l'intégration
dans le système d'information

Comment intégrer Asterisk dans le système d'information, au même titre que l'annuaire de l'entreprise ou le serveur web ? Une fois encore, Asterisk, tout comme les logiciels libres qui s'en inspirent, montre ici l'étendue de ses possibilités...

AGI (Asterisk Gateway Interface) et l'intégration de scripts

Les services de fax et d'audioconférences accessibles par le Web ont mis en évidence l'ouverture qu'Asterisk offre aux applications externes. Ainsi, notre administrateur a mis en place des scripts PHP très simples pour :

- interroger Asterisk sur le nombre d'audioconférences en cours, ou sur leur participants ;
- ordonner à Asterisk de placer des appels (vers des fax ou des utilisateurs distants).

Dans les deux cas, l'accessibilité d'Asterisk depuis les applications externes repose sur un programme compagnon d'Asterisk (`rasterisk`, ou son équivalent `asterisk -x`) et sur une file d'attente de traitement d'appels matérialisée par le répertoire `/var/lib/asterisk/outgoing`.

Asterisk est certes une véritable boîte à outils dans laquelle peuvent piocher les applications du développeur web ou les services de l'administrateur système. Mais l'administrateur du système de téléphonie n'est pas en reste, car Asterisk peut lui aussi tirer parti des applications et services du système d'information de l'entreprise.

Pour cela, Asterisk dispose d'interfaces protocolaires ou d'interfaces vers des bases de données, comme :

- func_odbc : exécution de requêtes SQL sur un serveur et récupération des réponses ;
- func_shell : exécution d'une commande du shell Unix /bin/sh (qui n'est pas forcément le shell qui a lancé le processus d'Asterisk) et récupération de la valeur de retour.

Dans un environnement constitué de bases de données SQL, le module fonctionnel func_odbc est l'interface idéale avec Asterisk. Quant au module func_shell, sa fonction associée SHELL peut rendre des services très intéressants à Asterisk.

Mais c'est via AGI (*Asterisk Gateway Interface*) qu'Asterisk tire véritablement partie des applications et services externes.

> CULTURE **Bibliothèques AGI disponibles**
>
> AGI n'est liée à aucun langage de programmation particulier et on trouve des bibliothèques pour Perl, PHP, C, bref à peu près tous les langages !

AGI a été développée pour Asterisk comme l'équivalent de CGI (*Common Gateway Interface*) pour les serveurs web. Sur réception d'une requête HTTP, un serveur web disposant de CGI exécute un programme pour produire tout ou partie de la page HTML retournée au navigateur ayant émis la requête. Le programme exécuté peut être écrit dans un langage quelconque ; il lui suffit de pouvoir lire des informations sur l'entrée standard (STDIN), écrire sur la sortie standard (STDOUT) et consulter des variables d'environnement. Ces trois propriétés formant la base de tout processus Unix, on comprend pourquoi le langage de programmation du programme CGI importe peu.

De la même manière, Asterisk peut exécuter un programme (écrit dans un langage quelconque) sur réception d'un appel.

Notre administrateur a exploité cette extraordinaire faculté pour mettre de l'ordre dans les annuaires de l'entreprise. En effet, l'ancien système de téléphonie reposait sur un annuaire interne (comme tout système centré autour d'un PABX), qu'il était dans la pratique impossible de fondre avec l'annuaire LDAP existant. À l'aide de scripts exécutés chaque nuit, les informations relatives à la téléphonie (les numéros de téléphone professionnel et mobile des collaborateurs) étaient mises à jour sur l'annuaire LDAP.

Notre administrateur s'est aperçu qu'AGI était l'application idéale pour interroger dynamiquement l'annuaire LDAP lors du traitement d'un appel. La migration du système de téléphonie vers Asterisk va donc permettre de ne garder qu'un seul annuaire pour l'entreprise. Plus besoin de procédure nocturne de consolidation des données : une base unique sera modifiée et servira de référence pour tous les services, dont la téléphonie.

Pour ne rien gâcher, notre administrateur s'est, de plus, déchargé de la tâche toujours amusante qui consistait à mettre à jour l'annuaire du PABX !

Présentation du nom de l'appelant par interrogation de l'annuaire central

Voyons d'abord comment notre administrateur a configuré le dialplan pour interroger l'annuaire LDAP lors d'un appel.

Le contexte des téléphones physiques de l'entreprise est phones.

AGI pour la présentation du nom de l'appelant (fichier /etc/asterisk/extensions.ael)

```
context phones {
        _55XX => {
                AGI(get-caller-name.agi);
                Set(CALLERID(name)=${LDAPNAME});
                Dial(SIP/${EXTEN}&IAX2/${EXTEN},10);
                Voicemail(u${EXTEN});
                Hangup();
        };

        _0XXXXXXXX => {
                Dial(DAHDI/g0/${EXTEN});
        };

        _00XXXXXXXX => {
                Dial(DAHDI/g0/${EXTEN:1});
        };
```

```
        i => {
                    Playback(ce-numero-n-est-pas-valide);
                    Hangup();
        };
};
```

Lors d'un appel entre postes physiques internes, Asterisk va exécuter les instructions du script `get-caller-name.agi` classé dans le répertoire `/var/lib /asterisk/agi-bin` (si le chemin n'est pas spécifié entièrement).

Ce script peut être écrit en shell Unix, puisque le programme de recherche dans un annuaire LDAP `ldapsearch` est disponible sur le système hébergeant Asterisk.

À SAVOIR **Installation de ldapsearch**

Le programme `ldapsearch` est disponible dans le paquetage RPM `openldap-clients`, qui s'installe simplement (sur CentOS) avec la commande :
```
yum install openldap-clients
```

Script de recherche LDAP /var/lib/asterisk/agi-bin/get-caller-name.agi

```
#!/bin/bash

Récupération des variables de canal envoyées par Asterisk :

# Merci à Sunny Woo pour ce bout de code!
declare -a array
while read -e ARG && [ "$ARG" ] ; do
        array=(' echo $ARG | sed -e 's/://''')
        export ${array[0]}=${array[1]}
done

Recherche dans l'annuaire LDAP :

name='ldapsearch -LLL -b "dc=people,dc=domaine,dc=fr" -x -h
  ldap-server.domaine.fr "telephoneNumber=*${agi_callerid}" cn |
head -2 | grep cn: | sed -e 's/cn: //g''
if [ $? -ne 0 ];then
        echo SET VARIABLE LDAPNAME \"\"
else
        echo SET VARIABLE LDAPNAME \"$name\"
fi
```

Le script mérite quelques explications. Au lancement de l'application AGI, Asterisk transmet sur l'entrée standard du script à exécuter un certain nombre de variables de canal, préfixées par la chaîne agi_. Par exemple, le numéro identifiant le poste appelant est transmis ainsi :

```
agi_callerid: 5501
```

La première partie du script traite l'ensemble des variables ainsi transmises et crée, dans le cas du numéro identifiant le poste appelant, une variable agi_callerid, dont le contenu est fixé par Asterisk. La seconde partie du script consiste à rechercher le nom de l'utilisateur dans la base LDAP à partir du numéro contenu dans la variable agi_callerid, grâce au programme ldapsearch. Celui-ci retourne une ou plusieurs entrées sous une forme qui sera traitée par les utilitaires grep et sed afin d'extraire le nom. D'autres exemples similaires seront donnés dans ce chapitre.

Retour du programme ldapsearch

```
[root@voiceserver ~]# ldapsearch -LLL -b
"dc=people,dc=domaine,dc=fr" -l 1 -x -h ldap-server.domaine.fr
"telephoneNumber=*5501" cn
dn: cn=Philippe Sultan,ou=people,dc=domaine,dc=fr
cn: Philippe Sultan
```

À SAVOIR **Arguments**

L'application AGI peut transmettre des arguments au script exécuté ; ainsi la syntaxe AGI(get-caller-name.agi,param1) est correcte. Dans ce cas, Asterisk crée une variable de canal agi_arg_1 dont le contenu est param1, et qui sera transmise au script AGI comme les autres variables.

Dans la console Asterisk, on peut voir la liste des variables de canal transmises au script AGI exécuté en activant le débogage.

Dans l'extrait de la console repris ci-dessous, le poste *5501* (associé à l'utilisateur Philippe Sultan dans la base LDAP) appelle le poste *5502*.

```
voiceserver*CLI> agi set debug on
AGI Debugging Enabled
voiceserver*CLI>
```

```
   == Using SIP RTP CoS mark 5
   == Using UDPTL CoS mark 5
    -- Executing [5502@phones:1] NoOp("SIP/5501-084bea30", "Composition d'un
numéro à quatre chiffres") in new stack
    -- Executing [5502@phones:2] Set("SIP/5501-084bea30",
"CALLERID(num)=5501") in new stack
    -- Executing [5501@phones:3] AGI("SIP/5501-084bea30", "get-caller-
name.agi") in new stack
    -- Launched AGI Script /var/lib/asterisk/agi-bin/get-caller-name.agi
<SIP/5501-084bea30>AGI Tx >> agi_request: get-caller-name.agi
<SIP/5501-084bea30>AGI Tx >> agi_channel: SIP/5501-084bea30
<SIP/5501-084bea30>AGI Tx >> agi_language: fr
<SIP/5501-084bea30>AGI Tx >> agi_type: SIP
<SIP/5501-084bea30>AGI Tx >> agi_uniqueid: 1249390113.6
<SIP/5501-084bea30>AGI Tx >> agi_version: 1.6.1.1
<SIP/5501-084bea30>AGI Tx >> agi_callerid: 5501
<SIP/5501-084bea30>AGI Tx >> agi_calleridname: unknown
<SIP/5501-084bea30>AGI Tx >> agi_callingpres: 0
<SIP/5501-084bea30>AGI Tx >> agi_callingani2: 0
<SIP/5501-084bea30>AGI Tx >> agi_callington: 0
<SIP/5501-084bea30>AGI Tx >> agi_callingtns: 0
<SIP/5501-084bea30>AGI Tx >> agi_dnid: 5502
<SIP/5501-084bea30>AGI Tx >> agi_rdnis: unknown
<SIP/5501-084bea30>AGI Tx >> agi_context: phones
<SIP/5501-084bea30>AGI Tx >> agi_extension: 5502
<SIP/5501-084bea30>AGI Tx >> agi_priority: 3
<SIP/5501-084bea30>AGI Tx >> agi_enhanced: 0.0
<SIP/5501-084bea30>AGI Tx >> agi_accountcode:
<SIP/5501-084bea30>AGI Tx >> agi_threadid: -1217524848
<SIP/5501-084bea30>AGI Tx >>
<SIP/5501-084bea30>AGI Rx << SET VARIABLE LDAPNAME "Philippe Sultan"
<SIP/5501-084bea30>AGI Tx >> 200 result=1
    -- <SIP/5501-084bea30>AGI Script get-caller-name.agi completed,
returning 0
    -- Executing [5502@phones:4] Set("SIP/5501-084bea30",
"CALLERID(name)=Philippe Sultan") in new stack
    -- Executing [5502@phones:5] Dial("SIP/5501-084bea30", "SIP/5502") in
new stack
   == Using SIP RTP CoS mark 5
   == Using UDPTL CoS mark 5
    -- Called 5502
    -- SIP/5502-084c3308 is ringing
    -- SIP/5502-084c3308 answered SIP/5501-084bea30
    -- Packet2Packet bridging SIP/5501-084bea30 and SIP/5502-084c3308
   == Spawn extension (phones, 5502, 5) exited non-zero on 'SIP/5501-
084bea30'
voiceserver*CLI>
```

L'exécution de scripts AGI est un puissant levier d'exploitation des ressources du système d'information pour Asterisk. De plus, on peut exécuter la plupart des applications et fonctions du diaplan dans un script AGI, ce qui permet d'externaliser complètement le dialplan. Cette façon de procéder n'est cependant pas recommandée par certains experts d'Asterisk et AGI, comme Nir Simionovitch, qui conseille de réserver AGI pour des tâches simples ne pouvant être réalisées dans le dialplan.

Notre administrateur a d'autres idées qui s'appuieront sur AGI. En effet, pourquoi ne pas développer un annuaire personnel configurable via le Web, et l'exploiter par AGI de la même façon que l'annuaire de l'entreprise ? Voilà une idée intéressante qui mérite d'être creusée !

Réception de fax par Asterisk et envoi par courriel au destinataire

Nous avons décrit dans le chapitre 7 la mise en œuvre d'un service d'envoi de fax par le Web. On se rappelle que l'accusé de réception était envoyé par courriel à l'adresse de l'utilisateur du service, retrouvée depuis l'annuaire de notre entreprise.

Asterisk dispose de deux fonctions qui vont permettre à notre administrateur de traiter la réception de fax de façon élégante : le pré-décroché (via l'application Answer) et le stockage des fax dans des fichiers par l'application SendFAX. Une fois le fichier construit, il sera envoyé par courriel à l'utilisateur destinataire du fax.

La nouveauté introduite par notre administrateur est importante, puisque le numéro de téléphone d'un utilisateur devient maintenant également son numéro de fax. Les cartes de visite devront être mises à jour !

Le contexte from-pstn est modifié par notre administrateur pour intégrer ces changements.

**Configuration du pré-décroché et de la réception de fax
(fichier /etc/asterisk/extensions.ael)**

```
context from-pstn {
        _01234555XX => {
                Set(NUMBERCALLED=${EXTEN});
                Answer();
                Ringing();
                Wait(3);
```

```
                    Dial(SIP/${EXTEN:6}&IAX2/${EXTEN:6},10);
                    VoiceMail(${EXTEN:6},u);
                    Hangup();
        };

        fax => {
                    goto receive-fax,s,1;
        };
};

context receive-fax => {
        s => {
                    Set(FAXFILE=/var/spool/asterisk/fax/
${UNIQUEID}.tif);
                    AGI(get-callee-email,${NUMBERCALLED});
                    ReceiveFAX(FAXFILE);
        };

        h => {
                    System(/usr/bin/uuencode ${FAXFILE} ${FAXFILE} |
mail -s "Fax recu de ${CALLERID(num)}" ${LDAPEMAIL});
        };
};
```

À SAVOIR **Installation de uuencode**

Sur CentOS, le programme `uuencode` se trouve dans le paquetage RPM `sharutils`.

La section du dialplan nous interpelle. En effet, comment expliquer le bascu-
lement dans l'extension `fax`, qui est le point de départ du traitement des fax
entrants, étant donné qu'elle n'est appelée nulle part dans le dialplan ? En
fait, `fax` est une extension standard au même titre que les extensions `s`, `h`, `t` et
`failed`, par exemple. Si l'attribut `faxdetect` est activé dans le fichier de configuration de DAHDI (`/etc/asterisk/chan_dahdi.conf`), alors Asterisk
basculera automatiquement les appels dans cette extension s'il détecte une
tonalité de fax en cours d'appel.

Notre administrateur a donc configuré Asterisk de façon à répondre aux
appels entrants pour identifier un fax (un signal d'indication de sonnerie est
envoyé dans le même temps via l'application Ringing) et, le cas échéant, exécuter les instructions de l'extension `fax`.

APPROFONDIR **Détection de fax sans DAHDI**

On constate que la détection de fax est uniquement configurable sur une interface pilotée par DAHDI (via l'attribut faxdetect du fichier /etc /asterisk/chan_dahdo.conf). Comment détecter les fax sur une connexion SIP vers un opérateur ?

Une application existe, NVFaxDetect, qui permet de détecter une tonalité de fax indépendamment du type de canal (DAHDI, SIP, IAX). Le module applicatif contenant NVFaxDetect n'est pas inclus dans les distributions classiques d'Asterisk, mais il est librement téléchargeable sur Internet. NVFaxDetect doit être appelée dans le dialplan, comme dans l'exemple ci-après.

```
context from-sip-trunk {
        _X. => {
                Answer();
                Ringing();
                NVFaxDetect();
                Wait(3);
                Dial(SIP/${EXTEN});
                Hangup();
        };

        fax => {
                goto receive-fax,s,1;
        };
};
```

Le fax est alors reçu via l'application ReceiveFAX et stocké dans un fichier dont le nom importe peu (la variable UNIQUEID identifie le fichier). Lorsque l'appel se termine, Asterisk envoie le fichier (une image au format .tif) par courriel au destinataire, dont il aura déterminé l'adresse via le script AGI de recherche dans l'annuaire.

Ce script de recherche LDAP utilise encore le programme ldapsearch, décidément très utile !

Script de recherche LDAP /var/lib/asterisk/agi-bin/get-callee-email.agi

```
#!/bin/bash
declare -a array
while read -e ARG && [ "$ARG" ] ; do
        array=(` echo $ARG | sed -e 's/:///'`)
        export ${array[0]}=${array[1]}
done
```

```
email='ldapsearch -LLL -b "dc=people,dc=domaine,dc=fr" -l 1 -x -h
ldap-server.domaine.fr "telephoneNumber=${agi_arg_1}" mail | head
-2 | grep mail: | sed -e 's/mail: //g''
if [ $? -ne 0 ];then
        echo SET VARIABLE LDAPEMAIL \"\"
else
        echo SET VARIABLE LDAPEMAIL \"$email\"
fi
```

Là encore, on voit à quel point l'annuaire de notre entreprise aide au développement de services téléphoniques innovants, et combien il est facile de les mettre en œuvre avec Asterisk. Notre administrateur va faire réaliser des économies substantielles à l'entreprise sur les équipements de télécopie et le papier !

Voyons maintenant si AGI peut être utile aux utilisateurs de softphones.

Appel par composition d'adresse de courriel depuis les softphones

Un softphone s'utilise depuis un ordinateur (portable le plus souvent), dont le clavier (avec l'écran et la souris) constitue l'interface avec l'utilisateur. Celui-ci a l'habitude d'envoyer des courriers électroniques destinés à d'autres utilisateurs identifiés par une adresse de courriel. Notre administrateur s'est donc naturellement interrogé sur la possibilité d'appeler des utilisateurs depuis un softphone en composant une adresse de courriel plutôt qu'un numéro de poste. Et bien évidemment, Asterisk a répondu positivement à son interrogation !

**AGI pour l'appel par composition d'adresse de courriel
(fichier /etc/asterisk/extensions.ael)**

```
context phones {
        _55XX => {
                AGI(get-caller-name.agi);
                Set(CALLERID(name)=${LDAPNAME});
                Dial(SIP/${EXTEN}&IAX2/${EXTEN},10);
                Voicemail(u${EXTEN});
                Hangup();
        };

        _[a-z]. => {
                AGI(get-callee-number.agi);
                Dial(SIP/${LDAPNUM:6}&IAX2/${LDAPNUM:6},10);
                Voicemail(${LDAPNUM:6},u);
```

```
                Hangup();
        };

        _OXXXXXXXXX => {
                Dial(DAHDI/g0/${EXTEN});
        };

        _OOXXXXXXXXX => {
                Dial(DAHDI/g0/${EXTEN:1});
        };

        i => {
                Playback(ce-numero-n-est-pas-valide);
                Hangup();
        };
};
```

Les adresses de courriel des collaborateurs de notre entreprise sont de la forme prénom.nom@domaine.fr ; il est ainsi simple de deviner l'adresse d'un correspondant, et par conséquent de le joindre au téléphone, sans connaître son numéro !

L'extension du dialplan correspondante est _[a-z]., qui est en fait un modèle s'appliquant à toute chaîne de caractères non numériques, en particulier aux adresses de courriel qui seront composées.

Pour simplifier encore le processus de composition d'identifiant, notre administrateur traitera les chaînes de caractères de la forme prénom.nom. Cela évitera aux utilisateurs d'avoir à saisir le suffixe @domaine.fr, inutile puisque commun à tous les membres de l'entreprise.

Comme dans le cas précédent de la recherche du nom de l'appelant, l'annuaire LDAP de l'entreprise va être consulté dynamiquement pour déterminer le numéro correspondant à l'adresse de courriel fournie par l'utilisateur. Le script AGI en charge de la consultation renverra le numéro sur dix chiffres dans la variable LDAPNUM.

Script de recherche LDAP /var/lib/asterisk/agi-bin/get-callee-number.agi

```
#!/bin/bash
declare -a array
while read -e ARG && [ "$ARG" ] ; do
        array=(' echo $ARG | sed -e 's/://'')
        export ${array[0]}=${array[1]}
done
```

```
number='ldapsearch -LLL -b "dc=people,dc=domaine,dc=fr" -l 1 -x
   -h ldap-server.domaine.fr "mail=${agi_extension}@domaine.fr"
telephoneNumber | head -2 | grep telephoneNumber: | sed -e 's/
telephoneNumber: //g''
if [ $? -ne 0 ];then
        echo SET VARIABLE LDAPNUM \"\"
else
        echo SET VARIABLE LDAPNUM \"$number\"
fi
```

Voilà une utilisation élégante du softphone ! De plus, le modèle d'extension `_[a-z].` se trouvant dans le contexte `phones`, le jour où les postes physiques disposeront d'un clavier, leurs utilisateurs pourront eux aussi composer des adresses de courriel.

AMI (Asterisk Manager Interface) : le CTI par Asterisk

AMI est une interface d'administration et de supervision d'Asterisk accessible par TCP/IP en mode client/serveur. En substance, AMI est un accès à la console d'Asterisk par le réseau. Cette application requiert une authentification préalable à son utilisation, et offre un accès restreint par privilèges à l'exécution de commandes et à la lecture d'événements sur le système.

Le protocole de communication entre le client et le serveur est simple. Il s'agit d'échanger des lignes de texte de la forme en-tête: valeur. Les lignes d'un même message sont séparées par les caractères \r\n, et les messages sont séparés par les caractères \r\n\r\n. Le premier en-tête d'un message définit le type, qui peut prendre trois valeurs :

- Action : une requête émise par le client vers le serveur ;
- Response : une réponse émise par le serveur à une requête du client ;
- Event : un événement rapporté par le serveur au client.

L'échange ci-après illustre le format des messages. Une session complète est présentée, durant laquelle le client va passer les requêtes suivantes en séquence :

1 authentification sur le serveur ;

2 appel automatique par la commande originate de deux numéros (*5501* et *5502*) et mise en relation ;

3 déconnexion.

Exemple de session AMI : appel automatique de deux numéros et mise en relation

```
Requête d'authentification :

Action: Login
Username: testuser
Secret: testsecret


Réponse du serveur :

Response: Success
Message: Authentication accepted


Requête d'appel :

Action: Originate
ActionID: 1
Channel: SIP/5501
Exten: 5502
Context: local
Priority: 1


Réponse du serveur :

Response: Success
ActionID: 1
Message: Originate successfully queued


Déconnexion :

Action: logoff


Réponse du serveur :

Response: Goodbye
Message: Thanks for all the fish.
```

Notre administrateur va exploiter AMI comme support à un nouveau service d'appel automatique par le Web, communément appelé click-to-call.

N'être informé des événements que si nécessaire

Sur un serveur Asterisk, beaucoup de choses se passent à tout moment ; les événements rapportés peuvent être vraiment nombreux et altérer la lisibilité du système pour le client. Dans le cadre du développement du service de click-to-call, notre administrateur a désactivé la réception des événements en incluant l'entête `Events: off` dans le message d'authentification. L'en-tête `Events` peut prendre autant de valeurs qu'il existe de catégories d'événements.

Sécuriser l'accès à AMI

AMI doit être manipulé avec précaution, car les conséquences d'une mauvaise configuration peuvent être explosives ! Comme tout outil d'administration, son ouverture sur le réseau expose le système à d'éventuels actes de malveillance. Les options de sécurisation disponibles sont :
- la restriction de l'accès TCP/IP en écoutant exclusivement sur l'interface `loopback` ;
- la sécurisation par SSL (l'accès se fera alors sur le port 5039 par défaut) ;
- l'authentification, préalable nécessaire à l'accès aux commandes et à la supervision ;
- le contrôle d'accès par liste d'adresses IP (*Access Control List* ou ACL `permit/deny`) ;
- le contrôle d'accès par assignation de privilèges ouvrant l'accès à des catégories de commandes et d'événements.

En résumé, une simple connexion par le programme `telnet` peut permettre d'accéder à AMI (sans SSL). Des exemples sont disponibles en abondance sur Internet.

Le fichier de configuration d'AMI est `/etc/asterisk/manager.conf`. Les utilisateurs autorisés à accéder à AMI y sont enregistrés et un niveau de privilèges, définissant des catégories de commandes et d'événements accessibles, leur est attribué.

L'accès à une commande AMI requiert en effet un certain niveau de privilèges, ce qui permet de classer les commandes par catégories. La commande console `manager show commands` liste les commandes AMI disponibles sur le système.

Liste des commandes AMI et du niveau de privilèges associé

```
voiceserver*CLI> manager show commands
  Action          Privilege        Synopsis
  ------          ---------        --------
  WaitEvent       <none>           Wait for an event to occur
  ModuleCheck     system,all       Check if module is loaded
```

```
ModuleLoad        system,all       Module management
CoreShowChannel   system,reportin  List currently active channels
Reload            system,config,a  Send a reload event
CoreStatus        system,reportin  Show PBX core status variables
CoreSettings      system,reportin  Show PBX core settings (version etc)
VoicemailUsersL   call,reporting,  List All Voicemail User Information
UserEvent         user,all         Send an arbitrary event
SendText          call,all         Send text message to channel
ListCommands      <none>           List available manager commands
MailboxCount      call,reporting,  Check Mailbox Message Count
MailboxStatus     call,reporting,  Check Mailbox
AbsoluteTimeout   system,call,all  Set Absolute Timeout
ExtensionState    call,reporting,  Check Extension Status
Command           command,all      Execute Asterisk CLI Command
Originate         originate,all    Originate Call
Atxfer            call,all         Attended transfer
Redirect          call,all         Redirect (transfer) a call
ListCategories    config,all       List categories in configuration file
CreateConfig      config,all       Creates an empty file in the configuration directory
UpdateConfig      config,all       Update basic configuration
GetConfigJSON     system,config,a  Retrieve configuration (JSON format)
GetConfig         system,config,a  Retrieve configuration
Getvar            call,reporting,  Gets a Channel Variable
Setvar            call,all         Set Channel Variable
Status            system,call,rep  Lists channel status
Hangup            system,call,all  Hangup Channel
Challenge         <none>           Generate Challenge for MD5 Auth
Login             <none>           Login Manager
Logoff            <none>           Logoff Manager
Events            <none>           Control Event Flow
Ping              <none>           Keepalive command
UnpauseMonitor    call,all         Unpause monitoring of a channel
DAHDIRestart      <none>           Fully Restart DAHDI channels (terminates calls)
DAHDIShowChanne   <none>           Show status DAHDI channels
DAHDIDNDoff       <none>           Toggle DAHDI channel Do Not Disturb status OFF
DAHDIDNDon        <none>           Toggle DAHDI channel Do Not Disturb status ON
DAHDIDialOffhoo   <none>           Dial over DAHDI channel while offhook
DAHDIHangup       <none>           Hangup DAHDI Channel
DAHDITransfer     <none>           Transfer DAHDI Channel
IAXnetstats       system,reportin  Show IAX Netstats
IAXpeerlist       system,reportin  List IAX Peers
IAXpeers          system,reportin  List IAX Peers
QueueRule         <none>           Queue Rules
QueuePenalty      agent,all        Set the penalty for a queue member
QueueLog          agent,all        Adds custom entry in queue_log
QueuePause        agent,all        Makes a queue member temporarily unavailable
QueueRemove       agent,all        Remove interface from queue.
```

```
    QueueAdd          agent,all        Add interface to queue.
    QueueSummary      <none>           Queue Summary
    QueueStatus       <none>           Queue Status
    Queues            <none>           Queues
    PlayDTMF          call,all         Play DTMF signal on a specific channel.
    MeetmeList        reporting,all    List participants in a conference
    MeetmeUnmute      call,all         Unmute a Meetme user
    MeetmeMute        call,all         Mute a Meetme user
    AgentLogoff       agent,all        Sets an agent as no longer logged in
    Agents            agent,all        Lists agents and their status
    SIPnotify         system,all       Send a SIP notify
    SIPshowregistry   system,reportin  Show SIP registrations (text format)
    SIPqualifypeer    system,reportin  Show SIP peer (text format)
    SIPshowpeer       system,reportin  Show SIP peer (text format)
    SIPpeers          system,reportin  List SIP peers (text format)
    StopMonitor       call,all         Stop monitoring a channel
    PauseMonitor      call,all         Pause monitoring of a channel
    ChangeMonitor     call,all         Change monitoring filename of a channel
    ShowDialPlan      config,reportin  List dialplan
    Monitor           call,all         Monitor a channel
    AGI               agi,all          Add an AGI command to execute by Async AGI
    DBDelTree         system,all       Delete DB Tree
    DBDel             system,all       Delete DB Entry
    DBPut             system,all       Put DB Entry
    DBGet             system,reportin  Get DB Entry
    Bridge            call,all         Bridge two channels already in the PBX
    Park              call,all         Park a channel
    ParkedCalls       <none>           List parked calls
voiceserver*CLI>
```

> **À SAVOIR La liste dépend des modules installés**
>
> La liste des commandes AMI disponibles varie d'un serveur Asterisk à l'autre, car celles-ci sont implémentées dans les modules d'Asterisk. Par exemple, si le module app_meetme n'est pas installé, on ne retrouvera pas les commandes AMI MeetmeList, MeetmeMute et MeetmeUnmute.

Notre administrateur a configuré AMI pour autoriser les connexions locales (sur l'interface réseau loopback) sur le port par défaut (5038) à l'utilisateur voiceadmin. Ce dernier a accès en lecture aux événements internes d'Asterisk de la catégorie call et a la possibilité de passer tout type de commande (catégorie all).

COMMUNAUTÉ **AMI : le contrôle d'accès reste à améliorer**

AMI est un outil merveilleux pour l'administration et la supervision d'un serveur Asterisk depuis les applications externes. Cependant, l'accès à cet outil nécessite d'être amélioré. Le classement des commandes en catégories est une idée intéressante, mais qui n'offre pas suffisamment de granularité. Ainsi, si un utilisateur enregistré dans AMI dispose du niveau de privilèges call en lecture et écriture, par exemple pour passer des appels depuis un script Perl, il sera notifié de tous les événements de la catégorie call sur le système. Notre utilisateur sera ainsi tenu au courant des appels émis et reçus par tous les postes de l'entreprise.

En outre, AMI ne permet pas d'authentifier les utilisateurs enregistrés sur une base externe. Et pour finir, il n'existe pas de commande donnant la liste des événements AMI publiés par Asterisk.

Configuration d'AMI (fichier /etc/asterisk/manager.conf) sur le serveur Asterisk principal (voiceserver)

```
[general]
enabled=yes
port=5038
bindaddr=127.0.0.1
allowmultiplelogin=yes     ; les connexions multiples sont autorisées
webenabled=no              ; Ajam n'est pas utilisé ici

[voiceadmin]
secret=amiadmin
read=call
write=all
```

L'attribut allowmultiplelogins qui autorise les accès concurrents pour un même nom d'utilisateur (login) est nécessaire dans notre cas. En effet, le service de click-to-call doit pouvoir être utilisé simultanément par plusieurs utilisateurs. Ceux-ci passeront par l'utilisateur voiceadmin pour solliciter AMI via un script PHP.

L'attribut webenabled permet un accès à AMI par HTTP, dont la configuration est complétée dans le fichier /etc/asterisk/http.conf. L'accès à AMI par HTTP est à la source de tout développement d'application Ajax pour Asterisk. Le serveur Asterisk principal s'appuie sur AMI pour le service de click-to-call sans nécessiter l'accès via HTTP. Nous reviendrons plus tard dans ce chapitre sur l'interface HTTP de AMI (nommée Ajam), pour présenter la façon dont notre administrateur envisage d'améliorer l'ergonomie du service d'audioconférences présenté dans le chapitre 9 (réunions téléphoniques).

Communauté **Astmanproxy pour les accès multiples**

Les accès concurrents à AMI souffrent d'une mauvaise réputation : beaucoup d'administrateurs d'Asterisk se lamentaient des piètres performances observées, voire d'une impossibilité totale de connexion. Courant 2005, un contributeur d'Asterisk, David Troy, a développé un outil de gestion des accès concurrents, Astmanproxy, redonnant ainsi de l'espoir à tous les amateurs d'AMI.
Les choses se sont nettement améliorées suite à l'apparition de la série 1.4 d'Asterisk et aujourd'hui, AMI accepte les connexions concurrentes sans problème.

Sécurité **PHP ou Ajax ?**

Les scripts PHP étant exécutés sur le serveur web, le login `voiceadmin` et le mot de passe associé ne sont pas lisibles depuis le navigateur web de l'utilisateur. Ces scripts peuvent ainsi accéder à AMI sans exposer les éléments sensibles du système aux utilisateurs. Pour plus de sécurité, notre administrateur a en outre restreint l'accès réseau à AMI à l'interface locale (`loopback`).
Inversement, les scripts écrits en JavaScript (par exemple pour des applications Ajax) s'exécutent sur le navigateur web de l'utilisateur, qui a par conséquent un accès direct au code source (JavaScript est un langage interprété !) Si une demande de connexion sur AMI est effectuée par JavaScript, il suffira à l'utilisateur de lire le code source disponible pour connaître le login et le mot de passe de connexion à AMI ! Dans ce cas, on prendra la précaution d'interdire l'exécution des commandes (attribut `write=none`) et de restreindre au maximum la lecture des événements en choisissant une valeur appropriée pour l'attribut `read`.

Un service de click-to-call par le Web (serveur Apache 2.2.3, PHP 5.1.6)

Voyons maintenant comment notre administrateur a intégré une application web de click-to-call avec Asterisk par AMI.

Notre administrateur a déjà mis en place des applications web utilisant Asterisk. Ainsi, les nouveaux services de fax (voir le chapitre 7) et d'audioconférences (voir le chapitre 9) illustrent bien le couplage possible entre Asterisk et le Web. Mais l'appétit de notre administrateur pour ce type d'application n'est pas comblé, pas plus que celui des utilisateurs auxquels il a présenté les services avant leur déploiement. Aussi a-t-il ajouté une fonction d'appel automatique au service existant de consultation d'annuaire de l'entreprise par le Web, grâce à AMI.

En théorie, rien n'empêche d'installer le serveur web sur une autre machine que celle hébergeant le serveur Asterisk sollicité. Cependant, pour des raisons de sécurité, on a vu que notre administrateur a restreint l'accès TCP/IP à AMI à l'interface locale (`loopback`). En conséquence, le serveur web Apache sera installé sur la même machine.

Notre administrateur a basé le nouveau service sur le même modèle que ceux déjà mis en œuvre (fax et audioconférences) :

- protection par authentification LDAP (fichier `.htaccess` correctement écrit et positionné dans l'arborescence à protéger) ;
- accès aux caractéristiques de l'utilisateur par PHP/LDAP (numéro de téléphone professionnel) ;
- appel de l'utilisateur, puis du correspondant recherché, suivis de la mise en relation, le tout par Asterisk.

Configuration Apache/PHP

Une fois authentifié, l'utilisateur se voit présenter un formulaire très simple, dans lequel il lui est demandé de saisir les premières lettres du nom du correspondant recherché.

Code HTML du formulaire (fichier accueil.php)

```
........
<form method="post" name="searchUser" action="php/viewusers.php">
</p>
<p>
Saisissez les premières lettres du nom du correspondant
recherché : <input type="text" name="username">
</p>
<p>
<input type="submit" name="search" value="Rechercher"/>
</p>
</form>
........
```

La page `viewusers.php` est en fait un script intermédiaire contenant un autre script (`process.php`) dans lequel on exécutera les instructions.

Script intermédiaire viewusers.php

```
<!DOCTYPE html PUBLIC "-//W3C//DTD XHTML 1.0 Transitional//EN"
"http://www.w3.org/TR/xhtml1/DTD/xhtml1-transitional.dtd">
<html xmlns="http://www.w3.org/1999/xhtml" xml:lang="fr"
lang="fr">

<head>
<meta http-equiv="Content-Type" content="text/html;
      charset=utf-8" />
<link rel="stylesheet" type="text/css" href="../styles.css" />
<script type="text/javascript">
function enableNumberValue() {
        document.formNumber.othernumber.disabled=false;
}
function disableNumberValue() {
        document.formNumber.othernumber.disabled=true;
}
<body>
<?php require 'process.php' ?>
</body>

</html>
```

Asterisk devra appeler l'utilisateur du service ; pour cela, il a besoin de connaître son numéro de téléphone professionnel. Cette information sera
obtenue dans la base LDAP, en même temps que le nom de l'utilisateur,
qu'Asterisk présentera au correspondant appelé et qui sera stocké dans un
enregistrement CDR à la fin de l'appel.

Nom et numéro de téléphone professionnel de l'utilisateur (fichier process.php)

```
.........
$ldaphost = "ldaps://ldap-server.domaine.fr/";
$ldapconn = ldap_connect( $ldaphost ) or die( "Connexion à
{$ldaphost} impossible" );

$r=ldap_bind($ldapconn);
$sr=ldap_search($ldapconn, "ou=people,dc=domaine,dc=fr",
"login=" . $_SERVER['AUTHENTICATE_LOGIN']);

if (ldap_count_entries($ldapconn,$sr) <= 0) {
        echo "<p>Aucune entrée trouvée.</p>";
        return;
}
```

```
$info = ldap_get_entries($ldapconn, $sr);

$userPhone = $info[0]["telephoneNumber"][0];
$userName = $info[0]["name"][0];

ldap_close($ldapconn);
........
```

Ces informations obtenues, le script va à nouveau interroger la base LDAP pour déterminer la liste des correspondants dont le nom commence par les caractères fournis par l'utilisateur à l'étape précédente. La page produite par le script PHP sera divisée en deux parties :

- un formulaire de rappel permettant à l'utilisateur du service d'être appelé sur son numéro professionnel ou sur le numéro de son choix, avant l'appel du correspondant ;
- la liste des correspondants dont le nom commence par les caractères donnés à l'étape précédente (disponibles dans le script par la variable $_POST["username"]), avec la possibilité d'en sélectionner un pour l'appeler.

CULTURE **Autocomplétion par Ajax**

Pour une ergonomie évoluée, notre administrateur aurait pu développer un formulaire dynamique proposant une liste de correspondants adaptée à chaque touche frappée par l'utilisateur. C'est ce qu'on appelle l'autocomplétion (ou autocomplètement, qui serait plus français...) On pourra se référer à l'excellent livre de Christophe Porteneuve, *Bien développer pour le Web 2.0*, qui contient de précieux exemples détaillés.

📖 Christophe Porteneuve, *Bien développer pour le Web 2.0 – Bonnes pratiques Ajax*, 2e édition, Eyrolles, 2008

Affichage du formulaire de rappel et de la liste des correspondants trouvés (fichier process.php)

```
........
Requête de recherche dans la base LDAP :

        $sr=ldap_search($ldapconn,"dc=people,dc=domaine,dc=fr",
"(|(sn=" . $_POST["username"] . "*)(givenName=" .
$_POST["username"] . "*))", $justthese);
```

```
        if (ldap_count_entries($ldapconn,$sr) <= 0) {
                echo "<p>Connexion LDAP impossible.</p>\n";
        }
        $info = ldap_get_entries($ldapconn, $sr);
```

Affichage du formulaire de rappel :

```
        echo "<form method=\"post\" name=\"formNumber\"
action=\"call.php\">\n";
        echo "<p><input type=\"radio\" name=\"number\" value=\""
. $userPhone . "\" checked onClick=\"disableNumberValue()\"/
>Numéro professionnel : " . $userPhone . "</p>\n";
        echo "<p><input type=\"radio\" name=\"number\" value=\"\"
onClick=\"enableNumberValue()\"/>Autre numéro : <input
type=\"text\" name=\"othernumber\" disabled=\"true\"></p>\n";
        echo "<p><input type=\"hidden\" name=\"username\"
value=\"" . $userName . "\"/></p>\n";

        echo "<p></p>\n";
        echo "<hr>\n";
        echo "<p></p>\n";
```

Affichage des correspondants trouvés, possibilité de sélection et
d'appel :

```
        echo "<table>\n";
        echo "<tr><th>Nom</th><th>Numéro de téléphone</
th><th>Sélectionner</th></tr>\n";
        for ($i=0; $i<$info["count"]; $i++) {
                $numberToCall = $info[$i]["telephonenumber"][0];
                $numberToCall = preg_replace("/ +/", "",
$numberToCall);
                echo "<tr><td>" . $info[$i]["cn"][0] . "</td><td>"
. $info[$i]["telephonenumber"][0] . "</td><td><input
type=\"radio\" name=\"numberToCall\" value=\"" . $numberToCall .
"\" checked=\"false\"/></td></tr>\n";
        }
        echo "</table>\n";
        echo "<input type=\"submit\" name=\"call\"
value=\"Appeler\"/>\n";
        echo "</form>\n";

        ldap_close($ldapconn);
.........
```

L'envoi des données saisies par l'utilisateur (son numéro de rappel et le correspondant sélectionné pour l'appel) donne lieu à l'exécution du script call.php. Rien de neuf ici, notre administrateur suit là encore la procédure utilisée dans le cadre des services web précédemment mis en œuvre. Une différence majeure existe cependant, puisque la mise en relation de l'utilisateur du service et du correspondant sélectionné s'effectuera via AMI (et Asterisk, bien sûr !)

Appel de l'utilisateur par Asterisk (fichier call.php)

```
........

Récupération du numéro du correspondant d'après les données du
formulaire :

if (isset($_POST["number"]) && !empty($_POST["number"])) {
        $number = $_POST["number"];
} else if (isset($_POST["othernumber"])) {
        $number = $_POST["othernumber"];
} else {
        echo "<p>Numero de inconnu</p>\n";
        return;
}


Vérification des données reçues :

if (!preg_match("/^[0-9]{10}$/", $number)) {
        echo "<p>Entrée invalide : " . $number . "</p>";
        echo "<p>Veuillez saisir un numéro de téléphone sur 10
chiffres</p>";
        print_welcome_link();
        return;
}

$socket = fsockopen("127.0.0.1", "5038", $errno, $errstr);
fputs($socket, "Action: Login\r\n");
fputs($socket, "UserName: voiceadmin\r\n");
fputs($socket, "Secret: amiadmin\r\n");
fputs($socket, "Events: off\r\n\r\n");

fputs($socket, "Action: Originate\r\n");
fputs($socket, "Async: yes\r\n");
fputs($socket, "Channel: LOCAL/" . $number ."@originate-
clicktocall/n\r\n");
fputs($socket, "Context: clicktocall\r\n");
```

```
fputs($socket, "Extension: " . $_POST["numberToCall"] . "\r\n");
fputs($socket, "Priority: 1\r\n");
fputs($socket, "Variable: NUMBERTOCALL=" . $_POST["numberToCall"]
. "\r\n");
fputs($socket, "Variable: USERNAME=" . $_POST["username"] .
"\r\n");
fputs($socket, "Variable: USERNUM=" . $number . "\r\n\r\n");

fputs($socket, "Action: Logoff\r\n\r\n");
while (!feof($socket)) {
        $reads = fread($socket, 8192);
        echo "<p>" . $reads . "</p>\n";
}
```

Maintenant que les scripts PHP sont disponibles, notre administrateur va passer à la configuration d'Asterisk.

Configuration du dialplan d'Asterisk

Comme dans le cas du service d'audioconférences, le canal de type LOCAL créé sera maintenu actif tout au long de l'appel grâce au suffixe /n. Les variables de canal USERNAME, USERNUM et NUMBERTOCALL seront utilisées dans les contextes du dialplan sollicités, à savoir originate-clicktocall et clicktocall.

Asterisk va d'abord exécuter les instructions du contexte originate-clicktocall pour appeler l'utilisateur du service. Si l'utilisateur a indiqué son numéro professionnel pour être appelé (extension _01234555XX), alors Asterisk composera les quatre chiffres du poste. Sinon, si l'utilisateur a souhaité être appelé sur un téléphone mobile, par exemple, l'appel sera dirigé vers le RTC. L'extension standard h (*hangup*) intervient en fin d'appel, lorsque l'un des utilisateurs décide de raccrocher. De même que pour le service d'audioconférences, l'administrateur a configuré le dialplan de façon à présenter des numéros appelants cohérents et à enregistrer des CDR pertinents.

Contexte originate-clicktocall (fichier /etc/asterisk/extensions.ael)

```
context originate-clicktocall {
        _0XXXXXXXXX => {
                Dial(DAHDI/g0/${EXTEN});
        };

        _01234555XX => {
                Dial(SIP/${EXTEN:6}&IAX2/${EXTEN:6});
        };
```

```
        h => {
                Set(CALLERID(name)=${USERNAME});
                Set(CALLERID(num)=${USERNUM});
                Set(CDR(numbercalled)=${NUMBERTOCALL});
        };
};
```

Les instructions du contexte `clicktocall` sont ensuite exécutées pour joindre le correspondant recherché, avant de mettre les deux utilisateurs en relation.

Au cas où le numéro appelé à l'étape précédente se trouve être en fait renvoyé sur une boîte vocale, Asterisk soumet l'appel du deuxième correspondant à l'appui sur la touche étoile. Un message préenregistré est joué et une temporisation de cinq secondes est démarrée via l'application WaitExten (*Wait for Extension*).

L'appui sur la touche étoile va faire basculer l'appel dans l'extension correspondante (*). Le numéro du second correspondant est donné dans l'annuaire LDAP sur dix chiffres ; Asterisk composera les quatre derniers chiffres de ce numéro, qui appartient à un terminal enregistré via SIP. Les utilisateurs sont connectés !

> À SAVOIR **Même principe que pour les audioconférences**
>
> Le traitement effectué par l'appel des extensions i et t est le même que dans le cas du service d'audioconférences (voir chapitre 9). De plus, le CDR retenu pour être stocké est celui du contexte `originate-clicktocall`, qui contient toutes les informations pertinentes.

Contexte clicktocall (fichier /etc/asterisk/extensions.ael)

```
........
context clicktocall {
        _01234555XX => {
                Wait(1);
                Set(CHANNEL(language)=fr);
                Background(vm-press&digits/star);
waitforinput:
                WaitExten(5);
        };

        * => {
                Set(CALLERID(name)=${USERNAME});
                Set(CALLERID(num)=${USERNUM});
                NoCDR();
                Dial(SIP/${NUMBERTOCALL:6});
                Hangup();
        };
```

```
        i => {
                Playback(pbx-invalid);
                goto ${NUMBERTOCALL},waitforinput;
        };

        t => {
                goto failed,1;
        };

        failed => {
                Playback(vm-goodbye);
                Hangup();
        };

};
........
```

Le service d'appel automatique venant compléter l'annuaire web est maintenant créé. Les utilisateurs sont ravis... et ils n'ont pas vu la suite ! Notre administrateur envisage en effet d'améliorer l'ergonomie du service d'audioconférences récemment installé en y intégrant un composant Ajax.

Dynamiser l'interface web du service d'audioconférences avec Ajam

Le service d'audioconférences mis en place par l'administrateur repose sur des scripts PHP exécutés sur le serveur web. Pour rappel, un serveur Asterisk accompagné d'un serveur web Apache a été installé pour gérer les audioconférences sur une machine dédiée : conferenceserver. C'est donc sur cette machine que les fichiers de configuration seront édités.

AMI + Ajax = Ajam

Si AMI est accessible par le réseau TCP/IP, la communauté a eu l'idée d'étendre au Web l'accès à AMI, avec l'intention de pousser au développement d'applications Web 2.0. Asterisk contient ainsi depuis la série 1.4 un serveur web capable de relayer des échanges AMI entre un client et un serveur, permettant ainsi le développement de pages web dynamiques dont certaines parties sont générées par Asterisk.

Autrement dit, les événements rapportés par AMI peuvent être affichés dynamiquement dans une page web, sans avoir à la recharger ! Cette fonctionnalité couplant Ajax (*Asynchronous JavaScript language And XML*) avec AMI porte un nom : Ajam, pour *Asynchronous JavaScript Asterisk Manager*. L'interface graphique accompagnant Asterisk s'appuie notamment sur Ajam.

Notre administrateur va utiliser la puissance d'Ajam pour informer les utilisateurs des entrées et des sorties de la conférence à laquelle ils sont connectés. Ces événements devront être publiés sans requérir une quelconque action de la part des utilisateurs.

Activer Ajam et l'intégrer dans un serveur web Apache

L'activation d'Ajam s'effectue en deux étapes :

1 la configuration d'AMI dans le fichier `/etc/asterisk/manager.conf` ;

2 le lancement du serveur web intégré à Asterisk en configurant le fichier `/etc/asterisk/http.conf`.

L'accès à AMI est autorisé exclusivement sur l'interface locale (`loopback`). En fait, cet accès ne sera pas direct mais se fera par l'intermédiaire de son interface HTTP. Inutile d'ouvrir pour rien l'accès à AMI qui est une interface à manipuler précautionneusement. On veut dynamiser notre service d'audioconférences, et non le dynamiter !

Comme AMI requiert une authentification préalable à son utilisation, notre administrateur a enregistré une entrée pour l'utilisateur supervisor, dont les droits se limitent à la lecture des événements de la catégorie user.

Configuration d'AMI (fichier /etc/asterisk/manager.conf) sur le serveur conferenceserver

```
[general]
enabled=yes
port=5038
bindaddr=127.0.0.1
allowmultiplelogin=yes  ; les connexions multiples sont autorisées
webenabled=yes          ; pour activer Ajam

[supervisor]
secret=monsecret
read=user
write=none
```

Fichier /etc/asterisk/http.conf

```
[general]
enabled=yes
bindaddr=127.0.0.1
bindport=8088
prefix=asterisk  ; préfixe pour les URL, utile pour le reverse-proxy
enablestatic=yes ; accès aux fichiers de démonstration d'Ajam
```

Le serveur web intégré à Asterisk n'est pas destiné à fournir un accès direct aux clients web. C'est pourquoi notre administrateur n'active l'écoute que sur l'interface locale. D'ailleurs, ce mini-serveur web n'a pas été développé pour gérer des sessions HTTP en nombre. Notre administrateur a installé un (vrai) serveur web sur la même machine pour le service d'audioconférences initial et va l'utiliser en tant que *reverse proxy* HTTP pour offrir l'accès à Ajam aux utilisateurs.

CULTURE **Apache en reverse proxy**

L'accès à Ajam depuis l'extérieur s'effectuera via Apache, en configurant ce dernier comme un *reverse proxy* (ou proxy inverse). Dans le jargon HTTP, un *proxy* dessert les accès à des serveurs HTTP externes pour les utilisateurs internes, c'est-à-dire connectés au même réseau que le proxy HTTP. Un reverse proxy réalise l'opération inverse, qui consiste à desservir les accès aux serveurs HTTP qui lui sont directement connectés pour des utilisateurs externes. Le module d'Apache mod_proxy.so permet de réaliser cette opération ; il est (normalement) installé par défaut.

Configuration d'Apache (2.2.3) en tant que reverse proxy pour Ajam (fichier /etc/http/conf/httpd.conf)

```
........
#
# Proxy Server directives. Uncomment the following lines to
# enable the proxy server:
#
<IfModule mod_proxy.c>
ProxyRequests Off

<Proxy *>
    Order deny,allow
    Allow from all
</Proxy>
```

```
ProxyPass /asterisk http://127.0.0.1:8088/asterisk
.........
```

Maintenant qu'Ajam est activé, notre administrateur va configurer dans le dialplan les événements utiles dont le contenu sera affiché sur la page web.

Publication des événements par Asterisk

Les événements AMI sont publiés par les modules applicatifs ou fonctionnels, comme le module app_dial. L'administrateur ne peut contrôler la publication de ce type d'événements.

Cependant, la commande UserEvent incluse dans le module app_userevent va offrir à notre administrateur le contrôle complet des événements qu'il souhaite rendre accessibles via l'interface web du service d'audioconférences – le but étant de signaler l'entrée d'un participant dans une audioconférence ainsi que sa sortie.

> COMMUNAUTÉ **Les événements du module app_meetme**
>
> Le module app_meetme renvoie certes les événements AMI MeetmeJoin et MeetmeLeave, qui répondent au besoin de notre administrateur, mais ceux-ci nécessitent le niveau de privilèges call, qui offre l'accès à tous les événements de la même catégorie. Bien que le serveur d'audioconférences ne transporte pas d'appels (autres que les audioconférences), ce niveau de privilèges est trop large pour les utilisateurs.

Les événements publiés par l'application UserEvent nécessitent le niveau de privilèges user pour être lus. Voyons comment notre administrateur a modifié les contextes originate-webconferences et webconferences.

Contexte originate-webconferences et webconferences sur le serveur d'audioconférences (fichier /etc/asterisk/extensions.ael)

```
context originate-webconferences {
        _0XXXXXXXXX => {
                Dial(SIP/${EXTEN}@voiceserver);
        };

        h => {
                UserEvent(meetmeleave|${CONFNAME}|${USERNAME});
                Set(CALLERID(name)=${USERNAME});
                Set(CALLERID(num)=${USERNUM});
```

```
                        Set(CDR(confname)=${CONFNAME});
        };
};

context webconferences {
        _[a-z]. => {
                Wait(1);
                Set(CHANNEL(language)=fr);
                Background(vm-press&digits/star);
waitforinput:
                WaitExten(5);
        };

        * => {
                Set(CALLERID(name)=${USERNAME});
                Set(CALLERID(num)=${USERNUM});
                NoCDR();
                UserEvent(meetmejoin|${CONFNAME}|${USERNAME});
                MeetMe(${CONFNAME},d);
                Hangup();
        };

        i => {
                Playback(pbx-invalid);
                goto ${CONFNAME},waitforinput;
        };

        t => {
                goto failed,1;
        };

        failed => {
                Playback(vm-goodbye);
                Hangup();
        };
};
```

Configuration de l'interface web via les scripts PHP

Les scripts PHP formant l'interface web du service d'audioconférences doivent être retouchés par notre administrateur afin d'intégrer les composants Ajam.

Le contenu des événements émis par l'application UserEvent sera affiché dans le script intermédiaire viewconferences.php.

Ajout de Ajam dans le script viewconferences.php

```html
<html xmlns="http://www.w3.org/1999/xhtml" xml:lang="fr" lang="fr">

<head>
<meta http-equiv="Content-Type" content="text/html;
      charset=utf-8" />
<meta name="creator" content="Philippe Sultan" />
<link rel="stylesheet" type="text/css" href="../styles.css" />
<script type="text/javascript">
function enableNumberValue() {
        document.formNumber.othernumber.disabled=false;
}
function disableNumberValue() {
        document.formNumber.othernumber.disabled=true;
}
</script>
<script type="text/javascript"
        src="../javascript/lib/prototype.js"></script>
<script type="text/javascript"
        src="../javascript/lib/astman.js"></script>
<script type="text/javascript"
        src="../javascript/scripts/supervisor.js"></script>
</head>

<body>
<?php require './preprocess.php' ?>
<div id="events"></div>
</body>

</html>
```

Comme on peut le constater, Ajam repose sur l'API Ajax Prototype en version 1.4.0 (désormais un peu ancienne). Le cœur d'Ajam est le fichier astman.js. Dans la page HTML générée par le script, notre administrateur a ajouté une section div nommée events qui sera mise à jour par Ajam sur réception d'événements.

La connexion Ajam ainsi que les événements reçus sont traités dans le script supervisor.js créé par notre administrateur, qui mérite quelques explications.

> BONNE PRATIQUE **Firebug : la lanterne du développeur Javascript**
>
> Besoin d'un logiciel de débogage pour JavaScript ? Firebug est la réponse. JavaScript est un langage interprété qui s'exécute dans un environnement fermé : un navigateur web. Ce qui signifie qu'aucun compilateur ne vérifie les erreurs de syntaxe et que les erreurs d'exécution sont affichées selon le bon vouloir du navigateur. Pour ces raisons, le logiciel Firebug est vraiment indispensable pour développer en JavaScript, sinon l'envie sourde de jeter son ordinateur à la broyeuse viendra inévitablement en cas d'erreurs d'exécution répétées.

Au chargement de la page HTML, la fonction `ajamLogin` sera exécutée.

> À SAVOIR **Event**
>
> L'objet `Event` est créé par Prototype et ne fait pas partie du langage JavaScript.

Cette fonction connecte le navigateur au serveur Ajam et fournit un couple identifiant/mot de passe pour l'authentification. La fonction de rappel (*callback*) `session.login` est passée en argument, afin d'être exécutée sur réception de la réponse du serveur Ajam.

> ATTENTION **Limites du contrôle d'accès**
>
> On ne peut qu'insister lourdement sur la restriction des privilèges accordés à l'utilisateur `supervisor`, étant donné que tout utilisateur du service peut accéder à ses informations d'authentification en consultant ce code JavaScript. Les limites d'AMI en termes de contrôle d'accès sont ici patentes.

Si l'authentification est validée par le serveur, une fonction de traitement des événements (`session.eventcb`) est affectée à notre client Ajam via l'instruction `setEventCallback`, et une requête Ajax est envoyée au serveur pour récupérer la liste des événements sur le serveur. Comme le veut Ajax, cette requête est exécutée en tâche de fond par l'instruction `astmanEngine.pollEvents()`.

Requête Ajax de récupération d'événements AMI

```
GET https://conferenceserver.domaine.fr/asterisk/
rawman?action=waitevent&_=
```

> À SAVOIR **Pas de privilège pour WaitEvent**
>
> La commande AMI `WaitEvent` n'est associée à aucun privilège !

Le serveur Ajam répondra à cette requête sur réception d'un événement AMI. La fonction de rappel (`session.eventcb`) du client Ajam sera alors exécutée.

Les événements AMI, quel que soit leur niveau de privilèges, sont tous enregistrés dans une file d'attente dans Asterisk, qui alimente les processus en écoute. La commande AMI `WaitEvent`donne ainsi accès à tous les événements, mais leur contenu est filtré selon le niveau de privilèges.

Dans notre cas, cela signifie que tout événement publié avec un niveau de privilèges autre que `user` aura un contenu vide. C'est le cas par exemple si un appel est passé entre deux postes via l'application Dial, donnant lieu à la publication d'événements de la catégorie `call`. La réponse reçue sera alors :

Réponse AMI à la commande WaitEvent sur réception d'un événement non autorisé

```
Response: Success
Message: Waiting for Event completed.

Event: WaitEventComplete
```

En revanche, dans le cas de l'entrée de l'utilisateur SULTAN Philippe dans la conférence demo, un événement de la catégorie user sera publié via l'application UserEvent ; la réponse reçue sera alors :

Réponse AMI à la commande WaitEvent sur réception d'un événement d'entrée en audioconférence

```
Response: Success
Message: Waiting for Event completed.

Event: UserEvent
Privilege: user,all
UserEvent: meetmejoin|demo|SULTAN Philippe

Event: WaitEventComplete
```

Tant que la session HTTP sera maintenue, le client Ajam exécutera en boucle et en tâche de fond les instructions `astmanEngine.pollEvents()` et `session.eventcb`. Cette dernière affiche le contenu des événements publiés par l'application UserEvent dans la section `div` nommée `events` de la page web.

Script de supervision des événements publiés par l'application UserEvent (supervisor.js)

```
var session = new Object;

session.logins = function(msgs) {
        resp = msgs[0].headers['response'];
        if (resp == "Success")
                astmanEngine.setEventCallback(session.eventcb);
                astmanEngine.pollEvents();
        }
}

session.eventcb = function(msgs) {
        for (var i=0; i < msgs.length ; i++) {
                var eventString = msgs[i].headers['userevent'];
                if (eventString != null) {
                        var tmp = eventString.split(/\|/g);
                        $('events').innerHTML = '<p>Evenement : <i>' +
tmp[0] + '</i><br>Utilisateur : <i>' + tmp[2] + '</i></p>';
                }
        }
        astmanEngine.pollEvents();
}

function ajamLogin() {
        astmanEngine.setURL('/asterisk/rawman');

astmanEngine.sendRequest('action=login&username=supervisor&secret=monse
cret', session.logins);
}

Event.observe(window, 'load', ajamLogin, false);
```

Et voilà ! Il ne restera plus à notre administrateur qu'à rendre ses pages plus conviviales à l'aide de CSS/JavaScript dans une version ultérieure du service.

11

Administration
des serveurs Asterisk

Les serveurs Asterisk installés nécessitent un minimum de supervision et de traitement des informations produites. Ce chapitre expose l'exploitation courante des serveurs mis en œuvre.

Considérations générales sur la sécurité

L'administration d'un serveur Asterisk, comme celle de toute application hébergée sur un serveur, impose de se conformer à certains usages touchant à la sécurité – tout particulièrement si Asterisk est accessible depuis l'extérieur, comme c'est le cas pour certaines instances mises en œuvre par notre administrateur.

Les serveurs Asterisk sont localisés dans un réseau séparé de l'entreprise, à l'exception du serveur installé au domicile de l'administrateur. L'espace d'adressage IP de ce réseau est public, donc accessible depuis l'extérieur sans mécanisme de traduction d'adresse (NAT).

Configuration du routeur filtrant

L'accès au réseau des serveurs Asterisk est contrôlé par le routeur de notre entreprise, qui joue le rôle d'un pare-feu en filtrant les datagrammes IP indésirables. Sans entrer dans le détail de la configuration du routeur filtrant, on retiendra que la politique de filtrage appliquée consiste à interdire tout trafic autre que SIP (UDP 5060), IAX (UDP 4569) et RTP, en complément des protocoles LDAP et RADIUS (vers les serveurs dédiés uniquement).

RTP pose un problème aux équipements de filtrage réseau dans la mesure où contrairement à SIP, par exemple, aucun port standard ne lui est assigné. Dans le cas de notre entreprise, les ports UDP utilisés par chaque instance d'Asterisk pour RTP ont été définis dans le fichier `/etc/asterisk /rtp.conf`. Le routeur filtrant est configuré à partir de ces informations.

Configuration des canaux et contrôle d'accès dans le dialplan

Les serveurs Asterisk eux-mêmes doivent être protégés des utilisations frauduleuses potentielles, en identifiant les terminaux autorisés dans les fichiers de configuration des canaux (par exemple `/etc/asterisk/sip.conf`), et par le contrôle de l'accès aux ressources téléphoniques dans le dialplan (fichier `/etc/asterisk/extensions.ael`).

Restriction du nombre de modules installés

Restreindre les modules chargés par Asterisk au démarrage (et les fichiers de configuration associés) va également dans le sens de la sécurisation d'Asterisk. Comme tout programme, un module chargé contient des bugs qui peuvent amener à détourner son utilisation à de mauvaises fins. Nous avons vu plusieurs exemples de configuration d'Asterisk limitant les modules chargés ; gageons que notre administrateur convertira le serveur Asterisk principal de l'entreprise sous peu !

Choix d'une version stable du logiciel

Le choix de la version d'Asterisk doit être pesé avant de procéder à l'installation. Pour un administrateur désirant mettre en service Asterisk, le choix d'installer une version de développement est à exclure. Elle doit être considérée par les utilisateurs comme l'espace de travail réservé aux développeurs, qui la mettent à jour quotidiennement pour y ajouter des fonctionnalités qui seront accessibles à tous par la suite. Le code de la version de développement est donc par nature instable et il arrive d'ailleurs très souvent que la compilation échoue !

Asterisk existe maintenant depuis une dizaine d'années et il contient énormément de fonctionnalités, même dans ses versions anciennes. Le choix d'installer Asterisk dans la dernière version publiée (1.6.2 au moment où ces lignes sont écrites) n'est en général pas justifié. Il est donc préférable d'installer une version pas trop récente d'Asterisk, afin de ne pas découvrir les bugs avant tout le monde. Le choix de notre administrateur pour installer ses serveurs s'est ainsi porté sur la version 1.6.1.1 d'Asterisk.

Pour terminer sur les considérations générales en termes d'administration, on ne saurait trop insister sur la nécessité d'appliquer les correctifs de sécurité publiés par la communauté Asterisk. Les mises à jour contenant des correctifs de sécurité sont systématiquement annoncées sur les mailing lists d'Asterisk (voir le chapitre 15, « Contribuer à Asterisk »).

Les choix d'architecture réseau, de version et de configuration arrêtés, notre administrateur va laisser tourner ses serveurs Asterisk. Leur activité pourra être mesurée en consultant les journaux et les tickets de taxation publiés au fil du temps.

Les journaux d'activité (fichiers de log)

Les journaux d'activité d'Asterisk (ou fichiers de log) sont classés dans le répertoire /var/log/asterisk. On y retrouve des informations importantes, comme une erreur survenue dans le programme ou dans un de ses modules. Ces fichiers sont en fait des indicateurs de santé du serveur Asterisk.

Configuration

Le fichier le plus important pour l'administration courante du serveur Asterisk est /var/log/asterisk/messages, dans lequel sont consignés les erreurs du programme Asterisk. La configuration des journaux d'activité s'effectue dans le fichier /etc/asterisk/logger.conf.

Configuration du journal d'activité (fichier /etc/asterisk/logger.conf)

```
[general]]
[logfiles]
console => notice,warning,error,debug,verbose,dtmf
messages => notice,warning,error
```

> À SAVOIR **Configuration avec syslog**
>
> Les administrateurs habitués à utiliser le programme syslog peuvent également enregistrer les messages du journal d'activité dans ce format.

Archivage

Un programme très utile pour archiver le journal d'activité est utilisé : logrotate. Ce programme vient en général s'installer avec le système d'exploitation et, s'il ne l'est pas, on peut l'installer via le gestionnaire de paquetages Yum. Sur tous les serveurs Asterisk installés par notre administrateur, on trouvera donc un fichier /etc/logrotate.d/asterisk destiné à archiver le journal d'activité.

Archivage du journal d'activité (fichier /etc/logrotate.d/asterisk)

```
errors admin@domaine.fr
compress

/var/log/asterisk/messages /var/log/asterisk/*log {
        daily
        missingok
        rotate 32
        sharedscripts
        postrotate
                /usr/sbin/rasterisk -x 'logger reload' >/dev/null
2>/dev/null || true
        endscript
}

/var/log/asterisk/cdr-csv/*csv /var/log/asterisk/cdr-custom/*csv
{
        monthly
        missingok
        rotate 12
        sharedscripts
        postrotate
                /usr/sbin/asterisk -rx 'logger reload' >/dev/null
2>/dev/null || true
        endscript
}
```

Quelques explications sur les instructions de ce fichier s'imposent.

En cas d'erreur dans le traitement effectué par logrotate, un courriel sera adressé à notre administrateur. Les archives sont compressées par le programme gzip et suffixées par .gz.

Avec le journal d'activité, tous les fichiers d'extension .log du répertoire /var/log/asterisk seront archivés. Les archives sont réalisées quotidiennement et trente-deux jours d'enregistrement d'activité sont conservés.

Une fois les archives créées, c'est-à-dire après l'exécution périodique du programme `logrotate`, la commande console `logger reload` est exécutée (via le programme `rasterisk`) afin de créer un nouveau fichier `/var/log/asterisk/message`. L'instruction `sharedscripts` permet de n'exécuter cette commande qu'une fois, plutôt que pour chaque archive enregistrée.

> À SAVOIR **logrotate et cron**
>
> `logrotate` est exécuté périodiquement par le programme spécialisé dans ce genre de tâche : `cron`.

Tickets de taxation (CDR)

Les tickets de taxation (en anglais CDR, pour *Call Detail Records*) sont indispensables à tout système de téléphonie d'entreprise, principalement pour des raisons de sécurité. Ils contiennent en effet les informations sur les appels traités par Asterisk (numéro appelant, destination, durée de l'appel, etc.). Avec l'authentification et le contrôle d'accès, la traçabilité est le troisième pilier qui soutient la politique de sécurité du système d'information dans l'entreprise.

Pour le système de téléphonie, qui, comme on l'a vu tout au long du livre, fait désormais partie du système d'information, les tickets de taxation sont les éléments de base qui permettront, en cas de besoin, de vérifier l'utilisation du système, et donc d'assurer la traçabilité des communications téléphoniques.

Asterisk dispose de plusieurs interfaces d'enregistrement de tickets de taxation, auxquelles accèdent différents modules, présentés dans le tableau ci-après.

Tableau 11–1 Interfaces d'enregistrement des CDR

Module	Format	Fichier de configuration	Bibliothèque externe
`cdr_csv.so`	CSV (*Comma Separated Values*) : chaque ticket est enregistré dans une ligne d'un fichier texte dont les champs sont séparés par des virgules.	`/etc/asterisk/cdr.conf` : attention, la section `[csv]` doit contenir au moins une ligne non commentée, sinon Asterisk ne charge pas le module.	Non

Tableau 11–1 Interfaces d'enregistrement des CDR (...)

Module	Format	Fichier de configuration	Bibliothèque externe
cdr_custom.so	CSV : l'administrateur choisit les champs qui seront enregistrés.	/etc/asterisk/ cdr_custom.conf	Non
cdr_manager.so	AMI (*Asterisk Manager Interface*) : les tickets sont envoyés à toutes les instances connectées via AMI.	/etc/asterisk/ cdr_manage.conf	Non
cdr_radius.so	RADIUS : les tickets sont envoyés à un serveur RADIUS.	/etc/asterisk/ cdr.conf : la section [radius] contient le fichier de configuration définissant la connexion RADIUS.	radiusclient-ng
cdr_adaptative_odbc.so			generic_odbc ltdl
cdr_odbc.so			generic_odbc ltdl
cdr_pgsql.so			pgsql
cdr_sqlite3_custom			sqlite3
cdr_sqlite			sqlite
cdr_tds			freetds

Notre administrateur a configuré trois modules CDR : cdr_csv, cdr_custom et cdr_radius.

Les deux premiers modules s'appuient sur des fichiers texte et sont classés sur les serveurs Asterisk eux-mêmes.

Le module cdr_radius permet d'enregistrer les tickets de taxation sur une machine externe (le serveur RADIUS de notre entreprise), réduisant ainsi les risques de perte. Il nécessite de configurer Asterisk en tant que client RADIUS, ce sur quoi nous reviendrons un peu plus loin.

Cette configuration à trois modules pour les CDR se retrouve sur tous les serveurs Asterisk installés par notre administrateur. Pour la détailler, nous prendrons l'exemple du serveur Asterisk principal.

Les CDR sur le serveur Asterisk principal (voiceserver)

Notre administrateur a choisi d'utiliser l'interface d'enregistrement basique pour les CDR, à savoir le fichier texte. En effet, notre administrateur a coutume d'utiliser la commande grep et le langage Perl, particulièrement adaptés au traitement des fichiers texte pour la rédaction de rapports. L'acronyme *Practical Extraction and Report Language* (PERL) prendra donc tout son sens !

Le module cdr_csv sera chargé au démarrage d'Asterisk et les CDR seront enregistrés dans le répertoire /var/log/asterisk/cdr-csv/Master.csv. Pour une meilleure lisibilité, notre administrateur a configuré le programme logrotate de façon à archiver les CDR mois par mois.

Archivage des CDR par logrotate (fichier /etc/logrotate.d/asterisk)

```
errors admin@domaine.fr
compress

/var/log/asterisk/messages /var/log/asterisk/*log {
        daily
        missingok
        rotate 32
        sharedscripts
        postrotate
                /usr/sbin/asterisk -rx 'logger reload' >/dev/null
2>/dev/null || true
        endscript
}

/var/log/asterisk/cdr-csv/*csv /var/log/asterisk/cdr-custom/*csv
{
        monthly
        missingok
        rotate 12
        sharedscripts
        postrotate
                /usr/sbin/asterisk -rx 'logger reload' >/dev/null
2>/dev/null || true
        endscript
}
```

Dans la console, les deux modules apparaissent bien via la commande console cdr show status.

Liste des modules CDR chargés

```
voiceserver*CLI> cdr show status
Call Detail Record (CDR) settings
----------------------------------
  Logging:                  Enabled
  Mode:                     Simple
  Log unanswered calls:     No

* Registered Backends
  -------------------
    cdr-custom
    csv

voiceserver*CLI>
```

Attention, si la présence du fichier /etc/asterisk/cdr_custom.conf suffit pour charger le module cdr_custom, celle du fichier /etc/asterisk/cdr.conf ne suffit pas pour charger le module cdr_csv. Il faut éditer ce fichier pour renseigner au moins une ligne de la section [csv]. On l'éditera en outre pour indiquer le fichier de configuration du client RADIUS d'Asterisk.

Fichier /etc/asterisk/cdr.conf

```
[general]

[csv]
;usegmtime=yes     ; log date/time in GMT. Default is "no"
loguniqueid=yes    ; log uniqueid. Default is "no"
;loguserfield=yes  ; log user field. Default is "no"

[radius]
radiuscfg => /usr/local/etc/radiusclient-ng/radiusclient.conf
```

Le chargement du module cdr_radius ne s'effectue pas car il n'a pas été compilé.

BONNE PRATIQUE **Chargement de module par la console**

Si un module n'apparaît pas alors qu'il est attendu par l'administrateur, cela est vraisemblablement dû à une erreur de configuration ou, dans le cas présent, à l'absence du module lui-même. On peut alors tenter de charger le module manuellement via la console pour diagnostiquer le problème. En cas d'erreur, on verra alors un message précis s'afficher dans la console, ce qui est plus simple que de plonger le nez dans un fichier de log.

Échec du chargement du module cdr_radius

```
voiceserver*CLI> module load cdr_radius.so
Unable to load module cdr_radius.so
Command 'module load cdr_radius.so' failed.
[May 21 20:04:57] WARNING[10738]: loader.c:375
load_dynamic_module: Error loading module 'cdr_radius.so': /usr/
lib/asterisk/modules/cdr_radius.so: cannot open shared object
file: No such file or directory
[May 21 20:04:57] WARNING[10738]: loader.c:653 load_resource:
Module 'cdr_radius.so' could not be loaded.
xcom*CLI>
```

Voyons maintenant comment le client RADIUS sur lequel s'appuie le module cdr_radius est configuré sur le serveur Asterisk principal.

Sur ce serveur (FreeRADIUS 2.0.0), le fichier de configuration /etc/raddb /clients.conf doit inclure les serveurs Asterisk installés par notre administrateur sur le site de l'entreprise.

Ajout des serveurs Asterisk dans la liste des clients RADIUS du serveur FreeRADIUS (fichier /etc/raddb/clients.conf)

```
........
client voiceserver.domaine.fr {
        secret      = passisecret
        shortname   = voiceserver
}

client voiceserverbis.domaine.fr {
        secret      = passisecret
        shortname   = voiceserverbis
}

client conferenceserver.domaine.fr {
        secret      = passisecret
        shortname   = conferenceserver
}
........
```

Configuration d'Asterisk en tant que client RADIUS

Le support de RADIUS pour les CDR dans Asterisk nécessite de compiler le module `cdr_radius`. Cette opération ne s'effectue pas par défaut si le programme `radiusclient-ng` n'est pas installé, ce qui est le cas en général.

> **APPROFONDIR RADIUS pour l'authentification ?**
>
> Le protocole RADIUS s'applique aux trois A : *Authentication, Authorization et Accounting*, que l'on peut traduire par authentification, contrôle d'accès et traçabilité. Dans Asterisk, seule la traçabilité est prise en charge, via le module `cdr_radius`. La société PortaOne a toutefois mis à la disposition de la communauté Asterisk un client RADIUS (développé en Perl) intégrable à la série 1.4 et capable d'assurer les fonctions d'authentification et de contrôle d'accès sur un serveur RADIUS.

L'installation du programme `radiusclient-ng` s'opère en téléchargeant depuis l'Internet les sources sous la forme d'une archive compressée (Google est notre ami !) On exécute ensuite les commandes classiques d'installation `configure`, `make` et `make install`.

Par défaut, les fichiers de configuration du client RADIUS sont classés dans le répertoire `/usr/local/etc/radiusclient-ng`.

Le fichier de configuration de notre client RADIUS (`/usr/local/etc/radiusclient-ng/radiusclient.conf`) sera celui installé par défaut. On modifiera simplement les paramètres `authserver` et `acctserver` pour y spécifier l'adresse du serveur RADIUS.

Fichier de configuration du client RADIUS /usr/local/etc/radiusclient-ng/radiusclient.conf

```
........
authserver      10.1.1.2
acctserver      10.1.1.2
........
```

Pour compléter la configuration du client RADIUS, il faut renseigner le mot de passe à utiliser (le même que celui configuré sur le serveur RADIUS) et compléter le dictionnaire.

Configuration du mot de passe du client RADIUS
(fichier /usr/local/etc/radiusclient-ng/servers)

```
10.1.1.2      passisecret
```

Le dictionnaire RADIUS d'Asterisk est classé dans le répertoire `contrib` des sources téléchargées.

Ajout du dictionnaire Asterisk dans le client RADIUS
(fichier /usr/local/etc/radiusclient-ng/dictionary)

```
........
L'instruction INCLUDE est placée à la fin du fichier :

$INCLUDE /usr/local/src/asterisk-1.6.1.1/contrib/
dictionary.digium
```

CULTURE **Un dictionnaire pour RADIUS ?**

Dans la terminologie RADIUS, un dictionnaire désigne une base de données faisant correspondre un numéro d'attribut à une chaîne de caractères. RADIUS définit certes un ensemble d'attributs standards mais autorise l'échange d'attributs propriétaires qui doivent alors être connus du client et du serveur RADIUS.

Dans le cas d'Asterisk, ces attributs sont consignés dans le fichier `dictionary.digium`, qui est inclus par défaut dans les distributions actuelles de FreeRADIUS.

Une fois le client RADIUS configuré, notre administrateur devra recompiler Asterisk pour créer le module `cdr_radius`. Le script `configure` doit également être lancé car il détecte la bibliothèque `libradiusclient` nécessaire à la compilation du module. Les étapes de la compilation et de l'installation sont classiques : `./configure`, `make` et `make install`.

La configuration du client RADIUS que nous avons présentée ici s'applique à toutes les instances d'Asterisk de notre entreprise.

Les modules de publication des CDR sont maintenant configurés. À chaque appel traité, Asterisk ajoutera une ligne aux fichiers `/var/log/asterisk/cdr-csv/Master.csv` et `/var/log/asterisk/cdr-custom/Master.csv`.

**Format d'enregistrement du module cdr_csv
(fichier /var/log/asterisk/cdr-csv/Master.csv)**

```
"","5501","5502","phones","Philippe SULTAN <5501>","SIP/5501-
090f0538","SIP/5502-09147fa0","Dial","SIP/5502&IAX2/
5502,10","2009-05-21 22:48:16","2009-05-21 22:48:19","2009-05-21
22:48:35",19,16,"ANSWERED","DOCUMENTATION","1250887696.4"
```

Sur le serveur RADIUS, le même ticket sera enregistré au format RADIUS.

**Format d'enregistrement du module cdr_radius
(fichier /var/log/radius/radacct/voiceserver/detail-200905)**

```
Thu May 21 22:47:08 2009
        Acct-Status-Type = Stop
        Asterisk-Acc-Code = ""
        Asterisk-Src = "5501"
        Asterisk-Dst = "5502"
        Asterisk-Dst-Ctx = "phones"
        Asterisk-Clid = "Philippe SULTAN <5501>"
        Asterisk-Chan = "SIP/5501-090f0538"
        Asterisk-Dst-Chan = "SIP/5502-09147fa0"
        Asterisk-Last-App = "Dial"
        Asterisk-Last-Data = "SIP/5502&IAX2/5502,10"
        Asterisk-Start-Time = "2009-05-21 22:48:16 +0200"
        Asterisk-Answer-Time = "2009-05-21 22:48:19 +0200"
        Asterisk-End-Time = "2009-05-21 22:48:35 +0200"
        Asterisk-Duration = 19
        Asterisk-Bill-Sec = 16
        Asterisk-Disposition = "ANSWERED"
        Asterisk-AMA-Flags = "DOCUMENTATION"
        Asterisk-Unique-ID = "1250887696.4"
        User-Name = "SIP/5501-090f0538"
        Acct-Session-Id = "1250887696.4"
        NAS-Port = 0
        Acct-Delay-Time = 0
        NAS-IP-Address = 128.93.136.249
        Acct-Unique-Session-Id = "663bf0df786ce298"
        Timestamp = 1250887628
```

Comme le module cdr_csv, le module cdr_custom enregistre les CDR dans un fichier texte, dans un format défini dans le fichier /etc/asterisk /cdr_custom.conf. Le module cdr_custom reprend le format d'enregistrement du module cdr_csv, mais il permet en outre l'enregistrement de données supplémentaires, telles que les variables de canal créées pas l'administrateur.

**Format par défaut d'enregistrement des CDR par le module cdr_custom
(fichier /etc/asterisk/cdr_custom.conf)**

```
[mappings]
Master.csv =>
"${CDR(clid)}","${CDR(src)}","${CDR(dst)}","${CDR(dcontext)}","$
{CDR(channel)}","${CDR(dstchannel)}","${CDR(lastapp)}","${CDR(la
stdata)}","${CDR(start)}","${CDR(answer)}","${CDR(end)}","${CDR(
duration)}","${CDR(billsec)}","${CDR(disposition)}","${CDR(amafl
ags)}","${CDR(accountcode)}","${CDR(uniqueid)}","${CDR(userfield
)}"
```

Informations enregistrées pour les services auxquels accède le Web

On se rappelle que les services d'envoi de fax par le Web, de click-to-call et d'audioconférences, respectent un schéma commun :

- accès par le Web, pour l'authentification et le contrôle d'accès ;
- établissement par Asterisk d'un canal vers l'utilisateur du service ;
- établissement par Asterisk du deuxième canal vers la ressource demandée (numéro de fax, numéro de correspondant, nom de conférence) ;
- mise en relation des deux canaux par Asterisk.

Dans tous les cas, c'est le canal établi vers l'utilisateur du service qui déclenche la publication du CDR, par l'intermédiaire de l'extension h (*hangup*). Revoyons le contexte originate-clicktocall.

**Contexte originate-clicktocall sur le serveur Asterisk principal
(fichier /etc/asterisk/extensions.ael)**

```
context originate-clicktocall {
        _0XXXXXXXXX => {
                Dial(DAHDI/g0/${EXTEN});
        };

        _01234555XX => {
                Dial(SIP/${EXTEN:6}&IAX2/${EXTEN:6});
        };

        h => {
                Set(CALLERID(name)=${USERNAME});
                Set(CALLERID(num)=${USERNUM});
                Set(CDR(numbercalled)=${NUMBERTOCALL});
        };
};
```

La variable CDR `numbercalled` doit naturellement aussi être positionnée dans le fichier de configuration du module `cdr_custom`.

Format d'enregistrement du module cdr_custom sur le serveur Asterisk principal (fichier /etc/asterisk/cdr_custom.conf)

```
[mappings]
Master.csv =>
"${CDR(clid)}","${CDR(src)}","${CDR(dst)}","${CDR(dcontext)}","$
{CDR(channel)}","${CDR(dstchannel)}","${CDR(lastapp)}","${CDR(la
stdata)}","${CDR(start)}","${CDR(answer)}","${CDR(end)}","${CDR(
duration)}","${CDR(billsec)}","${CDR(disposition)}","${CDR(amafl
ags)}","${CDR(accountcode)}","${CDR(uniqueid)}","${CDR(userfield
)}","${CDR(numbercalled)}"
```

Dans le cas du service d'audioconférences, une variable CDR indiquant le nom de la conférence accédée, `CDR(confname)`, est enregistrée. La configuration est tout à fait semblable à ce qui a été exposé pour le service de click-to-call.

12

Diagnostiquer un dysfonctionnement avec Asterisk

La flexibilité et la puissance d'Asterisk produisent parfois des défauts d'exécution, même dans le cas d'une configuration correcte. Ce chapitre vous aidera à diagnostiquer les problèmes et sera l'occasion de présenter quelques outils de mesure de performance d'Asterisk.

Mettre en œuvre des services de téléphonie par Asterisk est une expérience passionnante et enrichissante, comme a pu le constater notre administrateur, mais qui ne se limite pas à une série de clics dans une boîte de dialogue à choix unique !

Dans Asterisk, les fichiers de configuration sont nombreux (en particulier dans le cas d'une installation par défaut) et sont des sources potentielles d'erreur ou de comportements inattendus. En outre, les différents services mis en place par notre administrateur reposent sur des protocoles et interfaces variés (SIP, RTP, IAX, RNIS, etc.) dont les implémentations peuvent différer.

Tant la configuration des serveurs Asterisk que les protocoles d'interconnexion des éléments du service téléphonique peuvent perturber les communications, et ce, malgré la bonne volonté de notre administrateur. Par ailleurs, Asterisk est exposé à des bugs qui peuvent conduire à une interruption soudaine du programme, erreurs que l'administrateur doit pouvoir détecter et contourner à défaut de pouvoir les corriger.

Diagnostiquer un problème

Les moyens de diagnostic à la disposition de l'administrateur sont la console et les journaux d'activité (fichiers de log).

Malheureusement, le diagnostic est trop souvent le fait d'un utilisateur remontant un dysfonctionnement sur son poste. Différents types de problèmes peuvent survenir, comme un poste téléphonique débranché, des erreurs sur un trunk SIP ou sur un accès RNIS primaire, ou encore une erreur dans le programme Asterisk lui-même.

Dans ce dernier cas, l'administrateur dispose d'un outil qui permet :

* de récupérer un fichier core utile au diagnostic de l'erreur ;
* de relancer automatiquement Asterisk.

L'outil en question est le script /usr/sbin/safe_asterisk. Il ajoute notamment l'option -g au programme principal /usr/sbin/asterisk afin d'ordonner la production d'un fichier core en cas d'interruption inattendue, qui pourra être analysé ultérieurement à l'aide du débogueur gdb.

La console et les fichiers de log pour le débogage

La console est le meilleur ami de l'administrateur d'un serveur Asterisk. Elle permet de suivre en détail les actions effectuées par Asterisk lors de chaque appel. Pour pouvoir l'utiliser à des fins de débogage, on peut configurer le fichier /etc/asterisk/logger.conf afin qu'il contienne toutes les informations affichables par Asterisk dans la console.

Configuration de l'affichage des messages dans la console (fichier /etc/asterisk/logger.conf)

```
[general]
[logfiles]
console => notice,warning,error,debug,verbose,dtmf
messages => notice,warning,error
```

BONNE PRATIQUE **Journal d'activité : notice, warning, error uniquement**

On n'inclura pas dans le journal d'activité principal (fichier /var/log/messages) les catégories de messages autres que notice, warning et error. Ce fichier consignera les problèmes importants qui relèvent de l'usage courant d'Asterisk. Les catégories debug, verbose et dtmf sont réservées au diagnostic d'un problème particulier et les messages associés seront affichés dans la console.

Les commandes accessibles depuis la console

Depuis la console, il est possible d'activer les modes verbeux ou de débogage. On fait correspondre un niveau à chacun des deux modes en leur associant un numéro.

Activation du mode de débogage au niveau 5

```
voiceserver*CLI> core set debug 5
```

Activation du mode verbeux au niveau 5

```
voiceserver*CLI> core set verbose 5
```

L'application DumpChan

L'application DumpChan est incluse dans le module applicatif `app_dumpchan`. Elle affiche à l'écran l'ensemble des variables du canal placé dans un contexte donné.

Considérons par exemple que le poste *5501* appelle le poste *5502*. Notre administrateur a fait en sorte que le nom de l'appelant soit récupéré dynamiquement sur l'annuaire de l'entreprise, et que l'appel soit basculé automatiquement sur la boîte vocale en cas de non-réponse au bout de dix secondes. DumpChan révélera les variables de canal affectées juste avant d'exécuter l'application Dial.

Application DumpChan dans le dialplan du serveur Asterisk principal (fichier /etc/asterisk/extensions.ael)

```
context phones {
        _55XX => {
                AGI(get-caller-name.agi,${CALLERID(num)});
                Set(CALLERID(name)=${LDAPNAME});

Exécution de DumpChan. Le résultat sera affiché si le niveau de
verbosité est au moins égal à 5.

                DumpChan(5);
                Dial(SIP/${EXTEN}&IAX2/${EXTEN},10);
                Voicemail(${EXTEN},u);
                Hangup();
        };
........
```

L'administrateur pourra par exemple vérifier la cohérence des variables affectées par le script AGI get-caller-name.agi. De plus, il pourra se rendre compte si, pour une raison quelconque, une valeur différente de fr est assignée à la langue, tout comme si un utilisateur appelant écoute le menu vocal de la messagerie en anglais !

Résultat de l'application DumpChan dans la console

```
voiceserver*CLI>
  == Using SIP RTP CoS mark 5
  == Using UDPTL CoS mark 5
    -- Executing [5502@phones:1] AGI("SIP/5501-090b2610", "get-
caller-name.agi,5501") in new stack
    -- Launched AGI Script /var/lib/asterisk/agi-bin/get-caller-
name.agi
    -- <SIP/5501-090b2610>AGI Script get-caller-name.agi
completed, returning 0
    -- Executing [5502@phones:2] Set("SIP/5501-090b2610",
"CALLERID(name)= Philippe SULTAN") in new stack
    -- Executing [5502@phones:3] DumpChan("SIP/5501-090b2610",
"10") in new stack

Dumping Info For Channel: SIP/5501-090b2610:
===================================================================
Info:
Name=                   SIP/5501-090b2610
Type=                   SIP
UniqueID=               1251123598.35
CallerIDNum=            5501
CallerIDName=           Philippe SULTAN
DNIDDigits=             5502
RDNIS=                  (N/A)
Parkinglot=
Language=               fr
State=                  Ring (4)
Rings=                  0
NativeFormat=           0x8 (alaw)
WriteFormat=            0x8 (alaw)
ReadFormat=             0x8 (alaw)
RawWriteFormat=         0x8 (alaw)
RawReadFormat=          0x8 (alaw)
1stFileDescriptor=      59
Framesin=               0
Framesout=              0
```

```
TimetoHangup=        0
ElapsedTime=         0h0m1s
Context=             phones
Extension=           5501
Priority=            3
CallGroup=
PickupGroup=
Application=          DumpChan
Data=                10
Blocking_in=         (Not Blocking)

Variables:
AGISTATUS=SUCCESS
LDAPNAME= Philippe SULTAN
SIPCALLID=7763877e-c0a80101-0-69@10.0.10.10
SIPDOMAIN=voiceserver.domaine.fr
SIPURI=sip:5501@10.0.10.10:5060
==================================================================
    -- Executing [5502@phones:4] Dial("SIP/5501-090b2610", "SIP/
5502&IAX2/5502,10") in new stack
  == Using SIP RTP CoS mark 5
  == Using UDPTL CoS mark 5
    -- Called 5502
```

Problèmes de connectivité SIP

Comme on l'a vu, SIP a été très utilisé par notre administrateur durant ses travaux avec Asterisk. Ce protocole constitue le socle de l'architecture reliant les postes physiques entre eux et au RTC, et plusieurs liens multiplexant les sessions SIP (communément appelés *trunks SIP*) ont été configurés.

Les problèmes de connectivité SIP touchent surtout à l'identification des terminaux par Asterisk, au traitement du NAT et au filtrage.

Identification des terminaux SIP sur Asterisk

Lorsqu'Asterisk reçoit une requête SIP INVITE, son module SIP va tenter d'y associer un terminal configuré dans le fichier /etc/asterisk/sip.conf, et ainsi d'identifier le terminal pour toute la durée d'un appel SIP.

PROTOCOLE **Appel, dialogue, transaction et message dans SIP**

Les termes appel, dialogue et transaction font référence à des objets dési-
gnant un échange entre deux terminaux. Nous n'entrerons pas dans les détails
de la RFC 3261 ni des nombreux autres standards traitant de SIP, et présenterons brièvement les objets formant les échanges entre deux terminaux SIP.

• Le *message* est l'objet de base qui est inclus dans des objets plus complexes,
un peu comme des poupées russes. Un message SIP est soit une requête, soit
une réponse à une requête. Une requête contient une méthode qui sera
interprétée par le terminal en réception : INVITE, REGISTER, ACK, BYE,
CANCEL, SUBSCRIBE et OPTIONS sont des exemples de méthodes. Une
réponse contient également une méthode (pour faire référence à la requête
correspondante), ainsi qu'un code de retour similaire à ceux de HTTP (200
pour OK, 404 pour *Not found*, etc.), renvoyant le résultat de l'interprétation
de la requête à l'émetteur.

• Une *transaction* est constituée d'une requête et des réponses associées. Une
requête peut tout à fait être associée à plusieurs réponses ; par exemple l'établissement d'un appel via une requête INVITE donne en général lieu à
l'envoi successif des réponses 100 (*Trying*), 180 (*Ringing*) et 200 (*OK*) qui indiquent respectivement la prise en charge de la requête, le fait que le terminal
distant sonne et l'établissement de la session si le terminal distant a été
décroché.

• Un *dialogue* désigne une relation d'une durée limitée entre deux terminaux.
Il est généralement établi après l'échange d'une réponse d'acceptation de
session 200 (*OK*) à une requête INVITE, mais une requête SUBSCRIBE peut
également être à la source d'un dialogue. Un dialogue est généralement clos
par l'envoi d'une requête BYE (et de la réponse associée).

• Finalement, on peut définir un *appel* comme un dialogue unique ou une
succession de dialogues. Ce dernier cas se produit, par exemple, si le correspondant appelé a renvoyé son poste, ce qui donnera lieu à l'établissement
d'un nouveau dialogue.

Rappelons une nouvelle fois la façon dont Asterisk associe une requête SIP à
un terminal peer, user ou friend.

1 Asterisk compare le contenu de l'en-tête From: avec les noms des terminaux configurés en tant que user (le nom étant la chaîne de caractères
entre les crochets dans le fichier /etc/asterisk/sip.conf).

2 Asterisk compare l'adresse IP et (le numéro de port) depuis laquelle la
requête a été envoyée avec les terminaux configurés en tant que peer.

Une fois la requête associée à un terminal, Asterisk termine l'identification
en exigeant une authentification. L'attribut secret du fichier de configuration servira pour cette dernière phase.

Très souvent, les administrateurs d'Asterisk autorisent sans le savoir les connexions non authentifiées en ne désactivant pas l'attribut `allowguest` (activé par défaut). Les requêtes `INVITE` provenant de terminaux non identifiés seront alors acceptées, et Asterisk créera un canal puis un appel qui sera placé dans le contexte `default` du dialplan.

> SÉCURITÉ **L'attribut allowguest et le contexte default**
>
> Attention, les éléments présentés ici mettent en évidence l'importance du contexte `default` et de l'attribut `allowguest` en termes de sécurité. D'une manière générale, on ne peut que conseiller de restreindre au minimum les instructions du contexte `default`. En effet, en cas de piratage, un contexte `default` autorisant les accès au RTC fera du serveur Asterisk une passerelle ToIP gratuite (pour le pirate uniquement), et il sera par ailleurs impossible d'identifier le fautif à partir des CDR si l'attribut `allowguest` est activé !

SIP, RTP et NAT

Dans le cas de la traduction d'adresses (NAT), comme on l'a évoqué précédemment, les dysfonctionnements n'apparaissent pas de façon claire. Ainsi, l'enregistrement au sens SIP par des requêtes `REGISTER` peut être accepté, de même que l'établissement de sessions par des requêtes `INVITE`, mais dans le même temps, le trafic RTP peut être bloqué. Les symptômes sont simples : l'appel semble établi, mais l'un des correspondants ne peut entendre l'autre.

Dans la section du chapitre 8 décrivant l'installation d'Asterisk au domicile de notre administrateur, nous avons vu comment Asterisk peut contourner les problèmes de connectivité quand il est situé dans un réseau privé derrière une passerelle NAT. Les attributs `localnet` et `externip` (ou `externhost`) permettent alors les échanges SIP et RTP si la passerelle NAT n'est pas trop restrictive.

Durant le déploiement de la nouvelle architecture téléphonique, notre administrateur n'a pas eu à traiter le cas où Asterisk est connecté à l'Internet avec une adresse IP publique et dessert des terminaux SIP situés à l'extérieur derrière des passerelles NAT. Les softphones desservis par notre entreprise sont en effet connectés par le protocole IAX, qui ne s'appuie pas sur RTP pour transporter le flux voix.

APPROFONDIR **Generic bridge, P2P bridge, direct media : différents types de transport des flux**

Asterisk est un véritable échangeur protocolaire et, à ce titre, il implémente des protocoles de signalisation divers (SIP, H.323, PSTN, etc.) et les protocoles de transport des flux audio/vidéo (RTP, IAX, PSTN). La fonction de mise en relation des flux audio/vidéo est désignée dans la terminologie Asterisk par *bridge*. Différents types de bridges existent :

- *Direct media* (aussi appelé *Native bridge*) : le flux RTP est établi directement entre les terminaux et ne traverse pas Asterisk. Le fait de ne pas traiter ce flux allège considérablement Asterisk et permet une forte montée en charge d'appels.
- *P2P (Packet to Packet) bridge* : ce type de mise en relation ne peut s'établir qu'entre canaux supportant le protocole RTP. Le contenu des paquets RTP est extrait avant d'être injecté dans le flux RTP à destination du canal distant créé par Asterisk.
- *Generic bridge* : nécessaire dans le cas de flux audio/vidéo hétérogènes, par exemple si un terminal SIP communique avec un poste téléphonique sur le RTC via DAHDI. Des objets internes (`ast_frames`) sont utilisés par Asterisk pour extraire et injecter les informations audio/vidéo. C'est le mécanisme de mise en relation le plus consommateur en terme de ressources (CPU et mémoire).

Ce cas est traité par Asterisk en activant l'attribut `nat` dans la section de configuration du terminal considéré comme situé derrière une passerelle NAT.

Si l'attribut `nat` est activé (`nat=yes` dans le fichier `/etc/asterisk/sip.conf`), Asterisk ignorera les informations de connexion annoncées par le terminal dans le message SIP (qui contient une adresse IP privée) et enverra ses réponses SIP à l'adresse IP source des datagrammes reçus. De plus, Asterisk attendra de recevoir du trafic RTP de la part du terminal pour obtenir les informations nécessaires à la publication de son flux RTP dans le sens opposé. L'adresse IP et le port UDP des datagrammes contenant le flux RTP à destination du terminal seront repris par Asterisk à partir des champs source du flux entrant émis par le terminal.

De cette façon, Asterisk se prémunit contre les informations erronées annoncées par le terminal, puisqu'on rappelle que les adresses IP privées ne sont pas routables sur l'Internet.

Notons que le flux RTP émis par Asterisk sera effectivement reçu si le terminal utilise, dans le champ source des datagrammes UDP émis, le même port UDP que celui employé pour recevoir le trafic entrant.

Dans cet exemple, le terminal nommé `test` émet un appel à destination du poste *5501* sur le serveur Asterisk principal.

> BONNE PRATIQUE **Débogage SIP général ou par terminal**
>
> Les messages SIP échangés avec le serveur Asterisk peuvent être affichés dans la console à des fins de débogage. La commande `sip set debug on` active le débogage SIP général, qui déclenchera l'affichage de tous les messages SIP. Si l'administrateur a pris la bonne habitude d'activer l'option `qualify` (pour superviser l'activité des terminaux en envoyant des requêtes SIP `OPTION` à intervalles réguliers), le flot de messages deviendra rapidement illisible. C'est pourquoi il est intéressant de pouvoir lire uniquement les messages SIP échangés avec un terminal particulier, comme l'effectue notre administrateur.

Activation du débogage SIP pour un terminal donné

```
voiceserver*CLI> sip set debug peer test

........

INVITE sip:0123455501@voiceserver.domaine.fr;transport=UDP SIP/
2.0
Via: SIP/2.0/UDP 192.168.0.12:5060;branch=z9hG4bK-d8754z-
76a6f71ce08b63a0-1---d8754z-;rport
Max-Forwards: 70
Contact: <sip:test@192.168.0.12:5060;transport=UDP>
To: <sip:00123455501@voiceserver.domaine.fr;transport=UDP>
From:
<sip:test@voiceserver.domaine.fr;transport=UDP>;tag=7c12a23f
Call-ID: NzAzMWNhN2YwNDQxY2IwMDZjY2YmYzNGM0NTYxZDY.
CSeq: 1 INVITE
Allow: INVITE, ACK, CANCEL, BYE, NOTIFY, REFER, MESSAGE, OPTIONS,
INFO, SUBSCRIBE
Content-Type: application/sdp
User-Agent: Zoiper rev.4856
Content-Length: 211

v=0
o=Z 0 0 IN IP4 192.168.0.12
s=Z
c=IN IP4 192.168.0.12
t=0 0
m=audio 8000 RTP/AVP 8 0 101
```

```
a=rtpmap:8 PCMA/8000
a=rtpmap:0 PCMU/8000
a=rtpmap:101 telephone-event/8000
a=fmtp:101 0-15
a=sendrecv

........


Réponse d'acceptation renvoyée par Asterisk à l'adresse IP
publique de la passerelle NAT hébergeant le terminal :

SIP/2.0 200 OK
Via: SIP/2.0/UDP 192.168.0.12:5060;branch=z9hG4bK-d8754z-
760df1fcca30bd9e-1---d8754z-;received=88.123.210.12;rport=5060
From:
<sip:test@voiceserver.domaine.fr;transport=UDP>;tag=7c12a23f
To:
<sip:0123455501@voiceserver.domaine.fr;transport=UDP>;tag=as724f
172d
Call-ID: NzAzMWNhN2YwNDQxY2IwMDZjY2Y2YmYzNGM0NTYxZDY.
CSeq: 2 INVITE
Server: Asterisk PBX 1.6.1.1
Allow: INVITE, ACK, CANCEL, OPTIONS, BYE, REFER, SUBSCRIBE,
NOTIFY
Supported: replaces, timer
Contact: <sip:0123455501@123.45.67.1>
Content-Type: application/sdp
Content-Length: 289

v=0
o=root 504123921 504123922 IN IP4 123.45.67.1
s=Asterisk PBX 1.6.1.1
c=IN IP4 123.45.67.1
t=0 0
m=audio 12302 RTP/AVP 8 0 101
a=rtpmap:8 PCMA/8000
a=rtpmap:0 PCMU/8000
a=rtpmap:101 telephone-event/8000
a=fmtp:101 0-16
a=silenceSupp:off - - - -
a=ptime:20
a=sendrecv
```

On peut remarquer qu'Asterisk indique dans la réponse renvoyée l'adresse IP et le port UDP sources des requêtes SIP effectivement reçues de la part du terminal, et modifie l'en-tête SIP `Via` envoyé par le terminal en ajoutant un champ `received` et en remplissant le champ `rport` laissé vide par le terminal.

L'utilisation des champs `received` et `rport` est décrite dans les standards SIP (RFC 3261 et RFC 3581, respectivement). Malheureusement, il n'existe pas d'équivalent pour déterminer l'adresse IP et le port UDP publics qui véhiculent le trafic RTP sur l'Internet. Dans ce cas, Asterisk attend de recevoir du trafic RTP sur le socket qu'il a lui-même indiqué au terminal via SIP (dans le message SDP) et adresse le flux RTP vers le terminal au couple adresse IP, port UDP, des datagrammes UDP entrants.

Notons que ce mécanisme empêche Asterisk d'envoyer un flux audio, tel qu'une musique d'attente, avant le terminal.

Le protocole STUN (voir page 150) répond au besoin du terminal de connaître la correspondance réalisée par la passerelle NAT entre l'adresse IP et le port UDP utilisés localement et visibles sur l'Internet. À l'heure actuelle, Asterisk n'exploite pas STUN pour le trafic RTP issu d'une session SIP. Les pilotes GoogleTalk (`chan_gtalk`) et Jingle (`chan_jingle`) savent traiter cette correspondance ; gageons que cela sera également possible dans le module `chan_sip` à l'avenir.

Les outils d'analyse réseau sont nos amis

Tcpdump, WireShark (autrefois connu sous le nom d'Ethereal) et son équivalent sans interface graphique TShark sont des outils de capture et d'analyse de trafic réseau bien connu des architectes et administrateurs de réseaux IP.

Ces outils sont très utiles pour diagnostiquer les problèmes de connectivité réseau liés au NAT ou au filtrage de flux. Nous n'allons pas détailler ici leur utilisation, mais juste rappeler quelques considérations générales.

Un pare-feu actif sur un serveur Asterisk peut empêcher les connexions SIP ou RTP, et un problème de filtrage peut dans ce cas être considéré à tort comme un problème de NAT. Souvent, le pare-feu joignable par une adresse IP (ou l'un de ses dérivés) informe l'utilisateur du filtrage d'un flux UDP par l'envoi d'un message ICMP (*Internet Control Message Protocol*).

SIP et RTP sont tous deux basés sur le protocole UDP, et ce bien qu'il existe de plus en plus d'implémentations de SIP sur TCP. UDP est un protocole qui véhicule les messages en mode non connecté, ce qui signifie qu'aucune session n'est établie entre deux terminaux échangeant des datagrammes UDP, contrairement au protocole TCP. De ce fait, gérer les deux flux UDP correspondant à une session voix entre deux terminaux dans un pare-feu est délicat. En cas de filtrage par un pare-feu intermédiaire, l'analyseur réseau mettra en évidence le fait qu'au plus un seul flux UDP est établi.

En cas de NAT, les échanges SIP entre les deux terminaux permettront de vérifier que les adresses IP privées ne sont pas échangées, et le cas échéant, que leur présence dans les messages SIP est bien prise en compte par Asterisk et corrigée.

Problèmes d'accès RNIS primaire et de base

Dans Asterisk, les accès RNIS sont pilotés par DAHDI. En général, ces cartes sont équipées d'une diode électroluminescente (DEL ou LED) par port de connexion. Ainsi, dans un état normal, une carte Digium TE120P ou B410P allumera la LED d'un port connecté avec une couleur verte. Si le port n'est pas connecté, la LED clignote avec une couleur rouge.

Notons que certains opérateurs déconnectent les ports RNIS (en accès de base) tant qu'aucun appel n'est émis ou reçu. Il n'est donc pas inquiétant de voir un port connecté clignoter en rouge en cas d'inactivité.

Quel que soit le modèle de carte, DAHDI met à la disposition de l'administrateur quelques outils de supervision et de diagnostic (les programmes dahdi_*).

Niveaux d'alarme sur une interface pilotée par DAHDI

```
Depuis la console Asterisk :

voiceserver*CLI> dahdi show status
Description                           Alarms IRQ    bpviol CRC4
Fra Codi Options LBO
Wildcard TE120P Card 0                  OK    1       0      0
CCS HDB3 CRC4    0 db (CSU)/0-133 feet (DSX-1)
voiceserver*CLI> exit

À l'aide de l'outil dahdi_scan :

[root@voiceserver ~]# dahdi_scan
[1]
active=yes
alarms=OK
description=Wildcard TE120P Card 0
name=WCT1/0
```

```
manufacturer=Digium
devicetype=Wildcard TE120P
location=PCI Bus 00 Slot 09
basechan=1
totchans=31
irq=201
type=digital-E1
syncsrc=1
lbo=0 db (CSU)/0-133 feet (DSX-1)
coding_opts=HDB3
framing_opts=CCS,CRC4
coding=HDB3
framing=CCS
[root@voiceserver ~]#
```

Toute autre valeur que `OK` dans la colonne `Alarms` est le signe d'un dysfonctionnement.

- `Red` : Asterisk ne peut maintenir la synchronisation avec l'équipement distant. C'est le cas, par exemple, si le contrôle de trame par CRC n'est pas
  activé sur l'équipement distant alors qu'il l'est sur Asterisk. En cas
  d'alarme de niveau `Red`, Asterisk envoie un niveau d'alarme `Yellow` à
  l'équipement distant pour lui signaler un état anormal.
- `Yellow` : Asterisk est informé que l'équipement distant ne peut maintenir
  la synchronisation et qu'il atteint un niveau d'alarme `Red`.
- Les autres niveaux d'alarme (`Blue`, `Recovering` et `Not open`) ne sont soit
  pas implémentés, soit pas documentés dans DAHDI. Quant au niveau
  d'alarme `Loopback`, il indique que le port est bouclé sur lui même, localement ou par l'équipement distant.

Culture **Outils de supervision externes**

La supervision par des outils externes est très utile pour détecter des problèmes sur Asterisk.

- Sipsak (*SIP Swiss Army Knife*, le couteau suisse pour SIP) : génère des messages SIP configurables pour détecter par exemple l'activité d'un serveur SIP, ou pour mettre à l'épreuve la robustesse d'une pile SIP.
- SIPp : un générateur de trafic SIP très utile pour mesurer la montée en charge d'une pile SIP.
- Nagios : le logiciel de supervision par excellence. Nagios est composé de modules de supervision entièrement configurables et tient des indicateurs de disponibilité de services. Il peut tout à fait s'appuyer sur les deux outils précédents pour exécuter ses tâches de supervision liées à SIP. Un module Nagios prometteur pour les administrateurs d'Asterisk existe : Nagisk. Il est développé par un contributeur français et couvre notamment la supervision des cartes Zaptel ; on ne peut qu'espérer qu'une version adaptée à DAHDI sera bientôt disponible !

Pour en savoir plus sur Nagios :

Jean Gabès, *Nagios pour la supervision et la métrologie*, Eyrolles, 2009

13

Interconnexion de sites

Comment connecter facilement un système téléphonique à un ensemble existant ? Asterisk est une véritable boîte à outils de construction d'architectures de ToIP, mais il n'est pas le seul. Kamailio, l'un des descendants d'OpenSER (avec OpenSIPS) est lui aussi très utile.

Notre entreprise a des perspectives d'évolution favorables, ce qui arrive heureusement dans certains marchés de niche, même en temps de crise ! Ainsi, il a été demandé à l'équipe en charge du système d'information d'envisager l'extension du service téléphonique sur plusieurs sites connectés à l'étranger.

Bien qu'aucun élément précis n'ait été donné sur les architectures des sites distants, un travail en amont a été réalisé par notre administrateur. Sa réflexion a porté sur le transport des flux téléphoniques sur l'Internet et a permis d'identifier plusieurs questions et points importants qui définissent les moyens de connecter un site distant :

- la possibilité de connecter les systèmes téléphoniques avec le site principal ;
- le choix du protocole de connexion et l'interopérabilité ;
- l'accessibilité téléphonique.

Les systèmes de téléphonie sur les sites distants

Le choix des équipements (postes téléphoniques, serveur Asterisk) à mettre en place sur un site distant sera fonction de plusieurs éléments.

Si le site est suffisamment petit et que les postes sont, par exemple, directement connectés au RTC local par une ou plusieurs liaisons analogiques sans PABX, alors notre administrateur prévoit de remplacer les postes actuels par des postes SIP semblables à ceux du site central et d'installer un serveur Asterisk localement pour reconduire l'accessibilité par le RTC local. Le dimensionnement du serveur Asterisk dépendra principalement du type de connectivité sur le RTC (analogique, RNIS en accès de base ou éventuellement SIP). Dans tous les cas, un serveur des plus simples répondra parfaitement au besoin.

D'autres configurations peuvent se présenter. Par exemple, si le service téléphonique du site distant repose sur un PABX ou un IPBX, alors notre administrateur devra si possible raccorder cet équipement avec le serveur Asterisk principal. Les caractéristiques en termes de connectivité téléphonique de l'équipement considéré sont fondamentales. S'il dispose d'une interface SIP, alors Asterisk ou un proxy SIP comme Kamailio pourra être relié, moyennant des adaptations éventuelles pour assurer l'interopérabilité. Naturellement, les adaptations évoquées ici porteront sur les logiciels libres et non sur l'IPBX, dont l'interface de configuration n'autorise généralement pas à aller trop loin pour le faire opérer avec d'autres équipements, s'ils ne sont pas de la même marque !

> NORME **Une interopérabilité accrue avec SIP**
>
> On peut penser que le temps joue en faveur de l'interopérabilité entre les constructeurs et éditeurs. Le protocole SIP existe maintenant depuis plus de dix ans et il est désormais identifié à peu près partout comme l'élément de base des architectures de ToIP modernes. Malgré cela, les différences dans les implémentations persistent et constituent de fait un domaine d'activité pour les logiciels libres de ToIP SIP qui peuvent être insérés pour réaliser l'interopérabilité.

Ces cas sont similaires à celui présentant les moyens mis en œuvre pour interconnecter les serveurs Asterisk des sites primaire et secondaire (voir le chapitre 6, « Asterisk en point de terminaison télécom »). Une différence, cependant, mais qui ne relève pas du domaine d'activité de notre administrateur : la connexion Internet vers le nouveau site.

Pour assurer un niveau de confidentialité minimal et garder une cohérence dans les espaces d'adressage IP, il faudra procéder à la mise en place d'une connexion Internet directe par un VPN, en faisant appel à un prestataire ou en établissant un tunnel IPSec avec le site distant.

SIP : le protocole de connexion

Si le choix du protocole d'interconnexion est vite effectué, SIP étant aujourd'hui la seule proposition acceptable, l'architecture doit être réfléchie. En effet, connecter deux serveurs Asterisk via l'Internet est une chose, mettre en place une interconnexion SIP entre plusieurs serveurs Asterisk ou IPBX en est une autre.

Plutôt que d'établir un réseau d'interconnexion entre les équipements de chaque site, notre administrateur préconise l'idée d'un point central de liaison par SIP. Dans ce cas, la question se pose de savoir si Asterisk est le meilleur outil pour assurer cette fonction. En effet, dans la terminologie SIP, Asterisk est ce qu'on appelle un B2BUA, en anglais *Back To Back User Agent*. Asterisk ne relaie pas les transactions SIP comme le réalise un proxy ; il maintient des canaux séparés vers chaque terminal. Dans ce sens, Asterisk est idéal pour relayer des appels entre deux terminaux SIP ou hétérogènes (IAX, RNIS, H.323, etc.) et constitue une passerelle entre protocoles des plus puissantes. Mais pour desservir un ensemble de serveurs Asterisk ou IPBX par SIP, notre administrateur a préféré s'orienter vers un spécialiste : le proxy SIP OpenSER, désormais connu sous le nom de Kamailio.

Une architecture construite autour de Kamailio

Kamailio sera le point central de l'architecture téléphonique pour concrétiser l'idée de notre administrateur consistant à pouvoir facilement intégrer un nouveau serveur Asterisk ou IPBX par SIP.

Comme indiqué dans la figure ci-après, Kamailio sera utilisé comme un proxy SIP pur. Il servira à relayer exclusivement le trafic de signalisation (SIP) entre les différents serveurs Asterisk qui lui seront raccordés.

Figure 13–1
Kamailio sera utilisé
comme un proxy SIP pur.

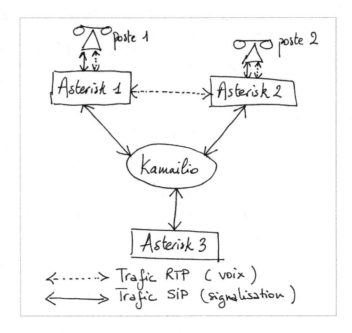

Installation de Kamailio

Bien que le proxy SIP ne soit pas encore nécessaire, notre administrateur a anticipé sa mise en service en installant une version 1.5.1 sur un serveur Linux.

> À SAVOIR **Kamailio et TLS**
>
> Kamailio, comme OpenSER en son temps, est disponible dans deux versions prenant ou non en charge le protocole de sécurisation TLS. Dans l'éventualité future de l'utilisation de TLS, notre administrateur a préféré installer la version de Kamailio supportant ce protocole.

Kamailio a été développé dès le début à partir d'une formule qui garantit le succès en pariant sur la flexibilité et l'évolutivité : un noyau et des modules ! Une fois l'installation terminée, on trouvera donc sur le système un programme principal et des modules complémentaires. Les modules sont essentiels pour l'administrateur, car ils fournissent des fonctions qui, en complément de celles du noyau, formeront le script de routage de Kamailio (la section `route {}`), comme on le verra un peu plus loin.

Liste des fonctions disponibles

Le projet Kamailio est riche d'une documentation abondante accessible sur son site web :
  ▸ http://www.kamailio.org/dokuwiki/doku.php
On y trouve notamment la liste complète des fonctions disponibles dans le noyau ou dans les modules. Pour chaque fonction, la liste des arguments et les valeurs de retour sont indiquées. En outre, le type de section (`route {}`, `on_reply_route {}`, etc.) dans lequel la fonction peut être appelée est également mentionné. On ne peut que regretter qu'il n'existe pas de source documentaire similaire pour Asterisk, qui offre lui aussi une foule d'applications et de fonctions accessibles depuis le dialplan via ses modules !

Comme pour Asterisk, l'installation consiste à télécharger les sources du logiciel, puis à les compiler avant de les copier dans les répertoire du système. Le projet Kamailio n'est pas converti aux utilitaires de configuration et d'installation autotools (`autoconf`, `automake`) qui fournissent le script `configure` pourtant très utile. L'administrateur doit donc s'assurer lui-même de respecter les prérequis à l'installation de Kamailio.

Un ensemble de programmes et de bibliothèques est requis pour installer Kamailio. `gcc`, `bison` et `flex` sont nécessaires pour la compilation. Le fichier `INSTALL` inclus dans les sources téléchargés décrit les prérequis et contient une procédure d'installation.

B.A.-Ba **Kamailio en tant que registrar**

Par défaut, Kamailio s'installe simplement, sans interaction avec une base MySQL. Ce type d'installation convient tout à fait à notre administrateur, qui envisage de faire de Kamailio un point de routage (proxy) SIP, et non d'utiliser sa fonction de registrar. S'il avait transformé Kamailio en un serveur SIP registrar, alors l'intégration avec une base de données (MySQL ou autre) aurait été indispensable pour stocker les identifiants et mots de passe des utilisateurs.

Installation de Kamailio

```
[root@sip-proxy ~]# cd /usr/local/src

Téléchargement des sources :

[root@sip-proxy src]# wget http://www.kamailio.org/pub/kamailio/
latest/src/kamailio-1.5.1-tls_src.tar.gz
........
```

```
[root@sip-proxy src]# tar zxvf kamailio-1.5.1-tls_src.tar.gz
........
[root@sip-proxy src]# cd kamailio-1.5.1-tls/

Compilation :

[root@sip-proxy kamailio-1.5.1-tls]# make prefix=/ all
........

Copie des fichiers binaires :

[root@sip-proxy kamailio-1.5.1-tls]# make prefix=/ install
........
```

Les fichiers installés sur le système sont classés dans différents répertoires en fonction du préfixe indiqué à l'installation.

- /sbin : programme principal et scripts de contrôle ;
- /lib/kamailio/kamctl : fonctions de bases utilisées par les scripts de contrôle ;
- /lib/kamailio/modules : modules complémentaires.

Attention, l'installation par compilation des sources ne produit pas de fichier de démarrage dans le répertoire /etc/init.d. Pour lancer Kamailio, il faut saisir la commande /sbin/kamailio. Mais nous n'en sommes pas encore là ; passons d'abord en revue le fichier de configuration de Kamailio, /etc /kamailio/kamailio.cfg.

Configuration de Kamailio

Contrairement à Asterisk et son armée de fichiers de configuration, Kamailio trouve sa substance fondamentale dans l'unique fichier /etc/kamailio /kamailio.cfg.

Notre administrateur travaillera la configuration par défaut du fichier. Celui-ci se décompose en trois sections :

- les paramètres de configuration globaux tels que l'adresse IP, l'activation du support TLS, la liste des modules à charger, etc. ;
- les paramètres de configuration des modules ;
- le script de routage des messages SIP.

Paramètres de configuration

Les paramètres globaux resteront inchangés par rapport au fichier de configuration par défaut. Ce dernier présente un certain nombre de commandes utiles pour activer des fonctionnalités traditionnellement utilisées comme l'enregistrement des utilisateurs avec authentification depuis une base MySQL, ou les fonctions de correction de NAT et de proxy RTP avec RTPProxy.

BONNE PRATIQUE **Lancement de Kamailio pour le débogage**

Par défaut, Kamailio se lance en tâche de fond et n'affiche pas de message dans la sortie erreur. Souvent, pour déboguer un problème de connectivité SIP, il est intéressant d'examiner en détail le travail effectué par Kamailio. Pour cela, on lancera Kamailio de façon à garder le contrôle depuis le terminal et à en afficher les messages de la sortie erreur, en configurant les attributs suivants :

```
debug=6
fork=no
log_stderror=yes
```

Les paramètres de configuration des modules ne seront eux non plus pas modifiés par rapport aux valeurs par défaut. Tout le travail va porter sur le script de routage des messages SIP, bref, le vrai travail de Kamailio !

Script de routage des messages SIP

Kamailio route les messages SIP à partir d'un langage de programmation qui lui est propre, et dont la syntaxe est facilement compréhensible pour quiconque a programmé, même un peu. Le script de routage est défini dans plusieurs sections nommées et décrites dans des textes fermés par des accolades, qui seront exécutées par Kamailio en fonction de la nature (requête ou réponse) du message SIP reçu.

RAPPEL **Proxy SIP**

Rappelons que Kamailio est un proxy SIP et qu'à ce titre, il ne fait que relayer des messages SIP (et éventuellement répondre à des requêtes). Ceci explique que le script de routage soit composé de sections exécutées selon la nature du message SIP reçu, c'est-à-dire une requête (INVITE, REGISTER, etc.) ou une réponse (200 Ok, etc.).

La section route {} est la plus importante, et elle est indispensable au bon fonctionnement de Kamailio. Les instructions qu'elle contient sont exécutées à chaque fois que Kamailio reçoit une requête SIP (INVITE, REGISTER, OPTIONS, ACK, SUBSCRIBE, etc.). Des sous-sections numérotées peuvent être définies pour effectuer des traitements particuliers, par exemple :

Réponse 200 Ok aux requêtes OPTIONS, relayage des autres requêtes

```
route {
    if(is_method("OPTIONS")) {
        # send reply for each options request
        sl_send_reply("200", "ok");
        exit();
    }
    route(1);
}
route[1] {
    # forward according to uri
    forward();
}
```

Sur réception d'une requête OPTIONS, Kamailio renvoie une réponse d'acceptation via la fonction sl_send_reply, incluse dans le module sl (pour *stateless*), et termine le traitement de la requête. Toutes les autres requêtes sont traitées dans la sous-section route[1] qui ne fait que les relayer vers une destination (URI) qu'il aura fallu indiquer au préalable pour que cela ait un intérêt !

Si l'administrateur n'a pas explicitement demandé à relayer la requête ou à envoyer une réponse dans cette section ou dans une sous-section, Kamailio ne fera rien.

Les autres sections que l'on peut trouver sont :

- onreply_route {} : les instructions de cette section sont exécutées sur réception d'une réponse SIP. Une sous-section onreply_route[x] peut être sollicitée par le biais de la fonction t_on_reply("x"), et dans ce cas, le module tm devra être chargé.
- failure_route {} : sollicitée (après l'appel explicite de la fonction t_on_failure() dans une section de routage) sur réception de réponses SIP négatives, c'est-à-dire dont le code de retour est supérieur à 300. Du fait de l'appel à la fonction t_on_failure(), contenue dans le module tm, la section failure_route {} nécessite que le module tm soit chargé pour que ses instructions soient exécutées.

- `error_route {}` : les instructions de cette section sont exécutées en cas d'erreur dans le traitement d'une requête SIP, par exemple si elle ne respecte pas le format de la RFC 3261.
- `branch_route {}` : ensemble d'instructions exécutées en cas de multiples branches de requêtes SIP. Le concept de branche dans SIP permet de solliciter de multiples terminaux en appelant un unique identifiant. Cette section nécessite la présence du module `tm` pour que ses instructions soient exécutées.

APPROFONDIR **Stateful ou stateless ?**

Les modules `sl` et `tm`, chargés par défaut au démarrage de Kamailio fournissent des fonctions qui vont faire travailler le proxy en mode *stateless* (`sl`) ou *stateful* (`tm`, pour *Transaction Module*).

Un proxy en mode sans état (*stateless*) relaie les messages SIP en ignorant les transactions SIP associées. En particulier, il ne peut différencier une nouvelle requête SIP d'une requête retransmise. Le module `sl` offre des fonctions d'envoi de réponse dans ce mode (`sl_send_reply()` et `sl_reply_error()`), tandis que le noyau de Kamailio offre des fonctions de relayage (`forward()` et `send()`). Kamailio et ses aïeux SER et OpenSER ont été développé dans un souci d'optimisation des performances ; le traitement des messages SIP en mode *stateless* va dans ce sens, puisque la notion de transaction SIP qui obligerait Kamailio à associer un état à un message donné, donc à réserver des ressources système, ne s'applique pas.

Le module `tm` traite au contraire les messages dans un contexte de transaction SIP. Du point de vue de l'administrateur, la fonction la plus utilisée dans ce module est `t_relay()`, qui relaie une requête SIP en gérant les retransmissions éventuelles et en renvoyant par défaut une réponse d'indication de traitement (`100 Trying`) à l'initiateur de la requête.

On constate que Kamailio peut, selon la fonction utilisée, fonctionner en mode *stateless* ou *stateful*. Attention, ces termes ne portent que sur les transactions SIP et Kamailio ne définit pas d'état pour un dialogue SIP ou un appel, sauf si l'on configure explicitement le module correspondant (`dialog`). Ce dernier type de proxy SIP (dit *dialog stateful*) existe, bien qu'il ne soit pas défini dans la RFC 3261 (où seul l'état d'une transaction est considéré), et enregistre notamment les requêtes `INVITE` successives envoyées dans le cadre d'un dialogue, dont l'état est ainsi gardé en mémoire jusqu'à sa destruction lors de la réception d'une requête `BYE`.

Configuration du routage des messages SIP

Voyons comment notre administrateur envisage de configurer le routage des messages SIP pour faire de Kamailio le point central de son architecture téléphonique multisite.

Routage des messages SIP par Kamailio (fichier /etc/kamailio/kamailio.cfg)

```
route{
        if (!mf_process_maxfwd_header("10")) {
                sl_send_reply("483","Too Many Hops");
                exit;
        }

        if (uri=~"sip:55[0-8][0-9]@.*") {
                rewritehostport("128.93.136.249:5060");
        } else if (uri=~"sip:559[0-9]@.*") {
                rewritehostport("128.93.136.248:5060");
        }

        route(1);

        if ($rU==NULL) {
                # request with no Username in RURI
                sl_send_reply("484","Address Incomplete");
                exit;
        }
}

route[1] {
        if (is_method("INVITE")) {

Traitement des réponses (succès ou échec) dans les blocs
onreply_route[1] et failure_route[1] :

                t_on_reply("1");
                t_on_failure("1");
        }

        if (!t_relay()) {
                sl_reply_error();
        }
        exit;
}
```

```
onreply_route[1] {
        xdbg("incoming reply\n");
}


failure_route[1] {
        if (t_was_cancelled()) {
                exit;
        }
}
```

Le point central de l'architecture SIP devra bien sûr être connu des serveurs Asterisk ou des IPBX de chacun des sites. Nous présentons ci-après un exemple de configuration d'un serveur Asterisk intégré dans l'architecture SIP globale. Le site est composé d'une dizaine de postes numérotés de *4440* à *4449*.

Sur tous les sites de notre entreprise, le plan de numérotation devra suivre deux règles :

- réserver quatre chiffres pour les numéros de l'entreprise ;
- attribuer des tranches de quatre numéros, distinctes par site.

L'idée est de configurer un unique serveur (Kamailio) qui sera chargé de router les messages SIP en fonction des numéros à quatre chiffres saisis par les utilisateurs.

Ajout du serveur Kamailio en tant que peer (fichier /etc/asterisk/sip.conf)

```
[sipproxy]
type=peer
host=sip-proxy.domaine.fr
context=from-sipproxy
```

Dans l'exemple suivant, la tranche de numéros locaux est *444X*. Le dialplan devra contenir une section pour traiter localement ces numéros, et une autre pour atteindre les numéros des deux sites français (tranche *55XX*) via le proxy SIP de l'entreprise. Le contexte `from-sipproxy` est configuré de façon à n'accepter que les numéros de la tranche locale du site (*444X*).

Routage des numéros à quatre chiffres (fichier /etc/asterisk/extensions.ael)

```
context from-sipproxy {
        _444X => {
                Dial(SIP/${EXTEN});
                Hangup();
        };
}
........
context phones {
........

Traitement des numéros locaux :

        _444X => {
                Dial(SIP/${EXTEN});
                Hangup();
        };

Renvoi vers le proxy si le numéro est de la forme 55XX :

        _55XX => {
                Dial(SIP/${EXTEN}@sipproxy);
                Hangup();
        };
}
```

Si les sites étrangers à intégrer se multiplient, ce qu'on ne peut que souhaiter à notre entreprise, il suffira de suivre le modèle présenté ici. Un avantage non négligeable de ce dernier est de garder des configurations simples sur les serveurs Asterisk des sites. Inutile de lister tous les serveurs Asterisk de tous les sites pour s'intégrer à l'architecture téléphonique : un unique serveur (Kamailio) prend en charge le routage des numéros internes.

Naturellement, l'exemple de configuration présenté peut être étendu aux numéros plus longs, notamment internationaux. Reprenons le dialplan du site distant pour y insérer les instructions de routage de tous les appels à destination de la France vers le proxy.

```
context phones {
........
```

```
Renvoi vers le proxy des numéros à destination de la France :

      _0033. => {
              Dial(SIP/${EXTEN}@sipproxy);
              Hangup();
      };
........
}
```

Sur le serveur proxy, les numéros à destination de la France devront être routés vers le serveur Asterisk principal, comme la tranche *55XX*.

Routage des numéros à destination de la France
(section route du fichier /etc/kamailio/kamailio.cfg)

```
........
      if (uri=~"sip:55[0-9]{2}]@.*") {
              rewritehostport("128.93.136.249:5060");
      } else if (uri=~"sip:0033.*@.*") {
              rewritehostport("128.93.136.249:5060");
      }
........
```

Autres fonctionnalités utiles de Kamailio

En décrivant le travail effectué par notre administrateur qui anticipe l'intégration de nouveaux sites, nous avons simplement entraperçu les capacités de Kamailio en tant que proxy SIP. Ainsi, le fait de traiter les messages SIP en les analysant minutieusement, comme le réalise Kamailio, fait de ce logiciel une arme redoutable pour l'interopérabilité.

En outre, ce logiciel dispose de multiples fonctionnalités :

- traitement du NAT, en conjonction avec les logiciels RTPProxy ou MediaProxy ;
- fonction de proxy SIP étendue aux dialogues SIP (par utilisation du `loose routing`) ;
- partage de charge (via son module `dispatcher`) ;
- authentification RADIUS ;
- intégration avec des bases de données relationnelles (MySQL) ;
- client LDAP ;
- intégration de scripts (un peu comme AGI pour Asterisk !), etc.

Loin de s'opposer, Asterisk et Kamailio forment donc une combinaison idéale pour construire des architectures de ToIP SIP très performantes !

14

Domaines d'applications particuliers : IPv6, SRTP, vidéo et XMPP

Certains thèmes récurrents comme la vidéo ou la messagerie instantanée tardent à être implémentés dans Asterisk pour diverses raisons, et ce, malgré l'intérêt manifesté par de nombreux utilisateurs. Ce chapitre est l'occasion de les passer en revue et d'en suivre l'avancement.

Des domaines d'applications à conquérir

Avec le temps, Asterisk s'est étendu à de nombreux domaines. L'intégration avec les bases de données relationnelles, les applications web, la messagerie vocale, le couplage avec la messagerie électronique, l'interopérabilité, etc. On peut ainsi utiliser Asterisk dans de nombreux contextes et pour développer de multiples applications toujours plus innovantes.

Cependant, un certain nombre de domaines restent encore à conquérir pour Asterisk, et ce, bien que les travaux aient démarré depuis longtemps. Ainsi, des questions récurrentes sont posées à la communauté sur les capacités d'Asterisk à traiter les communications vidéo, la sécurisation des communications, ou encore sur la possibilité de le faire fonctionner au-dessus d'IPv6.

L'extension d'Asterisk à ces domaines d'application ou environnements est une antienne dans les listes de diffusion ou sur les forums de discussion. Une simple recherche à partir de mots-clés comme « Asterisk », « IPv6 » ou

« vidéo » montre le besoin de voir Asterisk s'étendre définitivement à ces domaines.

IPv6, le futur protocole de l'Internet

Le futur protocole de l'Internet (IP version 6) s'installe doucement. Les systèmes d'exploitation les plus populaires incluent tous une pile IPv6 en plus de leur logiciel IPv4, et les FAI commencent à mettre en œuvre des équipements IPv6 dans leurs architectures. Le besoin d'IPv6 est particulièrement sensible chez les opérateurs de télécommunications mobiles, dont les architectures doivent desservir des millions de terminaux mobiles par autant d'adresses IP.

L'intégration d'IPv6 dans Asterisk est un véritable leitmotiv. Les travaux ont débuté depuis quelques années à l'initiative de contributeurs québécois (Marc Blanchet et Simon Perreault) et portent sur l'adaptation du logiciel SIP d'Asterisk à IPv6.

En théorie, on devrait se dire que SIP étant un protocole de niveau applicatif dans le modèle TCP/IP, son intégration avec IPv6 devrait s'effectuer sans douleur si le principe de la séparation des couches du modèle TCP/IP est respecté. Or il y a bien longtemps que ce principe ne s'applique plus. Sinon, le protocole ARP (*Address Resolution Protocol*), dont le but est de traduire les adresses IP en adresses physiques (MAC, pour *Medium Access Control*) sur un réseau local, ou encore le NAT, n'existeraient tout simplement pas. Les protocoles Internet se construisent depuis longtemps en considérant le modèle TCP/IP comme une ligne directrice et non comme un cadre strict, et c'est peut-être une des raisons du succès de ce réseau.

SIP doit être adapté à IPv6, notamment car il annonce des informations qui relèvent des couches réseau et transport (adresse IP et numéro de port UDP pour RTP), mais également parce qu'il a été adapté pour contourner le NAT, qui n'existe pas dans un réseau IPv6.

Une version d'Asterisk incluant le support d'IPv6 est maintenue à cette adresse : http://www.asteriskv6.org. La dernière version disponible est malheureusement assez ancienne (début 2008) et la communauté Asterisk attend impatiemment le nouveau code !

Confidentialité des communications SIP/RTP par SRTP

Le protocole SRTP (*Secured RTP*) a été développé pour fournir une fonction de chiffrement des flux RTP et ainsi assurer la confidentialité des communications. Asterisk n'implémente toujours pas le protocole SRTP dans une version stable, et pourtant une première contribution a été publiée sous la forme d'un patch dès octobre 2005 !

L'implémentation de SRTP sur laquelle travaille la communauté traite le chiffrement et le déchiffrement d'un flux SRTP à l'aide d'une même clé, dont les paramètres sont échangés par les terminaux lors de l'établissement de la communication.

SRTP ne définit pas de procédure d'échange des paramètres de clé. La méthode la plus répandue aujourd'hui est décrite dans le standard SDES (*Security Descriptions*, RFC 4568). SDES définit un attribut nommé `crypto` contenant les informations de clé SRTP et véhiculé dans la partie SDP d'un message SIP. On voit bien qu'il est nécessaire de sécuriser le transfert de (ou des) attribut(s) `crypto`, sous peine de se faire voler les paramètres de clé SRTP par un tiers, et on recommande souvent de transporter les messages SIP sur TLS (donc TCP) pour cela.

Aujourd'hui, l'implémentation SRTP est quasi finalisée. Les tests montrent que les communications SRTP fonctionnent entre Asterisk et des terminaux SIP grand public (Aastra, Snom, Eyebeam, etc.). Le principe consiste à utiliser la bibliothèque `libsrtp` pour les travaux de chiffrement/déchiffrement, et à échanger les paramètres de clé via SDES sur SIP/TLS. Ceci nécessite une base de code SIP/TCP éprouvée, TLS ne pouvant être transporté que sur TCP (aucun travail d'implémentation de DTLS n'a été esquissé pour Asterisk à ce jour), et le code SIP/TCP d'Asterisk n'est pas suffisamment mûr.

B.A.-BA **DTLS**

Le protocole DTLS (*Datagram Transport Layer Security*), basé sur le protocole TLS, permet de sécuriser les échanges basés sur des protocoles en mode datagramme.

Traitement de la vidéo

La vidéo est un sujet important pour Asterisk. Malgré tout, les efforts dans le domaine se sont assez dispersés dans la communauté des développeurs. Aujourd'hui, Asterisk peut être utilisé sans problème pour mettre en relation des terminaux SIP ou IAX (il ne permet pas le transport de flux vidéo par H.323) et véhiculer des flux RTP vidéo entre eux.

Les terminaux vidéo IAX sont trop rares (s'il en existe) pour exposer des résultats et des éventuels problèmes. Dans le cas de SIP, Asterisk est simplement utilisé comme outil de mise en relation par SIP, mais son mode de fonctionnement (B2BUA) l'oblige à établir autant de canaux que de participants à la session vidéo, chacun négociant les paramètres de la session avec Asterisk.

Cette contrainte fait qu'Asterisk ne peut transporter des paramètres SIP qui lui sont inconnus, et c'est malheureusement le cas des paramètres propres aux sessions vidéo (comme la taille du cadre d'affichage des trames). Dans la pratique, cela se traduira parfois par la possibilité d'établir des sessions vidéo par Asterisk entre deux terminaux SIP ou plus, mais en ayant une qualité dégradée (taille du cadre d'affichage inadaptée ou images saccadées).

Deux branches de code sont maintenues par la communauté pour améliorer la prise en charge de la vidéo dans Asterisk.

La branche videocaps (*Video Capabilities*), publiée à partir des travaux de John Martin, est maintenue par Olle Johansson, l'un des principaux développeurs d'Asterisk et plus particulièrement de son module SIP. Le code traite les paramètres SIP propres aux sessions vidéo (tel fmtp) afin de permettre l'établissement de sessions par une négociation qui reflète les demandes des terminaux. Les travaux sur cette branche sont toujours en cours et bénéficient notamment du concours d'un contributeur français, Emmanuel Buu. Une autre base de code relative au support de la vidéo dans Asterisk est maintenue par Sergio Garcia Murillo et vise à faire d'Asterisk une passerelle vidéo SIP/RNIS, par exemple pour relier en vidéo un terminal SIP à un mobile connecté à un réseau 3G (UMTS). Un ensemble d'applications destinées à être appelées depuis le dialplan d'Asterisk a été développé dans le cadre de ces travaux, l'une d'entre elles permettant le transcodage des flux vidéo à l'aide d'une bibliothèque externe (libavcodec, du projet FFmpeg).

Asterisk et XMPP (Jabber)

XMPP (*eXtensible Messaging and Presence Protocol*), autrefois appelé Jabber, est un protocole développé à l'origine pour la messagerie instantanée et la gestion de présence. Le protocole considère deux types d'éléments communicants, les clients et les serveurs. De la même façon qu'une URI identifie un terminal sur un réseau SIP, les clients XMPP sont identifiés par des JID (*Jabber ID*) sous la forme `username@domaine`.

Les messages XMPP échangés sont formés de balises XML. On distingue trois types de messages (appelés *stanzas* en anglais, qui se traduit par strophe) :

- *IQ (Information Query)* : échangés pour déterminer des informations générales entre clients ou entre client et serveur. Les messages IQ sont notamment utilisés dans le protocole Jingle pour négocier les sessions multimédia ;
- *Message* : les messages instantanés échangés lors de sessions point-à-point ou de groupe ;
- *Presence* : les informations de présence permettant par exemple de déterminer la disponibilité d'un contact.

XMPP a été standardisé par l'IETF dans un certain nombre de documents (RFC 3920 et RFC 3921 principalement). Cependant, la plupart des travaux de standardisation et d'expérimentation ont lieu dans le cadre d'un groupe de standardisation à part (mais libre lui aussi), la XSF (*XMPP Standards Foundation*). En effet, initialement réservé à la messagerie instantanée et à la présence, XMPP s'étend désormais à différents domaines identifiés par la XSF. Celle-ci a ainsi publié récemment (juin 2009) une version pratiquement finalisée d'un standard de communication pour la voix, la vidéo et le transfert de fichier, dont le nom est Jingle.

Les travaux sur les communications multimédias entre clients XMPP ont commencé il y a plusieurs années. Google s'est fortement impliqué dès le départ dans le domaine, et ses travaux ont donné naissance au logiciel client GoogleTalk, qui a permis les premières communications voix entre utilisateurs d'un réseau XMPP étendu.

Le protocole de communication multimédia implémenté dans le client GoogleTalk est propriétaire, mais proche dans l'esprit de la spécification Jingle actuelle. L'idée pour chacun des terminaux est de négocier un format d'échange des données voix ou vidéo (codec) et d'établir un flux RTP bidirectionnel par tous les moyens possibles ! Chaque client GoogleTalk implémente en effet un client et un serveur STUN sollicités en permanence pour contourner plus efficacement les passerelles NAT et les pare-feux. Ce mécanisme se retrouvera dans ce qui formera vraisemblablement le futur standard ICE (*Interactive Connectivity Establishment*).

Implémentation XMPP dans Asterisk

L'implémentation XMPP dans Asterisk permet de connecter Asterisk à tout serveur XMPP en tant que client et d'envoyer des messages instantanés à des contacts. À l'heure actuelle, Asterisk ne traite pas les messages instantanés qu'il reçoit. Une fonction visant à traiter les messages reçus dans le dialplan (`JABBER_RECEIVE`) est en cours de développement et devrait être disponible dans une future version de la série 1.6 (vraisemblablement dans la version 1.6.3, qui sera en fait très certainement nommée 1.8).

La bibliothèque `iksemel` intégrée à Asterisk forme la base de l'implémentation de XMPP. Le module de base construit à partir de la bibliothèque `iksemel` est `res_jabber`. À l'heure où ces lignes sont écrites, cette bibliothèque est disponible en version 1.4. Attention, Asterisk s'appuie sur la bibliothèque OpenSSL pour chiffrer le flux de messages XMPP, et n'utilise pas le support GnuTLS de la bibliothèque `iksemel`. Inutile donc de la compiler avec GnuTLS si elle ne sert que pour Asterisk.

Voyons un exemple de configuration d'Asterisk pour se connecter au serveur XMPP de Google. Notons que cette configuration pourrait s'appliquer à un autre serveur XMPP, comme un serveur de messagerie instantanée d'entreprise.

Connexion au serveur XMPP de Google (fichier /etc/asterisk/jabber.conf)

```
[asterisk-xmpp]
type=client
serverhost=talk.google.com
username=asterisk@gmail.com
secret=secret
port=5222
usetls=yes
```

Les commandes console jabber show connected et jabber show buddies donnent respectivement les indications sur la connexion XMPP au serveur et sur les contacts XMPP de l'utilisateur identifié par asterisk@gmail.com.

Pour notifier l'utilisateur identifié par bob@jabber.org qu'un appel émis depuis le RTC arrive sur un poste de l'entreprise, on configurera le dialplan comme suit.

Notification d'appel par message instantané (fichier /etc/asterisk/extensions.ael)

```
context from-pstn {
        _01234555XX => {
                Set(NUMBERCALLED=${EXTEN});
                Answer();
                Ringing();
                Wait(3);
                Set(STATUS=${JABBER_STATUS(xmpp-
client,bob@jabber.org)});
                if (${STATUS} < 4) {
                    JabberSend(asterisk-xmpp,bob@jabber.org,Appel
de ${CALLERID(num)} vers ${EXTEN}));
                }
                Dial(SIP/${EXTEN:6}&IAX2/${EXTEN:6},10);
                VoiceMail(${EXTEN:6},u);
                Hangup();
        };
```

De cette façon, un message instantané indiquant les numéros appelant et appelé sera envoyé à l'utilisateur identifié par la JID bob@jabber.org à chaque appel reçu du RTC.

Le premier argument de la fonction JABBER_STATUS et de l'application JabberSend désigne le client XMPP (configuré dans /etc/asterisk /jabber.conf) utilisé par Asterisk. Bien que cela soit rarement le cas dans la pratique, Asterisk peut utiliser plusieurs comptes XMPP comme support de communication.

La fonction JABBER_STATUS renvoie une valeur représentant l'état du client XMPP passé en deuxième argument :

- 1 – en ligne ;
- 2 – en cours de *tchat* ;
- 3 – absent ;
- 4 – absence prolongée ;
- 5 – ne pas déranger ;
- 6 – hors ligne ;
- 7 – JID non autorisée.

> À SAVOIR **Autorisation JID**
>
> L'architecture XMPP repose sur un mécanisme d'approbation entre utilisateurs pour échanger des informations de présence ou des messages instantanés. La valeur de retour 7 renvoyée par JABBER_STATUS indique qu'Asterisk n'est pas autorisé à superviser l'état du client XMPP.

L'application JabberSend envoie un message instantané à l'utilisateur, message passé en deuxième argument.

Le client XMPP sert ici d'outil sommaire de supervision de l'activité téléphonique de l'entreprise. On peut imaginer un système plus perfectionné dans lequel chaque utilisateur se verrait envoyer un message instantané par Asterisk sur réception d'appel. Cela nécessiterait une recherche préalable de la JID destinataire du message par Asterisk (via AGI !), qui dans le cas d'un serveur XMPP d'entreprise pourrait, par exemple, correspondre à l'adresse de courriel. Voilà des idées intéressantes que notre administrateur ne manquera pas de creuser !

GoogleTalk et Jingle : le multimédia sur XMPP

Jingle est le standard qui doit apporter la voix et la vidéo sur un réseau XMPP. Il est en cours de finalisation dans les coulisses de la XSF, mais les documents de spécification principaux (XEP-0166, XEP-0167, XEP-0176, XEP-0177) ne devraient plus évoluer de façon significative dans leur version définitive. Le module d'Asterisk qui implémentera le standard Jingle est `chan_jingle`. Il n'est à l'heure actuelle pas compatible avec les clients Jingle existants, comme Pidgin, Psi ou Empathy, par exemple. Mais patience, il est en cours de développement !

À SAVOIR **Les XEP de la XSF**

Les travaux de la XSF sont publiés sous la forme de documents nommés XEP (*XMPP Extension Protocol*), équivalents des RFC publiées par l'IETF.

L'autre module d'Asterisk traitant des communications multimédias sur XMPP est `chan_gtalk`, qui comme son nom l'indique permet de communiquer avec le client GoogleTalk.

Attention, l'autorisation mutuelle de supervision d'état entre Asterisk et les clients GoogleTalk qui pourront être appelés est un préalable nécessaire pour passer des appels. En d'autres termes, le client XMPP d'Asterisk doit apparaître dans la liste des contacts des clients GoogleTalk cibles de ses appels, et réciproquement, la commande `jabber show buddies` doit contenir tout identifiant désirant passer un appel à Asterisk via un client GoogleTalk.

APPROFONDIR **Asterisk connecté en tant que composant XMPP**

En plus des clients et des serveurs, XMPP considère une autre entité dans son architecture : le composant (en anglais *component*), décrit dans le document très succinct XEP-0114. On peut intégrer un composant à un serveur XMPP en le connectant sur un port réservé (le port TCP 5347) via une méthode d'authentification spécifique. L'identifiant enregistré est généralement un nom de sous-domaine, par exemple `comp.domaine.fr`. Dans ce cas, le composant peut se faire passer, vis-à-vis du serveur responsable du domaine `domaine.fr` et des clients XMPP connectés, pour tout utilisateur de la forme `username@comp.domaine.fr`. Du point de vue du serveur XMPP, un message destiné à `usename@comp.domaine.fr` ou à un autre identifiant similaire sera acheminé vers le composant.
Asterisk peut se connecter à un serveur XMPP en tant que composant, mais à l'heure actuelle, les fonctions et applications du dialplan sont trop limitées pour tirer le meilleur des composants XMPP. Les futures contributions aux modules XMPP d'Asterisk iront sans doute explorer ce potentiel !

Le protocole de Google du client GoogleTalk est proche de Jingle, mais pas assez pour adapter le code de `chan_gtalk` et y implémenter Jingle. Cependant, on trouve un mécanisme de communication similaire dans les deux protocoles, chacun caractérisé par l'efficacité dans les environnements réseau difficiles comme le NAT.

Voyons comment utiliser le client GoogleTalk d'Asterisk pour rediriger un appel entrant sur le poste de notre administrateur.

Configuration du client GoogleTalk sur le serveur Asterisk principal (fichier /etc/asterisk/gtalk.conf)

```
[general]
allowguest=yes
disallow=all
allow=ulaw
allow=alaw

[guest]
context=gtalk
```

Redirection des appels internes destinés au poste 5501 vers le client GoogleTalk username@gmail.com (fichier /etc/asterisk/extensions.ael)

```
context sipphones {
........
        5501 => {
                Set(STATUS=${JABBER_STATUS(gtalk-
client,username@gmail.com)});
                if (${STATUS} < 3) {
                   Dial(GTALK/asterisk-xmpp/username@gmail.com));
                } else {
                   Dial(SIP/${EXTEN});
                }
                Hangup();
        };
}
```

Rappelons que le premier argument de l'application Dial est de la forme Type de canal/Ressource où Type de canal correspond généralement à un protocole (par exemple SIP) et Ressource à un identifiant du terminal appelé. Si le type de canal est GTALK, la ressource prend la forme Client appelant/Identifiant appelé. Le premier argument est le client XMPP configuré dans le fichier /etc/asterisk/jabber.conf (et non dans le fichier/etc/asterisk/gtalk.conf), identifié par la chaîne de caractères entre les crochets. Le second argument est la JID du client GoogleTalk à appeler. Rappelons que pour pouvoir appeler ce client, Asterisk doit faire partie de ses contacts autorisés.

Là encore, l'état du client XMPP (retrouvé à l'aide de la fonction JABBER_STATUS) est utilisé par Asterisk comme condition de redirection de l'appel. Si le client est en ligne, l'appel sera dirigé vers le client GoogleTalk identifié par la JID username@gmail.com.

Le futur de XMPP dans Asterisk

XMPP est un protocole suffisamment mûr pour bâtir des infrastructures de messagerie instantanée et de gestion de présence robustes. Des processus de standardisation flexibles poussent le protocole vers des domaines nouveaux, comme le multimédia sur IP (Jingle), et la communauté du logiciel libre le soutient activement en développant de nombreux clients et serveurs XMPP.

Les travaux d'intégration de XMPP dans Asterisk portent actuellement sur quelques domaines que nous présentons ci-après.

Jingle pour la ToIP par XMPP standard

L'implémentation du protocole standard Jingle n'est pas achevée. Maintenant que le protocole existe dans sa version quasi finale, le développement de chan_jingle devrait être facilité, et une version utilisable sera vraisemblablement disponible à une échéance qu'il est malheureusement difficile d'estimer, contributions libres obligent. Notons que Jingle est soumis à l'utilisation d'ICE pour faciliter la mise en œuvre des sessions multimédias dans des environnements difficiles (NAT, par exemple), et qu'ICE est potentiellement utilisable par tous les protocoles multimédias basés sur RTP (SIP, H.323 notamment). Une ligne directrice de développement commune à ces protocoles devra sans doute être établie.

Vivement que Jingle soit implémenté, cela permettra enfin aux logiciels clients XMPP autres que GoogleTalk de communiquer en ToIP via Asterisk !

JABBER_RECEIVE pour recevoir des messages instantanés

Si Asterisk peut envoyer des messages instantanés (via l'application Jabber-Send), il ne peut traiter les messages reçus. Pour combler cette lacune, une fonction de traitement des messages XMPP, accessible depuis le dialplan et nommée JABBER_RECEIVE, est en cours de développement.

Que faire avec JABBER_RECEIVE ? La première idée est de constituer un service de texte interactif (comme un SVI, mais avec du texte au lieu de la voix) d'échanges de messages entre Asterisk et les utilisateurs par XMPP.

Prenons comme exemple le cas d'un utilisateur situé à son domicile recevant un appel sur son poste professionnel. Asterisk pourra envoyer un message instantané à l'utilisateur en lui demandant de saisir un code pour envoyer l'appel vers sa boîte vocale ou vers son poste GSM.

Un service de texte interactif par Asterisk (fichier /etc/asterisk/extensions.ael)

```
context from-pstn {
    0123455501 => {
        Answer();
        JabberSend(asterisk-xmpp,bob@jabber.org,Appel reçu de
$CALLERID(num) - choisir une option);
        JabberSend(asterisk-xmpp,bob@jabber.org,1 : envoyer vers
mon téléphone mobile);
        JabberSend(asterisk-xmpp,bob@jabber.org,2 : envoyer vers
mon téléphone personnel);
        JabberSend(asterisk-xmpp,bob@jabber.org,Par défaut l'appel
sera envoyé sur la boîte vocale);
        Set(OPTION=${JABBER_RECEIVE(asterisk-
xmpp,bob@jabber.org,10)});
        switch (${OPTION}) {
            case 1:
                Dial(DAHDI/g0/0612345678);
                break;
            case 2:
                Dial(DAHDI/g0/0912345678});
                break;
            default:
                Voicemail(${EXTEN,u)
        }
    }
}
```

Ici, les appels reçus sur le poste *5501* donnent lieu à l'envoi d'un texte à l'utilisateur identifié par la JID bob@jabber.org signalant un appel, dont la source est indiquée, et demandant un choix pour traiter l'appel. L'utilisateur répondra (ou non) via son client XMPP pour envoyer l'appel sur son téléphone mobile, son téléphone fixe personnel ou sur sa boîte vocale.

Les utilisateurs d'Asterisk pourront laisser libre cours à leur imagination pour assembler ingénieusement de multiples plans de numérotation à l'aide de la fonction JABBER_RECEIVE. Elle devrait être disponible dans la future version 1.6.3 ou 1.8 d'Asterisk.

Notification d'état téléphonique par XMPP

Nous avons vu dans le chapitre 7comment Asterisk implémente la notification d'appel à partir des requêtes SIP SUBSCRIBE et NOTIFY. Ce mécanisme SIP ressemble fortement à la gestion de présence telle qu'on la retrouve dans XMPP et plus généralement dans les systèmes de messagerie instantanée.

Il est donc pertinent d'utiliser XMPP pour notifier l'activité téléphonique des postes gérés par Asterisk. Plusieurs pistes peuvent être envisagées, comme les standards XMPP PubSub (XEP-0060) ou son corollaire PEP (XEP-0163).

À SAVOIR **Plugin XMPP Spark**

Les développeurs du logiciel serveur Openfire ont publié un plug-in intégrable dans le client XMPP Spark, qui accède par AMI aux informations téléphoniques d'Asterisk et les notifie via XMPP.

15

Contribuer à Asterisk

Asterisk vit en grande partie des contributions de ses utilisateurs. Différentes formes de contribution sont présentées dans ce chapitre qui, nous l'espérons, seront exploitées pour faire encore grandir Asterisk.

Une communauté nombreuse et ouverte à tous

Tout au long du livre, nous avons vu des utilisations variées d'Asterisk qui ont mis en valeur ce logiciel, ainsi que les avantages inhérents au déploiement de la ToIP par des logiciels libres en général.

Comme tout logiciel libre, Asterisk vit des contributions de la communauté des utilisateurs et des développeurs. La communauté Asterisk est très ouverte, comme c'est d'ailleurs souvent le cas dans les communautés du logiciel libre ; l'appartenance à cette communauté ne requiert pas une procédure stricte et on peut considérer que tout utilisateur, même ponctuel, d'Asterisk en fait partie. Dans ce cas, peut-on réellement parler de communauté Asterisk ? Cette notion, dans le monde du logiciel libre, met en son centre le logiciel développé et non le groupe de personnes qui la constituent. Aucune licence ou autre carte de membre n'est exigée pour appartenir à la communauté Asterisk : ce qui compte avant tout, c'est de faire vivre un logiciel utile au plus grand nombre.

Contribuer à Asterisk s'effectue de différentes manières et il n'est pas nécessaire de connaître le langage C pour aider à son développement et à son succès.

Parler d'Asterisk autour de soi, mettre en ligne des exemples d'utilisation accompagnés de fichiers de configuration, l'évoquer comme une solution de substitution sérieuse à des services téléphoniques parfois coûteux comme les audioconférences, ou encore comme un moyen de mise en place de services téléphoniques avancés, sont autant de moyens de contribuer à l'adoption d'Asterisk, et plus généralement au succès de la ToIP par les logiciels libres.

Utiliser Asterisk pour desservir un petit ensemble de postes, pour établir un lien SIP avec un IPBX existant ou pour découvrir ses fonctionnalités téléphoniques, telles que la messagerie vocale, sont également des moyens de populariser Asterisk.

L'utilisation d'Asterisk peut aussi amener à découvrir des erreurs dans les exemples de configuration ou dans la documentation, des comportements inattendus ou des bugs dans le logiciel. La détection de ces anomalies et le fait de les rapporter aux développeurs, voire de les corriger soi-même, sont aussi des moyens de contribution à Asterisk.

Asterisk fête cette année ses dix ans d'existence et dispose aujourd'hui de fonctionnalités multiples. Cependant, il nécessite toujours d'être amélioré par des corrections de bugs, des modifications de son architecture logicielle, et par l'ajout de nouvelles fonctionnalités. Demander une nouvelle fonctionnalité ou la soumettre à la communauté font naturellement avancer Asterisk toujours un peu plus loin !

Différentes versions pour différents usages

Comme tout logiciel, le code d'Asterisk évolue en permanence, et les développeurs sont amenés à publier régulièrement de nouvelles versions. Au moment où ces lignes sont écrites, plusieurs séries de versions majeures ont vu le jour : 1.0, 1.2, 1.4, aujourd'hui 1.6, et bientôt 1.8.

Des versions stables pour un service téléphonique fiable

Depuis la série 1.6, de nouvelles fonctionnalités sont ajoutées à chaque nouvelle version 1.6.X et les changements de configuration sont acceptés. C'est une évolution importante par rapport aux séries précédentes de versions majeures 1.0, 1.2 et 1.4, qui se distinguaient les unes des autres par leurs fonctionnalités et par les changements dans les fichiers de configuration. Pour résumer la situation, la dernière version 1.6.X d'Asterisk inclut les fonctionnalités les plus récentes et ses fichiers de configuration se conforment aux derniers changements. La mise à jour vers cette nouvelle version doit être considérée comme une mise à jour vers une version majeure d'Asterisk.

COMMUNAUTÉ **Version 1.8 ?**

Si les versions de la série 1.6 sont considérées comme des versions majeures, on peut s'interroger sur les différences qu'apportera la première version de la série 1.8 (comme pour le noyau Linux, les versions publiées pour les utilisateurs ont une décimale paire). Une différence trop importante des fonctionnalités entre la dernière version 1.6.X et la version 1.6.0 justifiera sans doute la création de la série 1.8, et c'est ce qui risque en effet d'arriver lors de la sortie de la version prévue à l'origine 1.6.3.

Les questions essentielles à considérer lors du choix d'une version sont les suivantes :

- Ai-je besoin d'un haut niveau de disponibilité pour mon serveur Asterisk ? En général, la réponse à cette question est oui.
- Un nouvelle version d'Asterisk est disponible ; quels sont les avantages au regard de la version que j'ai installée ?
- Une fonctionnalité récente d'Asterisk m'intéresse ; comment la mettre en œuvre ? La réponse à cette question n'est pas évidente et doit être en général pondérée par l'exigence de la disponibilité !

L'ajout de nouvelles fonctionnalités dans un logiciel nécessite une modification du code souvent lourde, et donne de fait lieu à la publication d'une nouvelle version du logiciel. Les versions antérieures n'incluent donc pas les fonctionnalités récentes, mais leur code continue d'être alimenté par les corrections de bugs constatés pour ces versions.

Si les versions tendent à devenir trop nombreuses, il devient au bout d'un moment difficile de continuer d'appliquer des correctifs aux plus anciennes, en raison de divergences trop grandes dans le code. Ces versions ne sont alors plus maintenues par les développeurs et leur installation est vivement déconseillée, car même les correctifs de sécurité ne leur sont pas appliqués. C'est le cas aujourd'hui de la série de versions 1.0. Le même sort attend la série 1.2, à laquelle seuls les correctifs de sécurité sont appliqués.

Une version de développement pour tester les dernières fonctionnalités

La version de développement d'Asterisk, également appelée *trunk* (en français, le tronc, duquel partent des branches de code) contient le code le plus récent d'Asterisk. Elle est mise à jour par l'ensemble des développeurs du projet plusieurs dizaines de fois tous les jours. Travailler avec cette version permet de tester les fonctionnalités d'Asterisk avant leur introduction dans la dernière série stable.

Le processus de développement du code d'un logiciel s'opère généralement par un groupe de programmeurs travaillant ensemble sur le même code. Le code d'Asterisk est désormais trop volumineux pour être appréhendé dans son ensemble par une seule personne, comme c'était le cas quand Mark Spencer a débuté le projet ; aujourd'hui plusieurs dizaines de développeurs travaillent sur le code d'Asterisk à plein temps ou occasionnellement.

Travailler en commun sur un même code nécessite un moyen pour éviter que plusieurs développeurs ne modifient une même section de code. Les gestionnaires de version de code comme Subversion ou Git répondent à ce besoin. Le code d'Asterisk est hébergé sur un serveur et est accessible via le logiciel Subversion. On peut télécharger la version de développement à l'aide d'un client Subversion.

Téléchargement de la version de développement (trunk) d'Asterisk

```
[root@testserver ~]# mkdir /usr/local/src/asterisk
[root@testserver ~]# cd /usr/local/src/asterisk
[root@testserver asterisk]# svn checkout http://svn.digium.com/
svn/asterisk/trunk trunk
........
```

Un répertoire nommé trunk contenant les sources de la version de développement d'Asterisk est créé dans le répertoire courant. Attention, la version de développement est mise à jour continuellement, c'est même ce qui la caractérise. Le code téléchargé est donc un instantané d'un tronc qui continue de pousser de façon sensible : il suffit, pour s'en rendre compte, de saisir la commande svn update dans le répertoire trunk.

Une fois téléchargé, le code se compile comme celui d'une version stable par les commandes `configure`, `make` et `make install`. Les dernières fonctionnalités sont maintenant disponibles et peuvent être testées. On pourra en même temps aller à la pêche aux bugs !

Communiquer avec les utilisateurs d'Asterisk

La communication entre les utilisateurs est essentielle au succès de de tout logiciel libre, et Asterisk ne fait pas exception. Les forums de discussion, les sites de documentation, les blogs, les mailing lists... sont autant d'outils de communication utilisés par la communauté sur l'Internet pour échanger autour d'Asterisk.

Il n'y a pas de règles encadrant formellement l'utilisation des moyens de communication autour d'Asterisk, ni pour d'autres logiciels libres. Les utilisateurs respectant a minima le comportement décrit dans la Netiquette (RFC 1855) seront vraiment bien accueillis dans les salons de communication de la communauté.

Listes de diffusion et autres moyens de communication

Les listes de diffusion sont les moyens privilégiés d'échange avec les communautés Open Source ; ceci s'applique également à Asterisk. Les listes sont regroupées par différents thèmes (utilisation, développement, vidéo, etc.), et les échanges ont lieu en anglais.

Il y a deux manières d'exploiter une liste de diffusion lorsqu'on est à la recherche d'informations. La première est d'envoyer à la liste un message qui sera reçu par l'ensemble des abonnés et d'espérer une réponse d'un membre de la communauté. La seconde est d'effectuer des recherches dans ses archives via un moteur de recherche.

Avant de poser une question sur une liste de diffusion, il est vivement recommandé d'en consulter les archives. Si on est capable de formuler un problème et le soumettre à la communauté Asterisk, on est forcément capable d'interroger un moteur de recherche ! Cette démarche proactive présente en outre l'avantage de l'immédiateté si la réponse existe.

Comme l'indique la Netiquette, il est important de respecter le thème de la liste, généralement explicitement décrit dans l'intitulé, avant de poster un message. Ainsi, une question sur le meilleur moyen de mettre en œuvre le click-to-call avec Asterisk ne sera pas traitée dans la liste portant sur son développement.

Les listes de diffusion portant sur Asterisk sont hébergées chez la société Digium. Sur le site décrivant les listes (http://lists.digium.com) , on peut voir une trentaine de références. Les listes les plus importantes sont :

- asterisk-users@lists.digium.com : la liste la plus active. Elle est destinée à recevoir les questions les plus simples et les plus complexes sur l'utilisation d'Asterisk. Tous les contributeurs sont à l'écoute de cette liste et ses archives contiennent des informations précieuses sur Asterisk.

- asterisk-dev@lists.digium.com : cette liste traite du développement d'Asterisk. La meilleure façon de corriger un bug ou de développer une nouvelle fonctionnalité peut être discutée ici. Il ne faut pas considérer cette liste comme étant une sorte de niveau de support au-dessus de la liste asterisk-users. Si une question relative à l'utilisation d'Asterisk est restée sans réponse dans cette dernière, c'est peut-être qu'elle a mal été comprise et qu'elle mérite d'être reformulée avant d'être à nouveau postée dans la même liste !

- asterisk-security@lists.digium.com : réservée aux questions de sécurité, cette liste reçoit dans la pratique les annonces de publication des versions de sécurité d'Asterisk après la mise en évidence d'une vulnérabilité.

- asterisk-biz@lists.digium.com : *biz* pour *business*. C'est la seule liste où la promotion d'une société est acceptée, pour peu qu'Asterisk soit dans son champ d'activité.

IRC (*Internet Relay Chat*) est un autre moyen de communication avec la communauté Asterisk. IRC est comme la liste de diffusion un moyen d'échanger avec un groupe de personnes. La différence tient dans le fait qu'IRC fonctionne dans un mode instantané, contrairement aux échanges différés d'une liste de diffusion.

Pour finir, indiquons qu'un événement international d'échanges autour d'Asterisk et de la ToIP en général a lieu toutes les semaines (mais si !) : la VUC (*VoIP Users Conference*). C'est une conférence qui se déroule tous les vendredis (18 heures, heure française) à laquelle tout le monde peut accéder (via SIP ou le RTC) ; chaque semaine, un ou plusieurs thèmes sont traités par des intervenants reconnus dans le domaine. Randolph Resnick, un contributeur français et américain, met à la disposition de la communauté les moyens d'accès à cette conférence hebdomadaire ; qu'il en soit remercié ici !

> URL **VoIP Users Conference**
> ▸ http://www.voipusersconference.org

Le gestionnaire d'incidents (bug tracker) d'Asterisk

Les rapports de bugs ou tickets d'incidents

Le site http://issues.asterisk.org héberge le gestionnaire d'incidents d'Asterisk, en anglais *bug tracker*. C'est ici que les incidents sont rapportés sous la forme de tickets avant d'être traités par la communauté.

Avant de soumettre un ticket suite à la mise en évidence d'un éventuel bug, il est important de s'assurer que le problème est effectivement un bug dans le code d'Asterisk, et qu'il n'est pas le résultat d'une erreur de configuration, par exemple. De plus, comme dans le cas des listes de diffusion, le bug tracker stocke l'ensemble des tickets. Une recherche dans la base permettra alors de savoir si quelqu'un a déjà rencontré le même problème et d'appliquer le correctif éventuellement associé.

Pour le reste, la soumission d'un ticket d'incident s'effectuera pas à pas en suivant le guide du bug tracker. Les informations indispensables sont le numéro de version d'Asterisk et le système d'exploitation. Les traces obtenues dans la console pendant l'apparition du problème (si celui-ci est facilement reproductible) sont également très utiles. Pour obtenir un résultat exploitable, il faut activer le débogage et ajuster les niveaux d'affichage verbose, voire debug, dans le fichier /etc/asterisk/logger.conf.

En cas d'interruption inattendue d'Asterisk (un *crash*), il sera demandé à l'utilisateur une trace de la mémoire du programme au moment où le problème est survenu. Cette trace est produite par Asterisk sous la forme d'un fichier core, uniquement si Asterisk a été lancé avec l'option -g (c'est le cas si Asterisk est démarré via le script /usr/sbin/safe_asterisk). Le fichier doc/backtrace.txt inclus dans les sources d'Asterisk décrit en détail les informations qui doivent accompagner un ticket d'incident relatif à une interruption inattendue.

Correctifs (patches)

Le bug tracker est également l'endroit naturel où les correctifs (ou *patches*) des contributeurs sont reçus et traités. Avant de proposer un patch modifiant le code source, il faut s'assurer que la version utilisée est bien celle décrite dans la description de l'incident, que le patch ne crée pas d'autres bugs (le mieux étant parfois l'ennemi du bien) et qu'il corrige effectivement le problème ! On n'oubliera pas non plus de contrôler que le nouveau code proposé n'échoue pas à la compilation, ce qui arrive parfois aux contributeurs étourdis !

D'une manière générale, lorsqu'une modification du code d'Asterisk est proposée, soit par un patch, soit par l'ajout d'une nouvelle fonctionnalité, il est nécessaire de se conformer au style de codage de la communauté. Le document CODING-GUIDELINES inclus dans le répertoire doc des sources d'Asterisk contient les usages à respecter.

Développement de nouvelles fonctionnalités

Outre la gestion des incidents, l'autre attribution du gestionnaire d'incidents porte sur le développement de nouvelles fonctionnalités. De même qu'un utilisateur peut soumettre un patch pour corriger un problème, le code contenant de nouvelles fonctionnalités est aussi accepté, heureusement !

Dans ce cas, une description détaillée des fonctionnalités facilitera la lecture et suscitera l'intérêt de la communauté ; cela aidera à tester puis à adopter le nouveau code.

Par ailleurs, l'unique version d'Asterisk acceptée pour le développement d'une nouvelle fonctionnalité est la version de développement. Pas la peine de se fatiguer à la coder pour une série de versions antérieures ; un svn checkout du trunk est indispensable dans ce cas, et la stabilité du code passera ensuite !

En général, l'ajout d'une nouvelle fonctionnalité contient des modifications plus lourdes que dans le cas d'un patch, et l'insertion du code correspondant est alors potentiellement plus à même de produire des bugs. Quand le volume du code proposé devient trop important, il faudra passer par une revue du code effectuée par un ou plusieurs développeurs expérimentés qui valideront ou non les modifications. L'outil de supervision collective du code est le Review Board.

URL **Review Board**

▸ http://reviewboard.asterisk.org

Les utilisateurs français d'Asterisk

La langue anglaise est requise pour communiquer via les outils présentés jusqu'alors. Mais heureusement, la communauté française d'Asterisk est très importante et croît tous les jours un peu plus.

Le site http://www.asterisk-france.net de la communauté Asterisk France héberge notamment un forum de discussion très riche. Les échanges portent sur des problèmes que l'on retrouve naturellement ailleurs, la France ne faisant pas complètement exception dans le monde en matière de télécommunications, et notamment dans les archives de la liste de diffusion asterisk-users. Mais outre le fait d'être lisible en français, le forum aborde des thèmes particuliers à la France ou à l'Europe, dont les usages techniques divergent parfois légèrement avec les États-Unis.

Ainsi, les configurations RNIS en accès de base sont bien moins développées aux États-Unis qu'en Europe, ce qui explique l'apparition de chan_misdn ou BRIstuff dédiés au support RNIS BRI en complément du développement d'Asterisk. Ce type d'accès étant très populaire en France, notamment pour les PME, le forum Asterisk France regorge d'exemples de configurations très utiles ou de problèmes rapportés dans le cadre de connexions RNIS via un accès de base.

De plus, les fournisseurs d'accès en ToIP SIP en France ont parfois des équipements d'interconnexion qui ne s'entendent pas toujours avec Asterisk. La consultation des archives du forum est un bon réflexe pour dénicher la complainte d'un utilisateur mécontent qui aura subi le même désagrément et aura bien voulu laisser un billet détaillant la solution à son problème !

Index

www.ingramcontent.com/pod-product-compliance
Lightning Source LLC
LaVergne TN
LVHW062307060326
832902LV00013B/2093